智慧教子 **15** 法

孩子优秀并不难

孙 平◎著

中国文史出版社

图书在版编目（CIP）数据

孩子优秀并不难：智慧教子 15 法 / 孙平著 . -- 北京：中国文史出版社，2024.4

ISBN 978-7-5205-4530-3

Ⅰ . ①孩… Ⅱ . ①孙… Ⅲ . ①家庭教育 Ⅳ . ① G78

中国国家版本馆 CIP 数据核字（2023）第 244660 号

责任编辑：高　贝

出版发行：中国文史出版社

社　　址：北京市海淀区西八里庄路 69 号院　邮编：100142

电　　话：010-81136606　81136602　81136603（发行部）

传　　真：010-81136655

印　　装：廊坊市海涛印刷有限公司

经　　销：全国新华书店

开　　本：787mm×1092mm　1/16

印　　张：23.5

字　　数：294 千字

版　　次：2024 年 4 月第 1 版

印　　次：2024 年 4 月第 1 次印刷

定　　价：59.80 元

序

每个家长都希望自己的孩子能够健康快乐地成长，各方面都优秀。从家长的角度出发，我完全理解家长的心情。然仅有美好的愿望是不够的，还需要教育理念正确，教育方法科学有效。

回想起来，自 1973 年至今，我从事儿童教育已经 50 年了，其中做家庭教育 30 年。家庭教育千头万绪，涉及心理学、教育学、社会学等诸多学科。但是，在我的印象里，父母们最关心的问题，仍是教育方法问题。家庭教育的学问，主要就是解决怎么办的学问。

所幸的是，最近我读到一部书稿——《孩子优秀并不难：智慧教子 15 法》。这是一本专门介绍教子方法的书，作者是河南教育报刊社的孙平先生。

30 年前，因媒体工作交集，我与孙平先生有过一面之缘；20 年前，我去郑州讲学，又见过一面。据悉，孙平是中国家庭教育学会会员、河南省教育厅学术带头人、河南省作家协会会员，教育专业毕业，曾长期从事教育报刊、中小学生报刊的编辑与管理工作，关注、思考、实践、探索家庭教育多年。他很信任我，将书稿发给我，希望我审读并写序。我感谢他的信任，并按照"先看书稿，后确定是否适合动笔"的一贯原则，认真审阅了书稿。

我觉得，具体方式方法里面蕴含着科学的理论。例如，我在中国青少年研究中心工作期间，家庭教育研究的重要成果之一，就是总结出"五元家教法"，即要关注教育理念、教育方法、教育心理、家庭关系和生活方式五个元素。这是有效地进行家庭教育指导服务的基本方法。

2022 年 1 月 1 日实施的《家庭教育促进法》，倡导 9 种家庭教育的方式方法，前 8 种如亲自养育、共同参与、相机而教、潜移默化、严慈相济、尊重差异、平等交流、相互促进等。第 9 种方式方法是开放的，即"其他有益于未成年人全面发展、健康成长的方式方法"。也就是说，鼓励大家勇于创造适合自己的教育方法。

看过《孩子优秀并不难：智慧教子 15 法》书稿，我感到该书融合了作者本人、身边朋友及其他人教育子女的成功经验。书中介绍的 15 个教子方法，都是从现行家教实践中提炼出来的，完全符合《家庭教育促进法》倡导的创造精神，值得仔细阅读和深入探究。

实际上，作者总结的 15 种教子方法，多数与《家庭教育促进法》倡导的方法相一致，也有一些较为独特，例如早期发现法、试错教育法和人格塑造法等。

作者认为，没有人比父母更了解自己的孩子，唯有父母才是孩子最权威、最合格的伯乐。美国的一项调查显示，87.6% 的成才者，其智力强项是在童年、少年时期被父母发现的。有意思的是，我国也有很多成才者的智能强项，是小时候被父母发现的。例如：

在中央电视台 1997 年春节晚会上，小品《戏内戏外》给观众留下了深刻的印象。小品中刘二的扮演者牟洋小时候，父母发现他学啥像啥，颇有点艺术细胞、表演潜质，于是全力支持他学表演，省吃俭用为牟洋买了学艺的录音机。母亲还一针一线为他缝制服装、道具。就这样，牟洋走上了艺术的道路。

教育就是唤醒孩子心中沉睡的巨人，而唤醒首先在于发现。早期发现法可以给父母们一个重要启示，即尽早发现孩子的潜能优势，并且给予帮助和支持，是极为有效的教育方法。孩子在成长过程中，既需要外动力更需要内动力，内动力在于发现和激励。无数杰出人物的成长证明，内动力是最强大的成长发动机。

作者总结的试错教育法也颇具新意，他以曾看过一个1岁左右的小男孩学吃饭的视频为例：

宝宝坐在小餐桌上，自己拿个小汤勺吃米糊糊，开始不会吃，不是糊到脸上、鼻子上，就是糊到衣服上，就是吃不到嘴里，弄得小餐桌上也满是糊糊。宝宝旁边的妈妈，没有包办、干预，而是鼓励宝宝自己吃。宝宝乐此不疲，一次一次地尝试着，慢慢调整动作，终于把糊糊吃到了嘴里，高兴得不得了。经过几次"试错"，孩子出错的次数不断减少，成功的次数不断增加，后来虽然偶有"失误"，但基本上学会了吃饭。剩下的，就是在以后的"失误"锻炼中，慢慢熟练的问题了。

为什么会这样呢？作者分析：有道是"十指连心"。孩子手指的协调能力受大脑神经支配，从不会拿汤匙到会拿汤匙，从不能控制汤匙到运用自如，手指动得越多，手指协调能力就越强，就越"能干"。孩子在1~2岁具有超强的学习能力，他们会在"试错"练习中，学会自己走路、说话、吃饭、攀爬。

试错教育法之所以值得重视，是因为有太多父母习惯于包办代替，因而剥夺了孩子成长不可缺失的机会。所以，有教育专家说过一句耐人寻味的话："做父母最好只有一只手。"意思就是给孩子留出自己做事的机会。作者以幼儿生活为例具有特殊的价值。其实，孩子进入儿童少年乃至青年阶段，更需要试错教育的方法，因为青少年是在体验中长大的，我们不能代替他们成长，更不能代替他们体验。当然，吸毒等犯罪行为是不能体验的，这也需要通过多种有益无害的方式方法来获得健康成长的经验。

作者还总结出人格塑造法，其重要方法是帮助孩子养成好习惯，这个建议也值得父母们予以重视。我在中国青少年研究中心期间，曾连续10年主持教育部的全国教育科学规划课题，进行少年儿童行为习惯与人格的关系研究，得出一个核心结论就是良好习惯缔造健康人格。以培养健康人格为目标，从具体行为习惯入手，是有效的教育方式方法。《家庭教育促进法》将行为习惯的养成作为家庭教育的五大核心内容之一，这表明养成好习惯是极为紧要的教育内容与方法。

实际上，父母们非常希望孩子养成好习惯，只是苦于找不到行之有效的方法。作者指出，孩子好的习惯是养成的，而不是被训导的，需要孩子不断练习、强化，在实践体验中慢慢养成。家长的教育培养，只能起督促、提醒的辅助作用，需要转化为孩子的内在需要才行。所以，家长在培养孩子的习惯之前，利用孩子喜欢观察模仿的特点，引导孩子向具有良好习惯的偶像看齐，激发孩子养成习惯的兴趣，然后提出明确行为要求，让孩子对养成某个良好习惯的具体标准清清楚楚。这些分析和建议可谓经验之谈。

许多父母培养孩子习惯之所以不能如愿，往往是父母很积极热心而孩子却无动于衷。教训何在？麻省理工学院心理学专家们的实验研究发现，习惯的养成具有暗示、惯常行为和奖赏三个基本环节，而暗示和奖赏更为关键。这个发现告诉我们两个习惯养成的规律，一是内在动机越强烈，越有可能养成习惯；二是成功的体验越多，越有可能养成习惯。显而易见，习惯养成的奥秘在于激发孩子的内在动机，并且获得尽可能多的成功体验。我们务必相信孩子都具有强大的潜能，只是需要足够多的体验机会和环境支持。

通过对上述家庭教育方式方法的分析，我愿意为《孩子优秀并不难：智慧教子 15 法》一书作序、推荐。该书还有一个特点，就是接地气，用实例说话，内容具体、翔实，语言流畅，浅显易懂，可操作性强，特别实用。

其实，我还有一个更大的愿望，就是期待更多的父母和家庭教育工作者都来勇于探索，创造出更好的教育方式方法。新时代的青少年已经喊出"强国有我"的誓言，而没有强大的父母怎么可能有强国一代？我相信中国新一代父母完全有可能成为强大的父母，而强大的父母是理性的父母。好的教育之所以伟大，是因为好的教育是一种理性的爱，是真正有益于孩子健康成长的爱。毫无疑问，每一种好的教育方式方法都体现出理性爱的力量与光芒。

孙云晓

2023 年 9 月 11 日于北京云根斋

（序作者系中国青少年研究中心二级研究员、中国家庭教育学会副会长、教育部家庭教育指导专委会副主任）

目录

方法 03 榜样示范法

方法 04 "爱""管"结合法

方法 05 早期发现法

目标引领法

人格塑造法

学习指导法

方法 09

实践锻炼法

方法 10

因势利导法

激励督导法

心理暗示法

"试错教育"法

正向协同法

孩子的成长离不开家长的培养教育。孩子真正的起跑线不是早早地开始学习知识，而是家长的理念与格局。

教育孩子不是一件简单的工作，而是一项复杂的系统工程；不是某一个家庭成员的事情，而是所有家长共同的事业。

所谓正向协同法，就是教育孩子的方向要正确，不能出现偏差，所有家庭成员，不能各行其是，而应协调配合，形成合力，共同担负起培养教育孩子的责任。

教育孩子无小事。孩子的成长是有关键期的，机会可能只有一次，有时不经意的一个教育举措，会影响孩子的一生。机会失去了，就再也无法找回。

实施正向协同法，要求家长在教育孩子的过程中，用正确的教育理念引导孩子，用正确的内容启迪孩子，用正确的方式培养孩子，确保孩子在正确的方向上，有序发展。如果大方向错了，家长再努力也没用，再好的方法也难以培养出真正优秀的孩子。

实施正向协同法，要求家长给孩子营造一个安定和谐的家庭生活环境，孩子在充满矛盾、冲突的家庭环境中，很难健康成长；要求家庭成员，尤其是夫妻，在教育培养孩子的问题上，以大局为重，多沟通，多协商，管控分歧，求同存异，团结协作，密切配合，谁的意见对，就按谁的办，一人为主，其他家庭成员配合，切忌瞎指挥、乱当家。

营造温馨和谐的家庭环境

家庭是社会的细胞，是孩子出生后第一生活环境。孩子的启蒙教育来自家庭、来自父母。孩子的成长，与其说是家长培养教育的结果，莫如说是家庭环境影响的结果。家庭和谐，是孩子健康成长的基础；良好的家庭人际关系，是孩子终身受用的财富。

看过根据梁晓声同名小说改编的热播电视剧《人世间》，我有一个感觉，周家是一个平凡的工人家庭，有着男主外、女主内的传统。周志刚老两口夫妻恩爱，丈夫事业有成，八级工；妻子勤劳持家，相夫教子，和睦邻里。在他们的言传身教下，孩子们都很争气、很上进、很孝顺。这一优良家风，一直影响到第三代，堪称楷模。

家庭关系包括夫妻关系、婆媳关系、祖孙关系、父子关系、母子关系、兄弟姐妹关系等。处理家庭关系，从上下来说，就是尊老爱幼，父母慈儿女孝；从左右来讲，就是互敬互爱，协力同心。尊老爱幼，妻贤夫安，母慈子孝，兄友弟恭，勤俭持家，知书达礼，遵纪守法，等等，这些中华民族传统的家庭美德，已铭刻在中国人的心灵中，融入了中国人的血脉中。

家长，不仅承担着执掌门庭、养家糊口的责任，也承担着家庭教育主体责任。为了孩子的健康成长和孩子美好的未来计，家庭成员都应开明温厚，彼此信任，彼此相爱。良好的家庭关系，决定了孩子的命运。

我有一个亲戚，算是耕读之家，老爷子是教师，老太太是家庭主妇，育有三子两女，是远近有名的积善之家。孩子小时候，母慈子孝，其乐融融。后来，孩子长大了，女儿出嫁，儿子也陆续成家，老爷子退休。媳妇们聪慧善良，里外一把好手，干农活，操持家务，照顾公婆，教育孩子，和大姑子、小姑子的关系处得很好。孩子们都很阳光，勤奋好学，知道孝敬奶奶，关心父母，对人很有礼貌，高中毕业都顺利考上了大学。

《朱子家训》有云："家门和顺，虽饔飧不继，亦有余欢。"家庭气氛和谐，家庭成员彼此相爱，孩子就会从中得到安全感，幸福指数也会大大提高。和谐家庭走出来的孩子，内心充满阳光，性情一般比较温婉随和，不偏激、不势利，常怀一颗感恩的心，对人是真诚友善的。反之，家庭气氛紧张，则会给孩子造成不良影响。如果家里"小吵一四七，大闹三六九"，那么，给孩子带来的最直接的负面作用就是没有安全感，使孩子紧张、敏感、胆小、多疑、情绪化，内心充满自卑和怯懦，形成虚伪冷漠的性格。

家庭和谐，对孩子的影响是正面的；家庭不和谐，对孩子的影响则常常是消极负面的。一个优秀的孩子，背后往往有一个幸福和谐的家庭；一个问题孩子，背后肯定有一个不和谐的家庭或一对不靠谱的父母。

师范毕业生岚岚，断然拒绝了妈妈在本地为她安排工作，毅然去了一个陌生的城市，理由是不想回家，这令美丽能干的妈妈非常伤心。

原来，爸爸出身农村，妈妈是城里人。当年，因为爸爸在北京当兵，有提干希望；妈妈长相标致、有文化、有工作，心高气傲，向往北京。于是，妈妈嫁给了爸爸，不想爸爸当了8年兵复员了。后来，妈妈经商办企业，事业干得风生水起，爸爸还是个普通人。妈妈后悔找了爸爸，对岚岚说得最多的一句话是，"要不是为了你，早离婚了"。在岚岚的记忆里，家庭气氛异常紧张。妈妈很忙，从不跟爸爸的家人来往，经常指责爸爸。自己是外婆带大的，物质很富裕，可自己并不快乐。岚岚在不良的家庭环境中成长，没有一点幸福感，所以既不接纳爸爸，也不接纳妈妈。

一些家庭之所以不和谐，就在于家庭成员没有从内心深处融为一体，相互之间视若路人，对家人不忠诚，少感情，缺乏信任，相互猜忌、相互攻击，会让孩子变得畏首畏尾，终生无所作为。

在家庭关系中，最重要的、对孩子影响最大的是夫妻关系。同时，夫妻关系也是最难处的关系之一。和谐的夫妻关系是孩子成长的基础，夫妻恩爱是最好的家教。在夫妻关系良好、充满爱的家庭环境中走出来的孩子，性格好、自信、有爱心，也更优秀。

如果夫妻关系紧张，缺乏信任，缺乏关爱，经常争吵、打闹，生活不幸福、不圆满，在这种家庭中长大的孩子，就会因担心失去父母而产生恐惧心理，也会对周围的人或事产生猜疑和不信任心理。他们的幸福指数是很低的。

一位著名女演员的第一段婚姻，是在她18岁的时候嫁给了一个导演。婚后虽育有一儿一女，却并不幸福，丈夫脾气暴躁，经常会对她动手动脚。忍过了7年时间，她选择结束这段并不幸福的婚姻。正因为她和第一任丈夫离婚，儿子判给了丈夫，造成儿子缺乏母爱。工作繁忙的她，没有时间和儿子沟通，造成儿子小小年纪犯了错误坐了牢。这也让她十分难过。

　　夫妻一旦为人父母，两人身份就不仅仅是夫妻关系，还是孩子的爸爸妈妈。所以，夫妻的一言一行，都会影响孩子性格的塑造。宽容的丈夫，会把感情放在首位，处处体谅妻子，哄妻子开心；为了孩子，会妥协忍让，以大度维护家庭的稳定。而和善的妻子，总是想法维持家庭的和谐，即使遇到了不愉快，也会巧妙地处理沟通，维持一个稳定的家庭关系；她会宽容地对待身边的每个人，会营造出愉悦、温馨的家庭氛围，给孩子一个温暖的成长平台。

🎧 增强父母的角色意识

　　在孩子的教育中，父母是最重要的两个角色，都不能缺位。如果说父亲是巍峨的大山，那么母亲则是家庭的一股暖流、一束阳光。母爱和父爱，孩子都需要，只是分工不同、主次不同。父母只有树立明确的角色意识，才能教育培养好孩子。

　　据2019年10月24日今日头条报道，很多人的朋友圈都被《人民日报》刊登的一则新闻刷屏了。这篇新闻的题目叫《双胞胎保送北大、中科院博士》。说的是，一对双胞胎兄弟，哥哥李国平被保送到了北京大学物理学院，5年直博，专攻半导体方向；弟弟李国安则被保送到中科院物理所，5年硕博连读，主攻量子信息与计算机专业。

　　看到这样的"学霸"组合，很多家长在羡慕的同时，一定会觉得，他们背后肯定有一对同样的"学霸"父母。其实，兄弟俩3岁时，在货运公司做技术工的父亲和在皮鞋厂工作的母亲就双双下岗了。后来父亲做了一名普通的出租车司机，母亲则成为脚架厂的一名普通工人。

他们教子成功的奥秘何在？

奥秘就在于孩子的父亲爱看书、学习，有明确的责任意识。一回到家，他总会抽时间看书，少则 5 分钟，多则半小时，雷打不动。白天，父亲是一名出租车司机；晚上，父亲"摇身一变"，成了一名"知识渊博"的"学者"。一旦兄弟俩遇到困惑，父亲总能用书中的典故给予解答。所以在兄弟俩的心里，"知识渊博"的父亲，就是他们的偶像。

"偶像"的力量是强大的。也许连李父自己也未曾想到，他在兄弟俩幼年时撒下的种子，日后竟双双成长为枝繁叶茂的参天大树。两个儿子一个成了北京大学物理学博士，另一个则成了中科院量子信息与计算机专业的博士。

"一位好父亲，胜过一百个教师。"著名美籍华人赵小兰在谈到她为什么能成功时说："我身后有一位成功的男人，我的父亲赵锡成。他有 6 个女儿，4 个哈佛，一个哥伦比亚大学，还有一个玛丽女子学院。"赵锡成有一句话，什么是成功人士？自己事业的成功，只成功了一半，把自己的子女教育成功，才是真正的成功。

有人说，父亲的格局，决定着孩子的发展方向。父亲作为男人，承担着家庭的重担，是家庭不可缺少的顶梁柱。父亲格局高远，有自觉的责任担当，孩子必然前途宽广。

不仅父亲如此，许多优秀的母亲在培养孩子方面，也是巾帼不让须眉。"孟母三迁""岳母刺字""欧母画荻""陶母割发"，堪称我国古代母亲教子成功的典范。

一个江苏的大家闺秀，上过女中，喜欢诗词音乐。19 岁那年，嫁给当地富二代李浩民，开始了相夫教子的生活。后来，家乡被日军占领，为躲避战乱，举家迁往台湾。不料，丈夫在前往台湾与家人团聚途中因轮船失事遇难。40 岁的她失去了顶梁柱，独自带着 13 个孩子，生活在举目无亲的陌生环境里。但她并不气馁，为了养家糊口，她放下原有的身价去当佣人。她不仅让 13 个孩子都能吃饱饭，还让他们都能上学，受到良好的教育。她鼓励自己的 13 个孩子都能极尽所能地成为优秀的人才。62 岁时，她为了取得移民资格，刻苦学习英语，最终通过了移民考试，移居美国。她是一位普通的华裔，却一手把 13 个孩子都培养成了博士，且全部成才，其中有 3 位被授予"美国十大杰出青年"。就连时任总统克林顿、布什，在母亲节时都写信赞誉她，称她是一位"伟大的母亲"。

她叫王淑贞，是国际知名"神探"李昌钰的妈妈。

还有香港歌手陈美龄，把 3 个儿子都培养成为斯坦福大学的学生；刘亦婷的妈妈刘卫华，精心培养女儿，把女儿送进了哈佛；教育专家刘称莲，用全新的理念培养女儿，把女儿培养成北大学士、美国常春藤名校硕士……

父爱如山，母爱如水。父爱，引领着孩子成长的方向；母爱，滋养着孩子的德行与气质。慈爱的母亲，对婴幼、少儿阶段的孩子影响巨大；坚强的父亲，则是孩子成长的引路人、思想的奠基人。如果父亲是刚，那么母亲则是柔。一个家庭，只有刚柔结合，孩子才能健康成长。

现在一些年轻父母，将教育子女的责任全部推给老人，自己去过清闲日子。他们不明白的是，老人多半学识不高，即使博学多才的老人，也多对孙辈疼爱，而不是教育。父母与孩子的情感联系，是给孩子最好的安全感，尤其是幼儿时期孩子对妈妈的情感需求，是任何人都无法取代的。电视剧《人世间》里，周蓉将年幼的女儿冯玥玥送到娘家抚养，冯玥玥长大后，对父母感情淡薄，一点儿也不亲。

著名教育专家尹建莉的女儿圆圆，是个品学兼优的好学生：成绩好，曾跳级两次，后被清华大学录取；性格也好，乐于助人，自信独立。面对朋友的美慕，尹建莉却将女儿的懂事优秀归功于"亲自带孩子"。

我觉得，在教育孩子的问题上，父母最好亲自带孩子，不要不管不问。即便让爷爷奶奶、姥姥姥爷帮着带，自己也要参与进去；倘若与孩子不在一起，也要保持电话、微信视频联系，感情的线不能断。

前两年，在家庭教育领域，出现了两个比较火的网络新词：一个是"丧偶式育儿"，说的是孩子教育过程中"父亲缺席"；一个是"诈尸式育儿"，说的是爸爸不仅没有参与到教育孩子的过程中去，还会因为某些看不惯的事情而指责妈妈。这两个新词，表达了一个相同的意思：家庭教育中父亲缺位，把教育孩子的责任全部推到妈妈身上。

我们经常看到，有些做父亲的，喜欢做甩手掌柜，根本不知道教育一个熊孩子有多难。在这些父亲的眼里，教育孩子就像赏花，想起来了就看一眼，想不起来，就连看也不看。爸爸虽有名分，却不承担教育义务，形同虚设。当妈的，一方面希望孩子学业上不要有那么大压力，不要太辛苦；一方面又希望孩子出类拔萃，有大好前程，为了孩子殚精竭虑，负重前行。

有研究表明，父亲参与教育的孩子，智商更高一些，成绩也比较优秀，成人后步入社会，工作能力也更强；和父亲相处时间长的孩子，性格会更加开朗，能够和周围的人和平相处。有一些孩子的父亲，也想参与到孩子的成长中，就是妈妈不放心，害怕父亲笨手笨脚带不好孩子，不给父亲表现的机会。

事实上，许多母亲忙碌的家庭，都是父亲带孩子，而且带得很好。我女儿小时候，她妈妈在县里挂职的两年，基本上是我带孩子，孩子很阳光，各方面发展得很好。所以，做母亲的，要学会放手，让父亲参与到教育培养孩子的实践中去，不要让父亲缺席，更不要像《人世间》中冯玥玥的父亲冯化成那样，空留遗憾。

父母配合效果好

在教育孩子的问题上，父母双方不要单纯强调谁说了算，而应相互尊重，相互协商，谁的意见对，就按谁的办；父母之间要互相学习，取长补短，密切配合，共同按照教育孩子的最佳方式，把孩子培养教育好。

一个朋友在儿子的家长会上，听了一个"学霸"妈妈的经验介绍，很受启发。他说这个妈妈的经验，值得我们的家长，尤其是孩子的父母效仿。

尽管我和孩子她爸工作都很忙，但是我们对孩子的教育都很重视。我们购买或借阅过有关教育的书籍，经常在一起交流教育孩子的看法。当出现意见上的分歧后，我们就坐下来坦诚交谈，直到达成共识，这样使得我们对孩子的教育形成了较为一致的意见，对孩子的问题有近似的解决办法，不至于这个告诉她这样做，那个告诉她那样做，让孩子无所适从。

教育好孩子，需要父母双方密切配合。近几年，我看过不少家教成功的案例，无论是"哈佛女孩"刘亦婷、"清华男孩"欧阳书森，还是"北大女孩"李若辰，没有一个不是父母齐心协力、共同教育的结果。李若辰上小学、初中时，她家设有一个"家庭日"，每逢周末，一家三口抽一天时间，一起去爬山，或一起去公园、动物园，其乐融融。在此期间，父母放松身心，孩子开心快乐，自然而然增加了亲子感情。更重要的是孩子变得开朗活泼，学到了许多书本上学不到的东西。

现在孩子教育的问题是，父母缺乏配合。爸爸不出力妈妈用蛮力。许多"上班族妈妈"每天奔波于单位和幼儿园、学校，经常在工作与孩子之间顾此失彼、左右为难，而她们最大的苦恼莫过于子女的教育问题，最大的苦衷是爸爸是"亲爹"，妈妈则像"后妈"。"亲爹"永远都在"为孩子着想"，而"后妈"则永远和孩子"对着干"。

每当孩子在困难面前退缩，妈妈和孩子较劲，鼓励他坚持的时候，爸爸就跳出来泼一瓢冷水："孩子压力够大了，你天天这么逼孩子干吗？"这样武断地指责，不仅会给家庭带来伤害，也对孩子的成长不利。一个妈妈诉苦说："女儿现在很任性，谁的话都不愿意听。妈妈一凶，她就去找爸爸，甚至觉得妈妈很凶，爸爸更爱自己。"

时下，"虎妈猫爸"的教育方式也很流行。一个妈妈去接儿子放学，被儿子班主任留了下来。老师把一封信交给了妈妈。妈妈回到家，带着疑惑打开了信，原来是儿子写的一篇作文。儿子在作文中写道：

每次爸爸让我休息一会儿的时候，我都不敢，因为妈妈总会跳出来反对，然后他们就会吵架……我很不开心，爸爸妈妈总是因为我吵架，我总是笨手笨脚，我也不知道该听谁的，好像谁吵赢了谁就是对的。

结尾处，儿子写了一句话："爸爸妈妈一直这样，我永远都不会开心了。"

看完信后，妈妈意识到，父母无意的举动，已经给孩子造成了伤害。自己属于"虎妈"，而老公却是散养教育的忠实拥护者，两人常常在对待儿子的问题上产生矛盾，很多时候完全忽略了孩子的感受。

我觉得，在教育孩子的问题上，父母双方应相互尊重，相互学习，取长补短，共同探讨教育孩子的最佳方式：针对孩子成长的身心特点和年龄特点，共同制订教育方案，或尝试以不同教育方法产生的后果，来总结教育成败的经验。

一个孩子的父亲说得好，这个世界上没有天生的父母，在教育孩子这件事上，也没有哪一种观念可以一劳永逸。作为父母，必须时刻学习，时刻成长，逐步摸索教育孩子最有效的方式和方法。"对于儿子的教育问题，我和妻子在进行了一番认真讨论后，达成共识。在这个过程中，孩子的世界也会向我们打开一扇窗，与孩子一同成长，这是为人父母最有成就感的事。"

教育孩子仅有美好的愿望是远远不够的，还要父母掌握儿童养育知识，懂得孩子的成长规律，才能促进孩子健康成长。育儿的过程，是一个不断试错和磨合的过程，父母要一起承担责任，有问题私下商量，共同寻找适合孩子特点的教育之路；一起努力，把孩子培养好，把孩子教育成功了，就是父母一生最重要的成功。

孩子的未来掌握在父母手中，无论孩子成为什么样子，父母都必须接受，不能"退货"；孩子成长的关键期，就那么几年，错过了，弥补起来，非常困难。所以，做父母的，即便工作再忙，也要齐心协力，把教育子女当作一件大事来对待，当作一项事业来对待。

🎧 教育理念不能出偏差

教育理念是家长心目中的教子标准，也是家长教子实践的先导。每个父母都有自己的教育理念，多种不同的教育理念，衍生出成百上千种教子方式和教子方法，而理念的不同，带来了巨大的家庭教育差异和结果。教育孩子成功与否，与家长家教观念是否正确，有着密不可分的关系。

现实中，我们可以看到：有些孩子成才了，有些孩子成了普通人，有些孩子成了"巨婴""啃老族""白眼狼""宅男宅女"，甚至自杀或成为杀父弑母的罪犯。即便同一个学校、同一个班级、同一个老师教育出来的学生，在学习成绩、思想品德、行为习惯、为人处世方面，差距也非常大。

为什么会出现这些差距？原因固然很多，其中一个重要原因，就是受到了家长教育理念的影响。

请看两个实例：

实例一：有一个男孩，小时候家里极穷，上不起学。父亲想让孩子出去打工，但母亲坚决不同意，将家里唯一的一头驴卖了，继续供孩子上学。这个连小学都没毕业的母亲，用自己特有的教育方式，成就了儿子不平凡的人生。这个男孩就是央视《焦点访谈》曾经报道的第 38 届世界中学生奥数金牌获得者安金鹏。安金鹏没有辜负母亲的期望，2000 年北大毕业留校读研，后来读博，2008 年留校任教，先后担任讲师、副教授，2014 年晋升教授，后入选教育部 2016 年度"长江学者奖励计划"青年学者。

实例二：一部名叫《出路》的纪录片，记录了 3 个孩子 2009—2015 年的成长经历。其中一个孩子叫马百娟，12 岁，是甘肃山沟沟里的一个小姑娘，家境贫困，每天的早餐只有简单的白开水泡面饼。小姑娘聪明好学，喜欢读书，成绩很好，相信只有知识才能改变命运，她的梦想是去北京上大学。然而，2012 年，当导演再次见到马百娟的时候，她已经退学了。原因是父亲认为女娃是别人家的人，书多少念一点，够用就行了。最终的结局是她和表哥结婚。然后就没有然后了。

父母的教育理念不同，决定了孩子不同的人生轨迹。理念来自格局。格局大的家长，懂得轻重取舍，不会轻易被眼前的利益所诱惑，他们看得长远，短期利益无法改变他们的目标。这样家庭的孩子，就会有美好的未来。反之，格局小的家长，则目光短浅，常常是捡了芝麻丢了西瓜，因小失大。在这种家庭长大的孩子，往往没有好的前途。因此，良好的家庭教育，从来就不是简单的抚养孩子，而是父母的教育理念

现在的父母，都希望孩子将来生活幸福，却又存在误区，以为给孩子存钱，给孩子买房，给孩子买车，孩子就幸福了。

我的一个亲戚在外地打工，起早贪黑，累得腰酸背痛。

我问他："你这么拼，是为了啥？"

"给孩子攒钱。"他说，"我自己学没上成，吃了没钱的苦。我要多攒钱，让孩子上学、娶媳妇，过上好日子。"

我深为这颗"慈父心"所感动，但又不太同意他的观点。我问他："孩子有了钱，就一定会幸福吗？"

他说："有了钱，孩子就不会受穷了。"

诚然，给孩子钱，给孩子一定的物质财富，可以让孩子暂时生活得舒心一些，但孩子未必会有未来的幸福。这是因为，现在的社会，是一个充满竞争的社会，是一个靠本事吃饭的社会。在孩子成长的道路上，不仅有阳光雨露，还有许许多多的风风雨雨、坎坷曲折。孩子光靠父母给的那点钱，没有足够的生存能力，能抵挡风雨吗？能在社会上站稳脚跟吗？

当下，家长的教育理念很多，概括地讲，主要有三类：第一类是正确的家教理念，如"惯子如杀子""每个孩子都是独一无二的""好父母是学出来的，好孩子是教出来的""给孩子金山银山不如教他做人的道理""掏钱难买本事""一屋不扫，何以扫天下"等。一般来说，持这些家教理念的家长，教育出来的孩子，都不会差到哪里去。

第二类是错误的家教理念，比如"人的命，天注定""龙生龙，凤生凤，老鼠生来会打洞""成绩就是一切""教育孩子是老师的事""树大自然直""干家务影响学习"等。持这些教子理念的家长，很难培养出有出息、有作为的孩子。

第三种是被误解的教子理念。比如说"富养女"，原意是培养精神富有的"淑女"，结果一些家长不明就里，尽最大可能让女儿物质富有，结果培养成了金钱至上的"拜金女"。再比如说，"世界上最好的投资是孩子"，说的是与其他投资相比，教育孩子的投资性价比是最高的。有的家长则理解为在孩子身上投入越多越好，于是吃大餐、穿名牌、读名校、多报班、上洋学，成了一些家长的"投资热土"，结果钱花了不少，孩子并没有多大出息。

家长要教育好孩子，就要摒弃错误的教育理念，确立正确的教育理念，并用正确的教育理念指导自己的教子实践，引导孩子成长。知名教育家朱永新，这几年提出了不少重要的家教理念，比如"品德重于学问，状态大于方法""把童年还给孩子""无限地相信孩子发展的潜力""让孩子有一样属于自己的东西""让读书成为孩子的生活方式""让日记伴随孩子成长"等，都是充满家教智慧的新理念。希望家长朋友好好学习吸收，把这些理念变为引导孩子成长进步的"指向针"和座右铭。

🎧 教育方式要正确

教育孩子是人类最重要也是最困难的学问，它比任何工作都难，因为你的教育，关系孩子的一生。无论你面对的是什么样的孩子，你都没办法反悔或者"退货"。所以，家长培养孩子不能随心所欲，胡乱教育，更不能瞎折腾、走弯路，孩子误不起，一定要用正确的教育方式培养孩子。

前年，朋友发来一个段子，很有意思。

一个乞丐在路上乞讨，有两对父子从乞丐身边经过。一个父亲对孩子说："你要好好学习，不然以后会像他一样，没有工作只能讨饭，记住了吗？"孩子说："知道了，这里臭死了。"另一个父亲对孩子说："孩子啊，你要好好学习，以后让这些人都能有工作，有家归，不用落魄至此，记住了吗？"孩子说："记住了，爸爸。"

这个段子告诉我们这样一个道理：对孩子不同的教育引导会产生不同的效果。前一个家长，只会培养孩子冷漠的心态和嫌贫爱富的心理；后一个家长，则培养了孩子对弱者的同情心和关爱社会的责任感。好的教育方式，会影响孩子的一生；不好的教育方式，也会影响孩子的一生。

丈夫与妻子久居异乡，11岁的儿子与奶奶一起生活。丈夫每日打电话问候老母亲。

一日，儿子很兴奋地接电话："爸爸，您好！"

"嗯，好！奶奶呢？请奶奶听电话。"

"爸爸，你为什么每天只给奶奶打电话呀？"

"这有什么好奇怪的？因为她是我妈！"

"那我呢？我也想你们！"

"你找你妈啊！"

"哦。"

从此，妻子每天早上6点，准能接到儿子的问候，风雨无阻，8年不曾间断。

父母与孩子处在同一个平台上，沟通就不会有障碍。现在一些父母与青春期的孩子沟通不畅，很重要的一个原因就是不了解孩子，无法适应孩子成长带来的心理变化。

有一个初中男生，每次月考前情绪波动都特别大，结果最后一次月考后，心理防线全面崩溃，被接回家，被迫休学。原因是父母从小教育他："你一定要取得好成绩，考上好高中、好大学，才有出息。"温柔的心理控制，让孩子不堪重负，导致精神崩溃。

现在的问题是教育方式单一，不科学，不规范。有的家长只知道溺爱孩子，包办孩子的一切，就是不知道教育引导孩子。

有一对夫妇只有一子，所以从小十分娇惯。他们含辛茹苦把儿子养大，儿子大学毕业后也有了工作。可是，他干不到一个月就辞职了，抱怨工作任务繁重，早上要早起，晚上要加班，太烦、太苦、太累，受不了，等等。

5年了，儿子心安理得地待在家里，要么上网打游戏，要么用父母不多的工资去社会上消遣。面对父母的批评，他振振有词："如果你们不能养活我一辈子，为什么从小对我那么娇惯？"

这对父母，一味娇惯溺爱，差点毁了孩子的一生。现实中，有不少父母习惯溺爱孩子，承包孩子的一切，孩子在无形中被惯成了一只"大懒虫"。许多"巨婴""白眼狼""穷人家的富二代""精致的利己主义者"都是这样培养出来的。可见，错误的教育比不会教育更可怕！

与溺爱相对的是压制。有的家长信奉"不打不成才"，孩子学习成绩下降或犯点小错，非打即骂，对孩子实施家庭暴力。有一个单亲妈妈，谈起自己的成长经历，潸然泪下。

我在父母的暴力下长大。尤其是妈妈，脾气暴躁，对我轻则呵斥，重则打骂。有一次，妈妈直接用正在盛饭的热饭勺打我，把我的背上烫了许多泡。童年的记忆满是泪痕，我对父母怨恨不已，刚成年就离开家庭，迅速结婚。但结婚不到一年，我因无法忍受丈夫的家庭暴力，带着出生不久的儿子离开了家庭，希望能带着孩子好好生活，可不知怎么回事，常常因为一点点小事，情不自禁地打儿子，打完之后又后悔不已、号啕大哭。我是那么爱儿子，可怎么就是管不住自己呢？

孩子小时候都像一张白纸，你在上面画天使，孩子就有机会成为天使；你在上面画恶魔，他也有可能成为恶魔。教育孩子就是一场没有彩排的演出，孩子的命运掌握在家长手上。无论父母事业上多么成功，也抵不了教育孩子的失败。

现在有不少家长，在教育孩子的方式上，存在误区，以为孩子只要学习好，就一切"OK"。于是，重智轻德，重知识传授轻能力培养，重知识学习轻实践锻炼，重考试成绩轻学习过程，重快乐成长轻意志锻炼……导致孩子以我为中心、任性自私、不懂感恩、生活能力低下、脆弱、抗压能力差、心理不健康。

中国教育科学研究院调查显示，很多家长多关心孩子"成才"，忽视子女"成人"；只关心孩子"学习"，忽视子女"做人"。很多父母总是操心孩子的享福，忙着给孩子积累财富和名声，恨不能给孩子的全部人生买上一份人生保险。孩子全部的任务就是学学学、分分分。殊不知，名和财、学历和分数决定不了孩子未来的路，德行才是孩子最根本的"护身符"。

什么是教育的真谛？全国政协委员、江苏省锡山高级中学校长唐江澎在回答记者提问时说，学生没有分数，就过不了今天的高考，但如果只有分数，恐怕赢不了未来的大考。可见，分数不是最重要的，比分数更重要的是孩子"健全而优秀的人格"。这就要求家长"风物长宜放眼量"，用系统思维，谋划长远，用正确的方式教育引导孩子。

🎧 协同配合　形成合力

常言道，家有千口，主事一人。管理家庭是这样，教育孩子也是这样。正确而有效的家庭教育是：所有家庭成员，意见统一，目标一致；在教育孩子的时候，一人为主，其他人密切配合，形成合力，引导孩子沿着正确的轨道，健康成长。

小时候，看过一则寓言故事《动物拉车》，至今记忆犹新。

梭子鱼、虾和天鹅不知什么时候成了好朋友。一天，它们发现路上有一辆车，车上有许多好吃的东西，于是，就商定把车子拉回家。它们三个铆足了劲，使出平生力气，拼命拉车。可是，无论它们怎样用力，车子仍然待在原地，一步不动。这是什么原因呢？原来，天鹅使劲往天上提，虾用力向后倒拖，梭子鱼则往池塘里拉。

究竟谁对谁错，很难说清楚。反正，大家都使劲了，只是力量没有用到一处，没有形成合力。这个寓言故事告诉我们，在教育孩子的问题上，所有家庭成员教育孩子的想法、意见必须统一、一致，不能出现意见不一、相互矛盾的情况。此乃正向协同法的核心要义，也是优秀孩子家庭教育的经验之谈。

凡是看过《红楼梦》的家长，都应该记得宝玉挨打的情节。宝玉散漫不羁性格的形成，源于贾母及王夫人的娇纵、溺爱。宝玉我行我素，不守规矩。贾政作为一家之主，不能不为孩子的未来考虑：如不严加管教，长大难以成器。而每每贾政要管，贾母就出来干预，王夫人也心疼得直流泪。宝玉是贾母的开心果，给贾母带来欢乐。所以，贾政碍于母亲对宝玉的喜爱，为了尽孝，他不得不服从母亲，但内心深处却对宝玉性格中的叛逆性有一种极大的恐惧。

对于当下的多数家庭而言，都是三四个或五六个大人养一两个孩子。常听一些家长抱怨，过去两口子带几个孩子，也没有那么多事，现在三四个大人，甚至五六个大人带一个孩子，还带不好，整天不是这事，就是那事。

这是为什么呢？一个重要原因，是在家庭教育中，家庭成员多头管理，"一个和尚一个号，各吹各的调"。教育方式不统一，一人一套教育理论，造成孩子"看人下菜"。

曾在书上看到这样一个案例：

妈妈比较严格，孩子在妈妈面前就表现得比较乖；爷爷奶奶、姥姥姥爷比较纵容，孩子在这些隔辈人面前就比较任性；爸爸"和稀泥"，孩子在爸爸面前，也不怎么收敛；全家人都在的时候，孩子就会仗着有人帮他，越来越不服管。

家庭成员的家教意见不一致，容易引发"家庭战争"，贻害无穷。在一些家庭里，年轻父母对子女的成长要求不断提高，而老人的教育理念、教育方法已经无法满足这些要求。时常可以看到，一些家庭在让孩子吃饭、穿衣等细节问题上，孩子的妈妈和奶奶矛盾不断，甚至发生争吵。在这种"你争我夺"的教育中成长的孩子，读不好书，听不进话，自控力差，没有是非标准。

还有一些父母做不了孩子的主。姥姥、姥爷、爷爷、奶奶比较揽权，以长辈自居，时常发表意见，参与决策，有的还不断行使"一票否决权"，让原本简单的家庭事务变得十分复杂。身为孩子的父母，在家却没有地位，教育孩子需要听从长辈的意见，搞得大家劳心劳神，孩子也变得任性、娇纵、蛮横、生活自理能力差、不知感恩、不懂规矩。

事实上，孩子的很多问题，皆源于家庭成员教育意见不统一。由于时代、观念的不同，在教育孩子的问题上已经出现分歧，这很正常。最有效的解决办法是：家庭成员先行沟通，形成统一的家教观点和教养方式；教育孩子的主导权最好由父亲掌握，强化父亲的责任担当，行使权最好由母亲掌握，因为母亲对孩子倾注得更多、更用心，她有这个责任，也就有这个权利。其他家庭成员都要按照统一的意见，协助妈妈更好地帮助孩子成长。

1999 年，哈佛女孩刘亦婷名扬全国。透过刘亦婷的成长经历，不难发现，刘亦婷人生之初是不幸的，1 岁 8 个月的时候，父母离婚了，妈妈实在太忙，只得把她送到湖北的姥姥家，由姥姥、舅舅抚养。然而刘亦婷的成长又是幸运的。妈妈刘卫华在女儿一出生，就按照从《早期教育和天才》中学到的方法，制订了早期教育计划，夫妇一起多维度开发女儿的智力；离婚后，刘亦婷寄养在姥姥家，刘卫华说服妈妈、弟弟，继续按照计划培养教育她；再婚后，继父张欣武对刘亦婷视同己出，全力配合妻子培养她。刘亦婷在家长们齐心协力的培养下，健康成长，以优异的综合素质，被哈佛大学录取。

这就是家长协同教育的魅力。但在很多情况下，家庭成员的观点、意见是不一致的，如何处理呢？我觉得，一方面要避免正面冲突。当着孩子面的时候，家庭成员之间都要相互维护尊严和权威。家长们少一分正面冲突，就会少一分对孩子的负面影响。另一方面讲求沟通的方式方法。如果觉得家人教育孩子的方法不妥，可以在事后寻找适当的机会，心平气和地去表达意见或建议。

解决与老人的意见分歧，最好是本着谁的爸妈谁去说的原则。姥姥姥爷的沟通工作由妈妈来做，爷爷奶奶的沟通工作由爸爸来做。在具体方式上，可转发专家育儿文章到家庭群里，以科学的育儿知识、育儿理念影响老人。让老人明白，对孙子、孙女过分娇宠和溺爱，会对孩子的健康成长和良好性格的形成不利。一般来说，老人都比较固执，不会轻易接受别人的意见，要想给老人提建议，不妨先甜甜地叫声"爸""妈"，或者时不时送一些小礼物，然后轻描淡写地谈事情。这样一来，老人就不好意思反驳了。

家校衔接法

孩子美好的童年时光、青少年时光，大多是在家庭和学校度过的。学校对孩子的成长，具有非常重要的影响：既有教学设施、教师水平的影响，也有学校环境、校风、学风、班风的影响。孩子从进入幼儿园，就开始接受正规教育，从进入小学，就开始系统文化知识的学习，经过初等教育、中等教育、高等教育阶段的系统学习，完成知识储备、能力提升，为步入社会打下基础。

但学校不是万能的，老师也不是万能的，有些决定孩子一生的品质，教师无法给予。像孩子良好的品行、健康的身心、健全的人格、良好的习惯、坚强的意志、长久的幸福感，只能靠家庭熏陶，从家庭教育中获得，需要家长协助老师来培养。

"成功不在起点，不在终点，而在转折点。"管理学大师德鲁克的话告诉我们，对孩子的成长而言，每个阶段就是一个转折点。做家长的，要让孩子健康成长，就要在每一个阶段，搞好与学校的衔接，把家庭教育与学校教育结合起来，相互配合，相得益彰。这便是家校衔接法的应有之义。

让幼儿园成为孩子的"乐园"

孩子上什么幼儿园并不能决定孩子的未来，孩子提前学习一点知识、才艺，也不能决定孩子的未来。不管孩子上什么幼儿园，家长真正需要跟幼儿园衔接的，不是提前教孩子学知识、学才艺，而是协助幼儿园培养孩子基本的生活技能、生活习惯、社会规则，保护孩子的好奇心与兴趣爱好。

我女儿还不太会走路时，姥姥带她去幼儿园接小表姐，看到其他小朋友滑滑梯，她也要滑，姥姥教了几次，她就会了。以后每次去接小表姐，她都要和小表姐班的小朋友一起骑木马、滑滑梯，觉得幼儿园很有趣。2岁之后，教会了她自己吃饭、喝水、穿衣、穿鞋、擦屁股，她就开始天天盼着上幼儿园。过了3岁，她就很高兴地去了幼儿园，很少出现不愿去幼儿园的情况。

3岁以前的孩子，不愿离开亲近的人到陌生的环境中去。如果不是不得已，家长应让孩子按照正常的年龄入园，不要过早让孩子上幼儿园。上幼儿园早的孩子容易产生惧怕分离的焦虑感。家长更不要用"不听话就把你送到幼儿园，不让你回家了"之类的话威胁孩子，使孩子对幼儿园产生畏惧情绪。

有一个3岁多的小女孩，父母将她从老家带到了大城市幼儿园。尽管幼儿园的设施、环境都非常好，老师也照顾得很好，但她特别抵触，死活不愿去幼儿园。每次让她去幼儿园，她都会哭着说："我不去，回不了家怎么办？"甚至最后发展到不让家里人出门。父母没办法，又把她送回老家的幼儿园。可一说上幼儿园，她又哭闹不止，说"回不了家了"。原来是小女孩小时候比较调皮，一不听话，奶奶就吓唬她说"把你送到幼儿园，不要你了"，使她形成害怕"上幼儿园"的心理阴影。

家长要让孩子喜欢上幼儿园，愿意上幼儿园，就要在孩子上幼儿园前夕，带孩子参观幼儿园，熟悉幼儿园的环境，观摩小哥哥、小姐姐的绘画作品，鼓励孩子和幼儿园的小朋友一起玩球类、滑滑梯等游戏，增强幼儿园对孩子的吸引力。

1~3岁是孩子良好生活习惯培养的关键时期。孩子一开始，对生活"程序"是没有任何概念的，在家长的教育引导下，才慢慢在大脑中形成一个特定的"程序"。生活"程序"就是生活习惯。孩子的生活习惯一旦养成，就会以"程序"的形式固定下来，直接左右他的生活行为方式。如果有人打破他心中的"程序"，他就会发火。

有一个2岁的孩子，每天出门前，都是妈妈帮忙，先穿上衣，再穿裤子，最后穿鞋子。一天妈妈有别的事情，爸爸帮孩子做出门前的准备，结果爸爸帮孩子先穿裤子，再穿鞋子，最后穿上衣。这与孩子心里的"程序"完全不一样，孩子就开始哭闹。

可见，生活习惯对孩子行为的影响是巨大的。家长应从孩子2岁开始，有意识地按照幼儿园的管理"程序"，来培养孩子的生活"程序"，为上幼儿园做好准备。孩子一旦形成了诸如按时起床、吃饭、睡觉，自己穿衣、穿鞋等良好的生活习惯，在幼儿园的生活就会顺顺利利。

有的孩子不爱去幼儿园，除了不愿离开父母，还有一个重要原因，就是父母在养育孩子过程中，比较溺爱孩子，随性而为。比如，孩子该上幼儿园了，还帮孩子穿衣、穿鞋、擦屁股，事事代办，使孩子形成了事事依赖的生活"程序"，与幼儿园的生活节奏不一致：该起床的时候不起床，该吃饭的时候不吃饭，该睡觉的时候不睡觉，什么也不会做，什么也不愿做。还有一些孩子在家当惯了"小皇帝""小公主"，不愿受约束，死活不愿上幼儿园。我们经常看到，有些孩子到了上幼儿园的时间，坚决不愿出门；到了幼儿园，无论家长怎样哄，就是不下车，或拉着大人的衣服，哭着闹着不愿进幼儿园。

要让孩子在幼儿园里愉快地学习生活，家长要做的，就是顺应幼儿园的生活节奏、教育重点，搞好配合：根据幼儿园对孩子的生活技能和生活习惯要求，训练孩子正常作息，按时起床、睡觉，慢慢学会自己的事情自己做；根据幼儿园对孩子的体育要求，陪孩子一起骑车、做游戏，增强孩子的体质；根据幼儿园对孩子的才艺要求，给孩子讲故事，带孩子去公园、动物园、科技馆、博物馆，和孩子一起看书，培养孩子正当的兴趣爱好；根据幼儿园对孩子的德育要求，训练孩子学会使用礼貌用语、见长辈知道打招呼，在家长幼有序、有规矩，出门在公共场合，不大声喧哗、打闹，吃饭不乱转桌，遵守交通规则，上车不抢座位，等等。

经验表明，家庭教育只有与幼儿园教育紧密衔接，节奏一致，形成合力，才能培养出优秀的孩子。切忌家庭教育跟幼儿园教育脱节，或背道而驰：家长只知道溺爱，一味照顾孩子，包办孩子的一切，什么也不让孩子干，或者回到家大人、孩子一起玩手机。家庭教育若与幼儿园教育衔接不当，孩子即便上再好的幼儿园也没用，身心也不会得到良好的发展。

🎧 配合学校打好孩子的人生基础

小学阶段的孩子，天真烂漫，被称为"祖国的花朵"。家长在这一阶段的主要任务，是密切配合学校，对孩子进行"全面发展"教育，打好孩子的人生基础。在教育方式上，应注重科学陪伴，言传身教，巧妙引导，方可培养出优秀的孩子。

孩子一到入学年龄，便怀着激动、好奇、自豪的心情，背着新书包，走进小学校园，成为一名小学生，开始进入人生的一个新阶段。

现实中我们会发现，有一些一年级孩子，入学几天的新鲜劲一过，便不适应了。不是上课讲话、做小动作，就是调皮捣蛋；不是胆小害羞、不敢发言，就是作业不会做、功课跟不上。孩子出现这种状况的原因，是没有与学校衔接好，孩子的心智、生活节律还停留在幼儿园阶段。清华附小校长窦桂梅讲过一个一年级的孩子，每天要睡到自然醒。学校是早上 8 点正式上课，他总是 9 点之后才到校。这怎么能行呢？

为了实现与小学的有效衔接，家长可与孩子一起制定一个合理的作息时间表，全家协同一致，要求孩子严格遵守，按时起床、学习、锻炼、进餐和睡眠。孩子建立起了与学校步调一致的生活节律，就好了。

一说到孩子上小学，许多家长就认为，孩子的学习最重要，因为只有学习好，将来才能考好高中、好大学，学习不好，一切都白搭。所以，孩子一入小学，家长除了孩子原有的兴趣班、才艺班，还给孩子增加了奥数班、辅导班、培优班，令孩子应接不暇。

家长这样做，不能说不对，起码是把小学教育简单化了。孩子小学阶段，除了学习知识，还有品德塑造、智力开发、情商等内在素养的养成等。单纯强调孩子的学习，不关心孩子的综合素质，容易造成孩子发展后劲不足。

作为一个过来人，我觉得，家长的视野应该开阔一些，格局应该大一些，不仅要关心孩子的学习，更要根据《小学生守则》的要求，密切配合学校，完成"立德树人"的任务，促进孩子德智体美劳全面发展，为孩子打好人生的基础。

现在许多家庭，物质生活上都没有什么问题，一些家长喜欢把孩子当成"小皇帝"来培养。殊不知，物质上的满足，永远代替不了精神和心灵上的丰富。如果孩子心的方向出现了问题，大脑里装再多的东西也没有用武之地。所以，家长应按照学校德育的要求，配合学校搞好孩子的品德培养，让孩子成为一个有教养的人。

家长可通过讲故事、看案例，启迪孩子的孝心、感恩之心、关爱之心、宽容之心、爱国之心，让孩子明白是非对错、美丑善恶；通过自身的言传身教，对孩子进行德育行为引领，引导孩子向家长问安、帮父母干家务、看望生病的家人、向老师问好、与同学友好相处、参加志愿者活动等。教育专家刘称莲平时很注意女儿的品德培养。在小学的一个暑假，她带女儿回老家看望爷爷奶奶、姥姥姥爷。姥爷生病了，女儿亲眼看到妈妈把姥爷送到县医院，精心照料，于是写了一篇日记：

从那天开始，妈妈就日日夜夜地陪着姥爷、照顾姥爷，实在累得不行了，才让别人代替她看着姥爷……妈妈为了让姥爷尽量少运动，能代姥爷办的就代办，不能代办的就尽量让姥爷减少运动量。为此，我很感动，心想：如果有一天，爸爸或妈妈生病了，我一定会像妈妈照顾姥爷那样关怀备至地照顾他们。

反观现在，有些家长只抓孩子学习，忽视孩子道德品质培养，致使孩子缺乏对家人的爱心，更缺乏孝心。有的孩子唯我独尊、霸气十足，经常跟家长使性子、耍脾气；有的孩子学业优秀，却不知道给生病的妈妈端一杯热水。小学阶段是孩子道德品质形成的关键时期，如果不在孩子小学阶段进行品行塑造，到了中学以后，孩子一旦出现品行问题，想改变就难了。

小学是孩子智力发展的"黄金"时期。家长可配合学校，在指导孩子完成学习任务的同时，有意识地开发孩子的智力潜能。对三年级以下的孩子，可从孩子的兴趣出发，通过编故事、拼图游戏、脑筋急转弯、数字接龙等形象、直观、有趣的方式，开发孩子的智力。孩子到了三年级以后，家长可通过复述课文内容、故事内容，续写、改写、扩写、缩写故事，以及通过脑筋急转弯、成语接龙、智力游戏、开放性题目、棋类、总结段落大意、提出解决问题假设等方式，提升孩子的思维能力。

知识不等于能力。能力不是从书本上学来的，而是从实践锻炼中形成的。就像培养孩子的游泳能力，不下水练习，学再多的动作要领也没用。所以，对于家长来说，应从孩子的实际出发，不攀比，不急躁，稳扎稳打，发展好孩子的能力。

表达能力对孩子未来发展很重要。家长可通过教育引导孩子讲故事、复述课文、绕口令、成语接龙、脑筋急转弯、读书谈体会，参加演讲比赛、竞选比赛、表演节目等形式，培养孩子的口头表达能力，让孩子"能说会道"；通过记日记、写周记、写作文、写讲稿、写诗歌、写主持词、编小剧本等，培养孩子的书面表达能力，让孩子"下笔如有神"。交往能力对孩子的发展同样重要。家长可通过讲故事、讲道理、讲社交礼仪，教孩子文明做事、礼貌待人，在活动中与同学密切配合，搞好合作，在实践中锻炼交往能力，让孩子成为一个"受欢迎的人"。

孩子上学后，很多家长对孩子的体育锻炼就不那么重视了。其实，体育锻炼不仅能强筋壮骨，还可以提升孩子的身体协调能力及思维的敏捷性，锻炼孩子坚强的心理品质。我女儿上小学时，特别喜欢体育，什么项目都参加，还是班里的短跑"运动员"，代表学校参加省里小学生定向越野赛，得过第二名。孩子积极参加体育活动，体质很好，很少生病，而且头脑灵活，反过来又促进了学习的进步。

作为家长，我们应教育引导孩子进行身体锻炼，除了要求孩子在学校上好体育课，参加一些有益的体育活动，还应鼓励孩子下午放学后跑步、跳绳、骑车、滑冰、打球、做运动游戏；节假日，通过旅游进行远足、爬山等有氧运动，鼓励孩子参加社会组织的青少年体育活动，锻炼孩子的体能。教育专家刘称莲一家都爱运动，双休日全家一起去打球、游泳、爬山。她的体会是，运动可以使孩子精力充沛、头脑灵活，学习考试容易进入佳境，还可以使孩子心情愉快、心胸开朗、意志坚强。

美育关乎孩子审美情趣和未来的生活格调，家长应鼓励孩子在学校上好音乐、美术课，支持上舞蹈、绘画、音乐、书法等兴趣班，通过节假日带领孩子游览大好河山，带孩子听音乐会、参观美术馆、参观书画展，培养孩子的审美意识、审美能力；通过鼓励支持孩子进行绘画、书法创作，以及剪纸、泥塑、模型制作实践，培养孩子欣赏美、创造美的能力。我女儿从小就喜欢画画，我们大力支持，一个画画班从幼儿园坚持到小学毕业，得了不少奖，受到了很好的艺术熏陶。

与劳动密切相关的生活能力，关乎孩子未来的生存与幸福。所以，家长应鼓励孩子在学校上好劳动课、参加学校的值日，在家承担力所能及的家务劳动。对于低年级的孩子，家长可引导他自己起床、整理卧具、收拾书包，吃饭时帮家长拿碗筷；对中高年级的孩子，家长可教育他学会安排自己的生活，固定一两样家务，让孩子学会打扫卫生，学会使用电器，学会做饭、洗碗、洗内衣、浇花。节假日，带孩子到农村进行采摘活动，到工厂参观产品制造，培养孩子的劳动意识，以及尊重劳动、尊重劳动者、爱惜劳动果实的情感。

🎧 帮孩子平稳度过"青春期"

中学的孩子，逐步进入青春期，是孩子心理变化最为剧烈的时期，面临着升学压力，心理矛盾频发，有人形象地称之为孩子"过坎、爬坡、登峰"的时期。如何引导孩子顺利度过中学阶段，考验着孩子的体力、智力、耐力、心力。做家长的，不要将孩子完全交给学校，不管不问，更不要一味给孩子加压，而要从孩子的实际出发，搞好教育指导，有效配合学校，实现孩子的"升学梦"。

很多家长都有这样的感受，孩子上了中学，功课家长没法辅导了，而且变得特别有主见，特别不听话，喜欢跟家长对着干。去学校开家长会，老师会告诉孩子的排名，跟老师交流，老师会告诉家长孩子的学习情况，告诉孩子在学校的表现，让家长配合，把孩子的学习搞上去。

不错，中学不同于小学，目标很明确，就是升学：初中的目标升高中，高中的目标升大学。而且，老师和家长的目标很一致，都是希望孩子升上好高中、好大学。

一说起与学校配合，很多家长都知道按照学校的节奏，当好后勤，想方设法给孩子增加营养。有一个家长坚持孩子一周每顿饭不重样，每天吃的水果不重样。还有的家长一听老师说孩子学习成绩下降了，马上不停地督促，一听说孩子有了什么问题，马上唠叨孩子改正。甚至有一些家庭，为了保证孩子的学习，干脆让母亲辞职或请长假做"专职妈妈"，一心一意照顾孩子的生活。这样的配合没有什么问题，但有一点，就是家长照顾得越细，孩子的心理负担越重，压力越大；家长越管教孩子，孩子就越是逆反，常常事与愿违。

我觉得，对于上中学的孩子，家长与学校衔接除了照顾好孩子的生活，最重要的一点就是管控好自己的情绪，疏导好孩子的情绪，千万不要把自己的焦虑传染给孩子。

现在的中学生真的很不容易，经常是披星戴月，早出晚归，晚上还有大量的作业，每天只有几个小时的休息时间，尤其到了初三、高三，双休日、节假日也时常被补课、作业挤占。

据环球时报微博报道：2021 年 4 月 21 日（星期三）合肥初三女生，次日凌晨 3 点做完作业"喜极而泣"。女生的姐姐说，妹妹学习压力大，周末都在补课，她也很心疼，很无奈，但也没办法，因为要考高中。

作为家长，我们要给孩子减压。孩子回到家千万不要提学习的事情，而应放手让孩子按照自己的方式放松一下绷紧的神经，无论孩子听音乐、看电视，抑或打游戏都可以，如果孩子愿意，家长可陪孩子一起去打打球、散散步。孩子心情放松了，压力减轻了，才会更好地学习。遗憾的是，有的家长不顾孩子绷紧的神经，仍不断给孩子加压，要求孩子必须考上什么什么学校，还经常给孩子买各种复习资料，给孩子报各种各样的辅导班。这样只会超越孩子的心理承受极限，引发心理问题。多家媒体报道的孩子抑郁、焦虑、离家出走，甚至自杀的案例，皆与此有关。

孩子到了初三或高三，竞争进入了白热化，三天两头考试，最害怕考试失误，尤其是大型模拟考试。我女儿当年进入高三，成绩一直处在班级前两名，老师对她寄予厚望，经常鼓励她把目标定在北大。孩子由于心理压力过大，结果在最关键的"二模"考试考砸了，从"一模"的第一名滑到了"二模"的班级第13名，自信心大受打击。此时距高考还有一个多月的时间，我和她妈做了大量的疏导工作，孩子的情绪才稍稍有所缓解。高考时，女儿虽然又考了班级第一名，被一所不错的"985"名校录取，但我知道，女儿并没有发挥出她的最佳水平。

孩子考试失败时，自信心会受到严重打击，情绪低落，需要家长配合老师进行疏解。北京的一个高一女生，语文、英语特别棒，数学比较薄弱，期中考试，数学只考了40多分，情绪非常低落。妈妈在安抚她的同时，帮她分析状况："你的文科各科都很棒，数理化弱一些，不行了咱学文科。数学可以找个老师，做做'一对一'辅导，不会有问题的。"女儿在妈妈的启发引导下，又恢复了自信心，经过辅导老师有针对性地一对一辅导，数学慢慢赶了上来。高考时考上了北大。

令中学生家长头痛的，除了学习，还有孩子的"青春期"问题。正如一个初三孩子所说："不知从什么时候开始，我发现自己越来越看不懂自己了。以前，我很喜欢和父母聊天，有什么事都告诉他们，但是现在，不愿意和父母说话，他们一提学习、升学，我就不耐烦，顶撞他们。我内心经常有一种浓浓的孤独、迷惘和不安感。"进入"青春期"的孩子的心理矛盾如果处理不好，不仅影响学习，还影响亲子关系、亲子感情。

作为家长，我们要密切关注孩子的心理变化，当发现和孩子说话，孩子开始不耐烦时，说明孩子开始出现逆反征兆，此时家长要理解、包容孩子，不要无休止地批评唠叨，强迫孩子做他不喜欢的事情，尤其不要过问孩子的考试成绩，不要给孩子加压；凡事要以他的意愿为主，尊重他选择的权利，即便穿着打扮另类一点，也要表示理解和接受。同时，在孩子感到无助的时候，搞好心理抚慰；在孩子遇到困惑、不解时，适时给予指点。让孩子明白，父母是爱自己的，家庭是讲感情的地方，每个成员都要做最好的自己，和谐相处，有问题家庭成员可以讨论，求同存异，不要争吵，伤了感情，得不偿失。让孩子慢慢感悟，平稳度过青春期。

有一个家长很明智，在儿子初二处于逆反期时，每晚都是大人先睡，也不主动找孩子说话，各人做各人的事，孩子自己安排自己的学习、起居，什么时间睡觉由他自己决定。避开正面交锋，效果很好。到了初三下学期，儿子主动来和父母谈话，说学校里的事。他就知道，儿子顺利度过了青春期。

与"青春期"相伴的，是孩子的"早恋"问题。家长发现孩子谈恋爱，不要惊慌，一定要理智对待，巧妙化解，免得弄巧成拙。

有一个漂亮的高一女孩被班上一个帅气男孩吸引，暗生情愫，开始恋爱，影响了学习。女孩的妈妈看在眼里，急在心里，但这个明智的妈妈没有盘问、批评，而是借助"五一"到公园赏花的机会，告诉女儿，这几朵花很漂亮，那边的花更漂亮，如果我们在这里止步，就看不到更漂亮的花了，岂不遗憾？聪明的女儿马上明白了妈妈的用意，对妈妈说："我会处理好的。"随后，她主动和男孩疏远距离，结束了短暂的"恋情"。

做家长的，一定要慎重对待、理智处理孩子"青春期"出现的朦胧情感，要相信孩子，不要一看到孩子和异性同学在一起，就怀疑孩子"谈恋爱"，搞不好孩子会将错就错，从误会、误解开始，真正谈起"恋爱"。再说了，即便孩子真的谈了恋爱也很正常，家长不要上火，而应正确引导。对于男孩，家长要告诉孩子有责任心、道德感，要爱护女孩，不能玩弄女孩感情；对于女孩，家长要告诫孩子交往的界限，保护好自我，免得吃亏上当。

🎧 维护老师的形象和权威

古人把老师称为"师父"，就是老师与父亲有着同等重要的地位，甚至在人们的潜意识里，比父亲的地位还要高。不知从何时开始，老师仅仅成了一种职业，和家长成了"同一个战壕里的战友"，或是网上所说的"合作者"。但不管老师在人们心目中的地位如何改变，老师与家长的目标仍是一致的，都是把孩子培养教育好。家长一定要处理好与老师的关系，搞好与老师的协同配合，这是孩子健康成长的需要。

　　每个孩子的成长，除了父母之外，与之接触最多的就是老师。老师不仅教给孩子知识，还指引孩子正确的人生方向。自古以来，人们把老师奉为"传道、授业、解惑"者，称为"经师""人师""红烛""园丁""人类灵魂的工程师"，可见，老师在人们心目中的地位是多么神圣！作为家长，我们有义务处理好与老师的关系，与老师协同配合，共同把孩子培养教育好。

　　我国历代有许多优秀的尊师观念、教育方法，只要把这些理念发扬光大，就能配合老师把孩子教育好。清朝《跪师图》的故事，流传很广。

　　雍正皇帝小时候的老师叫彭师抟。一次，因雍正背不下来书，彭师抟就罚他下跪。皇后心疼儿子，拉起小雍正就走，说道，吾儿读书是君，不读书也是君。彭师抟立即回禀道，读书是明君，不读书是昏君。皇后大悟，复令雍正跪下，直到将书背会为止。

　　康熙知道此事后，命画师画了一幅《跪师图》：康熙和彭师抟对坐，雍正跪在一侧。

　　《跪师图》传达的是康熙皇帝尊重老师、重视教育的观念。帝王尚且如此，何况普通人？

　　老师只有在孩子心中有权威、有地位，孩子才会"听其言，信其道"。孩子年龄越小，对教师的依赖性就越强。家长与老师关系融洽，孩子与老师关系和谐，老师才会公平地对待孩子，真正关心爱护孩子，引导孩子自觉自愿地搞好学习，阳光快乐地成长。反之，家长与老师的关系不协调，孩子与老师关系紧张，老师对孩子就会听之任之，最后吃亏的是孩子。所以，为了孩子，家长一定要教育孩子尊重老师、信任老师，教育孩子听老师的话。

日本教育家多湖辉，分享过这样一个故事：

一位植物学家的儿子，拿着一株不知名的小草请教老师，但老师不认识。于是，老师和颜悦色地对他说："你的父亲是一位著名的植物学家，你不妨去请教他。老师也想知道这株小草的秘密。"

第二天，孩子又来找老师："爸爸说了，他也不知道小草的名称。他还说，老师您一定知道，只是一时忘记了。"

孩子说完，顺手把爸爸写的一封信交给了老师。

老师打开信，上面详细地写明了小草的名称和特性，最后还附着一句话：希望这个问题由老师回答，想必更为妥当。

这位家长的做法非常高明，他降低自己的身份支持老师，帮助老师塑造自己在孩子心目中的形象，也变相支持了自己的孩子。其实，如何培养一个优秀的人，各国各地老师、家长的理念、做法没有本质的差别，都需要家长与老师心灵互通，相互理解，相互配合。

家长最简单、最有效的配合，就是多在孩子面前夸老师，让孩子学会感恩：感恩老师引领你在知识的海洋里畅游，感恩老师用心血浇灌你的心灵，感谢老师谆谆教诲指引你正确的人生方向。教育孩子体谅老师备课之苦、讲课之苦、批改作业之苦、陪伴学生早出晚归之苦。我女儿当年，不管是上小学，还是读中学，我和她妈都教育引导女儿，尊敬老师，听老师的话，女儿教师节总是亲手给老师制作贺卡，表达对老师的尊敬爱戴之情，老师们也都很喜欢她。孩子已经参加工作了，我还经常和她小学、中学的老师保持着联系。

不知从何时开始，老师和家长成了"合作者"，抑或"同一个战壕里的战友"。既然是"同一战壕的战友"，家长一定要与老师结成同盟军。毕竟人心都是肉长的，老师也是凡人。如果家长经常在孩子面前赞扬老师，孩子自然会信任老师、尊敬老师、感恩老师，老师也会体会到家长的善意与信任，自然就会对孩子关爱有加。反之，如果家长在孩子面前总是絮絮叨叨，诉说老师的"不是"，这样只会造成孩子对老师的排斥，久而久之，孩子就会反感老师，老师也会看不惯孩子，最终受害的是孩子，吃亏的是家长。

作为家长，我们要时常与老师，尤其是班主任保持联系，及时告知老师孩子在家里的表现，了解孩子在学校的情况。以前老师是通过家访与家长进行互动交流。现在老师和家长多是以电话、微信、QQ 的方式进行互动交流。在互动交流中，可以及时发现问题，有的放矢地解决问题。有许多老师或家长原来不曾发现的问题，通过交流，可以发现；家长解决不了的问题，通过交流可以和老师共同协商解决。做家长的，一定要与教师相互理解、形成合力。对老师指出的孩子的问题，要认真对待，和老师一起协商对策，共同完成对孩子智力开发、能力培养、动力唤醒、塑造灵魂的任务。

家长希望老师对自己孩子好一点，心情可以理解，也没什么不对。只要家长教育孩子尊敬教师，听老师的话，好好学习，遵守纪律，不惹事，知错就改，老师是不会亏待孩子的。但是，少数家长为了让老师特别关照自己的孩子，有意请客送礼，巴结老师，就不好了，因为这样做只会腐蚀孩子纯洁的心灵，给孩子的成长带来负面影响。

🎧 配合老师补上学校教育短板

　　老师要面对几十个性情各异的孩子，加上时间精力有限，不可能对每个孩子都做到细致入微，更不可能兼顾到孩子的所有方面；老师不是万能的，有些决定孩子一生的品质，像良好的习惯、浓厚的兴趣、坚强的意志等，教师给不了，需要家长去弥补，和老师一起去培养。作为家长，我们要密切关注孩子的各种表现，及时跟老师沟通协调，有的放矢地对孩子进行培养教育，补上学校教育的短板。

　　说起配合老师，很多家长首先想到的是辅导孩子功课，督促孩子写作业，孩子学习上有了问题，马上帮助解决。有的家长甚至在孩子完不成作业时，帮孩子写作业；有的家长为了孩子不落后于其他孩子，给孩子报很多课外班、辅导班。事实上，家长这样做，不是有效地配合老师，而是代替老师的工作。

　　老师和家长教育孩子的目的相同——让孩子优秀，只是分工不同：孩子的课本知识、考试内容，由老师来负责；家长的任务是密切配合老师，补上老师顾及不到的，而对孩子学习、成长具有重要意义的内容，比如梦想、兴趣、爱好、学习习惯、意志力等。

　　小梦想，大世界，孩子的成长需要梦想，童年是多梦的季节。梦想老师给不了，需要家长去点燃。在成人的眼里，孩子的梦想或许看起来微不足道，或许做不出什么惊天动地的大事来。但是，梦想就像人体成长需要的氨基酸，只要在孩子心灵中埋下一颗梦想的种子，并精心去呵护它，孩子心中的梦想就一定会开花、会结果、会收获，还有可能长成参天大树。孩子有了梦想，心中就有了前进的希望，就有了创造的动力；缺少它，孩子大脑的"营养"就跟不上，就没有想象力、创造力。

作为家长，我们积极配合老师，不断强化孩子的梦想，补上学校教育的不足。要让孩子敢于梦想，善于梦想，即便孩子的梦想很幼稚，不切合实际，也要大力支持，因为儿童时期是孩子梦想泛化的时期，无论什么梦想都是可贵的，怕只怕孩子没有梦想。

孩子有了梦想家长要善于放飞孩子的梦想，不要限制孩子的"梦话"。现在一些父母，面对孩子的梦想，会说那是瞎想、幻想，是不切实际的好高骛远，一下子把孩子的梦想之火浇灭了。其实他们不明白，孩子一生能走多远，取决于孩子童年的天地有多大。孩子真正有了梦想，才会把不切实际的想法变成现实。家长要做的，就是激励孩子行动起来，不断努力，不断向梦想迈进，不断创造生命的奇迹。

为什么现在一些孩子"一玩手机欢天喜地""一写作业鸡飞狗跳"？问题的背后，反映的是孩子学习的主动性缺失。其根源就在于家长对孩子过于放纵，或对孩子学习、作业管教太多，表现得比孩子自己还积极。孩子会觉得学习是爸妈的事情："你不催，我就不学。""能玩一会儿是一会儿。"不知不觉地就把学习责任转嫁到了父母身上。所以，家长要做的，不是不断催促、不断加压，而是把自己的要求、自己的督导转化为孩子学习的内驱力。对于小学生来说，其学习的内驱力主要来自好奇心、兴趣和求知欲。家长要充分利用这一点对孩子进行教育引导。

一、二年级孩子的内驱力主要表现为好奇心和兴趣，家长可利用孩子爱问、兴趣广泛的特点，通过讲故事、与孩子一起从书上找答案的方法，把孩子的兴趣点自然而然地转移到学习上来。中、高年级的孩子，内驱力主要来自兴趣和求知欲，家长可带孩子参观，和孩子一起做智力游戏、脑洞大开游戏，鼓励孩子参加学校兴趣小组，从探究与实验中寻找学习的乐趣。诺贝尔奖获得者昂尼斯小时候喜欢做实验，父亲就把家里的阁楼腾出来让他当"天文台"和"实验室"，让他搞实验，深化了他对天文和物理的兴趣，为他日后成才奠定了基础。

家长还可利用孩子兴趣的广泛性和不分化的特点，引导他积极参加各种活动，学好各门功课；鼓励孩子参加课外学习小组，深入学习自己最喜欢的内容。孩子暂时没有学习兴趣，家长不要逼迫孩子学习，而应搞好引导，让孩子从感兴趣的知识入手，逐步延伸到其他知识的学习。注意一开始不要要求过高，让孩子学得太多、太难，如果孩子感到压力大，就会对学习失去兴趣。这就是一些小学生学了奥数不再喜欢数学的原因。

孩子的行为很大程度上是靠习惯支配的，良好的习惯是孩子搞好学习的保障。刚上学的孩子，学习行为像一张白纸，如不注意好习惯的培养，就会慢慢养成不良的习惯，会对今后的学习带来不利影响。孩子间学习上的差异，很大程度上是由不同的学习习惯造成的。

小学，尤其是一、二年级，是孩子可塑性最强的时期，也是孩子形成良好学习习惯的关键时期。家长如果此时盯紧一些，把孩子习惯培养好，以后就轻松了。家长要做的就是放手，引导孩子妥善安排自己的学习，鼓励孩子课前预习、认真听讲、积极发言；放学后就及时复习、做作业，然后出去活动；晚上读书、写作业，准备第二天的功课。这些事情比较琐碎，一开始需要家长及时提醒，慢慢形成习惯，就 OK 了。有些孩子放学回家疯玩，或看动画片、打游戏，该睡觉了，才想起作业没做。这怎么行呢？孩子学习习惯不好，很难取得优异的成绩。

现在很多孩子，尤其是城市里的孩子，都是"富里生富里长"，普遍缺乏吃苦的体验，意志薄弱。不少孩子被宠成了"小皇帝""小公主"，作业多一点，就喊累，稍稍遇到一点困难，就受不了，特别娇气，特别脆弱。有时一点小小的挫折，比如一次考试没考好，就承受不了，轻则哭天抹泪，重则轻生自杀。孩子良好的意志品质老师给不了，这就需要在家长的指导下，几年如一日地认真磨炼。

不经历风雨，怎能见彩虹？温室里如何培育出参天大树？家长需要从孩子的实际出发，让孩子进行意志磨炼，培养孩子攻坚克难的毅力和勇气。比如，搞一些野外生存体验的教育，让孩子爬爬山，吃点苦头，这对他的未来成长只有好处，没有坏处。人们常说男孩要"穷养"，其实"穷养"并不是让孩子吃喝穿戴都寒酸，而是磨炼孩子的意志，让孩子不惧怕困难与挫折。同时，家长要注意培养孩子直面挫败的勇气，引导孩子坦然地面对困难及考试的失误，把挫折的压力化为进步的动力。当孩子考试失利，或受挫折时，家长千万不要抱怨、责怪孩子，而应用温暖的善言加以劝慰，鼓起孩子战胜挫折的勇气。

🎧 以迂回的方式配合老师

对于成长中的孩子而言，时常存在这样或那样的缺点和问题。老师会在家长会上，或在与家长的交流中，把孩子的问题如实相告，希望家长配合，改掉孩子的"毛病"。但事情的发展，往往事与愿违。一些家长一听到孩子有"毛病"，立马就不淡定了，回到家，不是数落、唠叨孩子不争气，就是拳脚相向。孩子的"毛病"不但没有改掉，反而"小缺点"演变成"大问题"。如何配合老师改掉孩子的小"毛病"，考验着家长的智慧。

在一个班级的几十个孩子中，每个孩子的情况都是不同的。对于成长中的孩子而言，时常存在着这样或那样的缺点和问题。有的好动，坐不住；有的爱做小动作，喜欢交头接耳；有的喜欢搞恶作剧，戏弄同学；有的不爱学习，成绩差；有的作业马虎，经常出错……这些问题说大不大，说小不小，直接导致孩子表现不佳、学习落后，成为老师眼里的问题学生和家长的心病。

有一个妈妈的做法值得称道：

儿子上幼儿园时，连三分钟都坐不住。家长会上，老师告诉我，你孩子得了多动症，建议治疗。我听了心里很难受，但坚信孩子一定能改好，就对孩子说："今天，老师表扬你了。说你以前坐不了一分钟，现在可以坐三分钟了。你要坚持一下，可以坐更长的时间。"孩子听了，眼睛一亮。第二天早早起床，主动要求去幼儿园，果然能坚持坐五分钟。后来在妈妈的鼓励下，孩子改掉了"多动"的毛病。

这个妈妈采用"围魏救赵"的战术，用善意的"谎言"，巧妙解决了问题，化解了危机。其实，很多孩子的"毛病"，并不是真正的问题，而是不良习惯使然。改掉孩子的不良习惯，家长唠叨、批评，甚至打骂都没有用，最有效的办法，就是通过慢慢培养好习惯，用好习惯代替坏习惯，问题自然会得到解决。

除此之外，家长孩子还可以通过讲故事，用孩子崇敬的英雄人物的行为，来诱导感化孩子，不仅不会火上浇油，激化矛盾，还会收到"四两拨千斤"的效果，巧妙配合老师，完成纠正孩子"毛病"的任务。

在孩子的学习上，往往会出现这样一种现象，就是喜欢一些老师，不喜欢另一些老师。孩子对喜欢的老师，崇敬有加，言听计从，认真听讲，认真复习，认真写作业，功课学得特别好；对不喜欢的老师，则心存反感，不听话不说，连课也不喜欢听，作业不好好做，成绩不断下滑。

学校不可能因为你的孩子不喜欢某个老师，而随意更换老师。学习还要继续。这种局面如不及时改变，吃亏的肯定是孩子。于是，一些家长希望通过给孩子调班解决问题。这个办法也许可以管一时，但不能管长远。要是孩子调班后，再遇到不喜欢的老师，怎样办呢？所以，调班不是最佳应对之策。最有效的办法是通过"转移目标"，改变孩子的心态。有一个家长的做法，很有借鉴意义。

10 岁的儿子上小学五年级。期末考试，儿子数学不及格，一脸不开心。我问他有没有找到原因，他理直气壮地说："因为数学老师教得不好，同学们都不喜欢他。"

我一听接着问："哦，是吗？那你们班数学第一名考了多少分？""97 分。"孩子有点不好意思地回答。

我说："你的这位同学不简单，不是因为他考得好，而是因为他知道孰轻孰重。就算他不喜欢数学老师，但他还是努力去学了，就像太阳，总是带着自己的光芒。而你呢，就像镜子，别人让你不开心了，你反射出来的就只有不开心。你愿意做太阳，还是愿意继续做镜子呢？"

儿子似乎懂了，说道："我愿意做太阳。我知道了，就算我不喜欢数学老师，也要尊重他。我会好好听讲的，一定努力把数学学好。"

从此以后，儿子的数学成绩逐渐提高，也学会了对自己负责，遇事不抱怨，也不再推卸责任。

这个家长采用"转移目标"法，不仅帮助儿子端正了学习态度，明确了学习目的，还巧妙化解了与老师的"恩怨"。

每个人身上都有优点和不足，老师也是如此。针对孩子不喜欢某些学科老师的现象，家长要注意挖掘老师身上的优点，肯定老师的优点，达到"亲其师，信其道"的目的。有一个孩子不喜欢自己的数学老师，尽管这位数学老师是名师。他跟妈妈说数学老师讲课没有激情，总是一板一眼，说话很慢，听得他只想打瞌睡。他妈妈也有同感，每次开家长会，都会听得昏昏欲睡。但这个妈妈没有盲目附和孩子，而是巧妙地引导孩子："说话慢的人，一般逻辑性比较强，而且很少出错。为了防止打瞌睡，我教你个办法，老师讲课时，你就专心找他的错，看能不能找出来。"儿子听了妈妈的话，上数学课时，他听得特别认真，想办法找到老师的错，可一连好几节课竟没有发现老师说错一个字，而且老师讲课的思路特别清晰。慢慢地，他喜欢上了数学老师的课，也改变了对老师的态度，数学成绩不断提升。

不得不佩服这个妈妈的智慧。如果这个妈妈简单地附和孩子，或把开家长会时的感受告诉孩子，那孩子就更不喜欢数学老师了。现实中，我们的一些家长，一听说孩子某个老师有某一方面的问题，就觉得老师不好，或者根据自己的印象及道听途说，对老师说三道四，潜移默化地影响孩子不喜欢这个老师了。孩子不喜欢某科老师，那门课肯定学不好，受害的自然是孩子。所以，做家长的，要有意识地采用迂回战术，通过转移孩子的注意力，实现与老师的有效配合。

以宽容的心态配合老师

"严师出高徒。"古今中外许多有成就的人，背后都有一个知识渊博、一丝不苟、严格要求的老师。《三字经》里也说："教不严，师之惰。"这就告诉我们一个道理：老师严格要求，是真正对孩子关心。只有教师严格要求，孩子才能健康成长。作为家长，我们要理解：老师批评教育孩子，都是为了孩子好。

我曾在网上看了一篇文章《跪着的老师，教不出站着的学生》，作者伊衣在文中举了她老公感恩老师的例子：

有一年同学聚会，他特意请假坐飞机回去，就为了对班主任当面说一声"感谢"。上初中时，他正值青春叛逆期，不爱学习，要么逃课出去打网游，要么在课堂上看小说。班主任毫不手软，请家长、家访、站旗杆。一套组合拳下来，老公这匹"野马"被管住了。后来，老公迷途知返，考上了重点高中，后来又考上了大学，现在有了一份体面的职业和不错的收入。在聚会上，他对班主任说："老师，说真的，当年我恨过您，但现在，我最感谢的就是您！"

孩子被老师管教、批评教育，可能会委屈了一时，但会受益一生。大家都知道，树在成长过程中，会有许多无用的枝枝权权，只有适时把这些枝枝权权修剪掉，才利于树木成材。同样，孩子在成长过程中，也会有缺点和问题，只有经过老师严格要求，批评教育，改掉缺点，孩子才会健康成长。

作为家长，我们要体谅老师的初衷，以宽容的心态，对待老师对孩子的批评教育，即便有时老师的教育方式不太妥当，也应予以谅解，因为在这个世界上，除了家长，最关心孩子的是老师。

然而，我们十分遗憾地看到，不知从何时开始，老师和家长的关系由合作变成了对抗。近年来，在不少地方，不断有老师因批评教育学生被打、被处分的新闻爆出。

新闻一： 2018 年 6 月 8 日，四川乐至某中学的一名班主任杜老师，因一名学生屡次上课玩手机、迟到、在校谈恋爱、影响班风班纪，批评教育了几句。家长看不惯孩子被老师批评，就在高考结束当晚，带着一帮人毒打杜老师，把杜老师打伤，以泄私愤。

新闻二： 2018 年 10 月 21 日，湖南株洲育红小学的一个三年级女孩，因上课迟到被女老师罚站了几分钟。女孩的父亲——株洲渌口派出所副所长，闻讯立刻开着警车拉着警笛直入学校，将女老师带走。这位女老师被关入派出所审讯室长达 7 个小时，而且这位女老师"全程被人监视，限制人身自由，没给过一口水、一粒饭"。

虽然这个副所长后来被处理了，但老师的心彻底凉了。还有不少老师，因处罚学生被家长举报，受到学校、教育局的严肃处理。

有人说，对老师的严苛，正在毁掉中国的孩子。教育从来不是放纵。好的教育，必然是宽严相济、奖惩分明的。现在的学生犯了错，说不得，批评不得。为什么呢？一是因为许多孩子都是家里的"小皇帝""小公主"，都是家长夸出来的。在家里以我为中心，到了学校依然我行我素，不知敬畏，没有底线，只能赏识，只能肯定，不能批评。于是，顶撞老师等不礼貌、不尊重人以及不守纪律的现象时有发生。二是一些家长过分宠爱孩子，特别护短。在这些家长眼里，孩子就是心头肉，"我的孩子是最棒的"，怎容许受一丁点委屈？于是，一看到孩子受到"不公正待遇"，就举报、打骂，甚至动用公权力打击迫害老师。致使现在的许多老师怕惹麻烦，都不管学生，任学生像野草一样"疯长"。

作为一名老师，如果连最起码的管教学生的权利都没有了，连人身安全都不能得到保证，那他又如何能培养出优秀的学生呢？

复旦大学钱文忠教授写的一篇《教育，请别再以爱的名义对孩子让步》，一度刷屏。他说，孩子毕竟不是成年人，孩子必须管教、必须惩戒。有了管教，孩子方知敬畏；有了敬畏，孩子方知底线；有了底线，孩子方知对错。在这个世界上，能管教孩子的地方只有三个：家庭、学校和监狱。倘若家庭管不了，学校不敢管，那么等待孩子的，只有监狱的手铐脚镣。中国青少年犯罪研究会的统计资料令人震惊：近年来，青少年犯罪总数已经占到了全国刑事犯罪总数的 70% 以上。有许多青少年违法犯罪都与缺少管教有关。任性的家长，会毁掉孩子的一生。

做家长的，一定要以包容的心态，对待老师的批评教育，与老师齐心协力把孩子教育好，而不是和老师唱对台戏。当然，老师队伍中，确实有少数害群之马，他们对孩子没有爱心，没有感情，经常对成绩不好的孩子讽刺挖苦、残酷打击，甚至非法虐待孩子。对这样的老师不能包容，而应以事实为依据，进行举报。作为家长，我们一定要有善恶是非观念，不要冤枉一个有责任心的老师，也不要容忍一个没有师德的老师。

榜样示范法

常言道："鸟随鸾凤飞腾远，人伴贤良品自高。"榜样的力量是巨大的，良好的榜样能给孩子带来源源不断的精神动力。

孩子来到世间，就生活在特定的家庭、特定的社会环境之中，难免会受到家庭、社会的影响，不受好的影响，必受坏的影响；孩子的成长，会情不自禁地受到家长、相关社会成员，以及图书、媒体等方面榜样的引领，不受好的榜样引领，必受坏的榜样引领。

家庭教育的核心要义是"用一个灵魂去唤醒另一个灵魂"。家长，尤其是父母的表率作用，就是孩子灵魂的唤醒术。孩子对道德、规则的认识，孩子教养、人品的形成，孩子习惯的养成，很大程度上，是从父母"一言一行"的细微之处学来的。实施榜样示范，首先要求家长立足自身的榜样角色，时刻提醒自己、鞭策自己，检点自己的言行，做好孩子的表率。

中国有句古话，叫"近朱者赤，近墨者黑"。美国人也有句谚语："和傻瓜生活，整天吃吃喝喝；和智者生活，时时勤于思考。"这两句话告诉我们同一个道理：同伴榜样对孩子的影响力非常大，大到可以潜移默化地影响，甚至改变孩子的一生。实施榜样示范法，要求家长注意帮孩子选好身边的榜样。

在孩子成长的过程中，会自觉不自觉地受图书、报刊、电影、电视、网络的影响。实施榜样示范法，需要家长高度重视图书及各种媒体对孩子的影响作用，注意从书中及各种媒体上，为孩子选择健康向上的精神榜样。

以人格影响孩子的人格

　　最好的家教，是家长的身教。每个孩子身上都有父母的影子。国际妇女运动领袖克拉拉·蔡特金说过："父母榜样形成于无形。"父母对孩子的影响是润物无声、潜移默化的。这就要求我们的家长，具备较高的品格、人格修养，要求家长以人格影响人格，用合乎家庭伦理、社会要求和道德规范的行为，影响孩子，感染孩子。

　　有人曾这样比喻，家长是一盏灯，父母是一面旗。一盏灯照亮一大片，一面旗指引一条路。家长，尤其是父母的一言一行、一举一动，都关乎着孩子做人的形象。

　　孩子小时候，对事物的辨别力较差，每天都在观察大人的一举一动。父母的品行、对待生活的态度，以及为人处世的方法，都潜移默化地影响着孩子。于是，孩子模仿父母的举动，模仿父母的处事风格，逐渐形成了自己的是非标准、善恶观念和行为习惯。

　　家长，尤其是父母，既是孩子天然的老师，也是孩子天然的"榜样"。孩子会在无形中学习模仿。

　　家长人品高尚、知书达礼、积极上进，孩子身上就会充满正能量。我国历史学家罗尔纲早年丧父，家庭经济困难，母亲替人缝衣。他幼年常为母亲理线、解结，因此养成了耐心、一丝不苟的习惯。作家老舍爱整齐，守秩序，待人热情，是从母亲身上学到的。反之，母亲爱打扮，女儿肯定爱打扮；母亲喜欢传闲话，女儿自然多嘴多舌。同样，父亲好喝酒，儿子也爱喝酒；父亲爱说脏话、粗话，孩子嘴巴也不干净。可以说，父母在孩子的人格里，奠定了最初的几块基石。

托尔斯泰有句名言："全部教育，或者千分之九百九十九的教育都归结到榜样上，归结到父母自己的端正与完善上。"如果家长"三观"不正、品行不端、自私自利、好逸恶劳，带给孩子的只能是消极影响。家长的榜样作用，就像复印机一样，孩子一刻不停地在"复印"着父母的言谈举止，一步步变成家长，尤其是父母的"翻版"。

据 2019 年 3 月 29 日的《钱江晚报》报道，余杭警方在雷霆 9 号行动中，抓获了一个带着 3 个女儿去盗窃母婴商品的年轻妈妈。这个年轻妈妈偷东西的所作所为都当着女儿的面进行，丝毫没有顾忌。更让人咋舌的是，这位年轻母亲家庭经济条件优越。她说，盗窃母婴商品完全是一时头脑发热，贪图小便宜。她的这种行为，肯定会在无形中给孩子带来不利的影响。

年幼的孩子会通过模仿父母的行为，来获得一种与父母共通的一致感。久而久之，这种模仿会逐渐内化成孩子的性格。如果父母表现出的都是缺乏教养的行为，那么孩子通过模仿，也会变得缺乏教养。

道德品质是孩子人格的基础，决定着孩子人生的成败。家长要用自己正确的"三观"影响孩子的"三观"，着力提升孩子的思想境界，引导孩子明白做人的价值，追求"真善美"，远离"假恶丑"，有做人的气节、骨气和美好的心灵。

现在的问题是，有的家长用错误的人生观、价值观影响孩子，致使孩子自私自利、一味追求物质享受、缺乏爱心，甚至没有做人的底线。据报道，某银行副行长伙同儿子大肆受贿，还让90后大学毕业生儿媳张某销赃。张某明知丈夫和公公大量收受财物，仍于2015—2018年，与丈夫使用受贿所得款项，大肆购买法拉利、宾利等豪车以及爱马仕、香奈儿、梵克雅宝等高档奢侈品。最终，受到了法律的制裁，葬送了美好的前程。

人格修养是孩子做人的基本要素，决定了孩子走得远不远。所以，做家长的，要不断检视自己，以仁爱之心、感恩之心，善待自己，善待家人，善待他人；与人相处，谦逊礼让，文质彬彬，真诚待人，不虚伪，讲信用，不在背后说人的闲话；善于合作，做到真诚、热情、平等，对人热情、友善，有容人的雅量；以规则意识、敬畏之心律己，任何时候都不要蛮横无理、飞扬跋扈。总而言之，家长要做好孩子人格修养的表率。

一个优秀的家长能随时把教养带给孩子，培养出有气质、有教养的孩子。从孩子一生的视角来看，分数是好是坏，进重点大学还是进普通大学，都不是最重要的，真正能把孩子一辈子距离拉大的，是他的人品与教养。现在有些人自私、没教养，与家长的榜样没做好有很大关系。

一个女大学生扶起自己跌倒的老人，打120并陪老人去了医院，还垫付了1000元的医药费。老人的儿女到达医院后，老人一口咬定是这位女大学生撞倒的她。老人儿女更是恶语相加，不但拒还女大学生垫付的1000元，还讹了女大学生5000元。女大学生极度寒心、伤心，选择报警。警察查看了监控，还了女大学生的清白，让讹人的老人书面道歉并公布于众。老人的儿女赔偿女大学生精神损失费50000元，老人的儿媳因为情节恶劣，处以10日的行政拘留处罚。

有人说，现在不是老人变坏了，而是坏人变老了。从这家人的讹人行为看，是人格修养出了问题，老人给子女做了不良的"榜样"。有道是"子女是父母的折光镜"。在孩子身上可以折射出父母做人的修养。一个自私自利的家长很难培养出一个甘于奉献的孩子，一个心胸狭窄的父母也很难培养出一个宽宏大量的子女。父母对子女的示范效应，体现在日常生活中的时时刻刻、点点滴滴。这就要求我们的家长，重视自身的人格修养，以人格影响人格，用合乎家庭伦理、社会伦理的人格修养去影响孩子，感染孩子，为孩子做出表率，让孩子明白，人有教养行走八方，无教养寸步难行。

🎧 当好孩子学业的榜样

有一段关于教育的话，说得非常有理：真正的教育，从来不是"点石成金、立地成佛"的技巧，而是春风化雨的过程。家长，尤其是父母，不仅是孩子的教育者，更应该成为孩子学业的引领者。与其逼着孩子读书学习，不如以身作则，和孩子一起学习、共同进步。

有些家长不明白，为什么别人家的孩子那么好学、那么优秀？

那是因为别人家的父母喜欢读书学习，不断通过自身的榜样示范，给孩子施加了积极的影响。作为家长，我们欲让孩子爱上读书，自己就要先读书；想要孩子学习，自己先要学习。书香家庭的孩子之所以爱读书学习，是因为父母爱读书学习，孩子受其影响，自然爱读书学习了。

朱永新酷爱读书，每天早早起来读书，深深地影响着儿子朱墨。朱墨在文章里，专门写过儿时家里兼作客厅的父亲书房。"清晨醒来，父亲的书桌上就已经亮起了萤火似的橘黄灯，在迷瞪的眼中飘飘然地游移，像是蠕动的温暖的小兽，从梦里一直爬到我的心间。我端着小板凳坐在水泥砌的阳台上，大声地读着英文课本，金色的曦光在不远处的檐瓦上粼粼地荡漾。"

好一幅父子共读美景！朱墨在父亲的影响下，酷爱读书、写作，后来成为一名作家。

其实，孩子爱不爱学习，爱不爱读书，主要的不是靠家长逼，而是靠家长的熏陶与引领。"韩国妈妈"全惠星和孩子们在一起时，从来不说"你去学习吧"，而是说"我们一起学习吧"。我国著名作家、翻译家杨绛在她的一篇文章中，这样描述父母对她的影响：

爸爸说话入情入理，出口成章，《申报》评论一篇接一篇，豪气冲天，掷地有声。我佩服又好奇，请教秘诀，爸爸说："哪有什么秘诀？多读书，读好书罢了。"妈妈操劳一家大小衣食住用，得空总要翻翻古典文学、现代小说，读得津津有味。我学他们的样，找父亲藏书来读，果然有趣。从此，好读书、读好书入迷。

杨绛爸爸妈妈爱读书、多读书的"样"，深深地感染着、影响着杨绛，使她成为一个知名作家。

好的家庭教育，往往是父母伴随着自我学习与孩子共同成长；不好的家庭教育，往往是家长自己不学习，却要求孩子学习。反观我们现在的一些家长，喜欢给孩子讲道理，自己不读书，不学习，却逼着孩子去学习，效果往往不理想。

我们经常看到这样的现象，一些家长回家就玩手机，却要求孩子看书。一个妈妈对儿子说："儿子，背首唐诗吧。"儿子却说："妈妈为什么不背？总是让我背，我也不背。"后来，妈妈意识到了问题所在，每次让儿子背诗，总是自己先背，还故意错背、漏背，让儿子来纠正，儿子越来越有兴致，不再反对背唐诗了。

尤其不能容忍的是，一些家长，自己不学习，还影响孩子学习。

张家港某校一个初二的孩子，星期天晚上在家复习迎考，他父母却邀了几个朋友来家搓麻将。麻将的响声严重干扰了孩子的学习。孩子无奈地说："11点多了，还打，我明天怎么考试？"麻友们正在兴头上，对孩子的话不予理睬。孩子生气了，就将电视打开，把音量调大，弄得左邻右舍上门抗议。父母觉得丢了面子，将孩子打了一顿。孩子连夜出走……

这样的父母，又怎能指望孩子好好学习，"成龙成凤"？

这警示我们的家长，与其羡慕别人家的孩子，不如从自己做起，从当下做起，做好孩子的榜样。家长欲让孩子喜欢读书学习，自己首先要热爱读书，而且要与孩子一起读书学习。最理想的方式是，晚饭后，孩子写完作业，一家人坐在一起，读一会儿书，每天20分钟左右足矣。有条件的话，周末可举行家庭读书会，全家人共读一本书或一篇文章，然后共同讨论，畅谈收获。只要家里有了学习和阅读的氛围，就不怕孩子不爱学习。孩子体会到读书的乐趣，形成了学习习惯，自然就爱读书学习了。如果家长热衷于玩手机、打麻将、玩游戏，不读书，不学习，孩子自然觉得学习无聊，不爱读书学习了。

🎧 用良好心态感染孩子

著名潜能学大师安东尼·罗宾说过："影响我们人生的绝不是环境，也不是遭遇，而是我们持什么样的心态。"作为家长，我们除了给孩子物质上的满足，还要在心态上给孩子做出榜样，用自己乐观向上的心态去感染孩子、影响孩子，让孩子变得自信起来、阳光起来、快乐起来。

有人说，在孩子 8 岁前，如果没有一个阳光正直的母亲，那么这个孩子会在 12 岁，将他母亲的影子浮现在自己身上。孩子就是父母的一面镜子。通常优秀孩子的背后，总能找到家庭温馨和谐的影子。同样，一个孩子形成不健全的人格，也可以从其家庭中找到充满冲突和矛盾的影子。

做家长的，除了照顾孩子的生活、关心孩子的学习，还应考虑如何让孩子获得精神上的满足，如何让孩子健康快乐地成长。一个好的心态，可以使孩子乐观向上；一个好的心态，可以使孩子战胜困难；一个好的心态，可以使孩子感受到生活的美好。

要知道，家长的一言一行，都会对孩子产生不可忽视的影响，有时候我们觉察不到的影响，也许会伴随孩子的一生。

孩子生活在家庭里，其长辈、亲人，尤其是父母以一种什么样的态度对待工作、对待生活，以什么样的心态为人处世、待人接物，都会对孩子产生直接的、潜移默化的影响。这种影响可能是正面的，也可能是负面的。

孩子的问题，归根结底都是家长的问题。一个"问题孩子"的背后，肯定有一个或几个"有问题"的家长。

有些父母常常是等孩子成了"问题学生"，才开始为孩子的教育问题着急。令他们百思不得其解的是，自己的孩子为什么有那么多坏毛病、那么多问题？此刻，父母若能静下心来，好好检讨一下自己，或许能找到问题的根源所在。

2019 年 7 月 26 日，我观看了央视 12 频道《社会与法》播出的首部深度探讨家庭情感教育的纪录片《镜子》，内心受到了深深的震撼。

整部纪录片，从三个因孩子辍学、陷入困境的家庭切入。孩子的父母无奈将失去控制的"问题孩子"送入特殊学校"改造"，却意外地听到了孩子的心声："我只是你们的一面镜子，照出了你们的样子！"

三个家庭，穷富各异，社会地位各异，教育背景各异，但他们的教育模式，都存在良好身教的缺失。一开始，《镜子》里的家长们都认为，孩子的问题怎么能扯上家长呢？后来，在特殊学校 6 天的家长课堂里，家长们真正开始去学习、去理解、去反思：如何做一个父母？回去后，这些家长意识到，是家庭的问题和自己的不良心态给孩子带来了负面影响，开始在生活中改变自己。家长的改变，带来了教育方式的改变，也带来了孩子的转变，取得了显著的成效。

一般说来，孩子"生了病"——出了问题，"病根"一定在家长身上。父母一定要认真检视自己，先从自身找原因，"先吃药"。这是因为，每个孩子都有模仿的天赋，他们儿时经常模仿的对象是父母，其行为中常常投射着父母日常行为里隐藏的东西，耳濡目染，久而久之便在无形之中把父母的语言、动作、神态、好恶、待人接物的方式学了过来，而父母自己却觉察不到。

面对孩子的问题，许多父母习惯"刀刃向外"，从外部查找原因，却不知道也不愿意"刀刃向内"，从自身查找原因、分析原因，结果越教育，孩子问题越多、问题越大。

这启示我们的家长，要保持一颗平常心。幸福感是一种心满意足的状态。现在，有的家长太看重名利，喜欢攀比，对孩子寄托着满满的期望，内心充满无尽的纠结和焦虑：担心孩子的学习成绩，焦虑孩子的叛逆，纠结孩子的习惯和性格的培养，于是急功近利、急于求成，给孩子报很多辅导班，搞得自己疲惫不堪，孩子也苦不堪言，没有一点幸福感，失去了快乐的童年。

这些家长不明白的是，自己内心的焦虑与浮躁，比孩子的问题更可怕，会加剧孩子内心的不安。孩子会把家长的焦虑当作自己的问题，从而陷入深深的苦恼和自责。一些孩子之所以时常焦虑，是因为受了家长，尤其是父母焦虑情绪的感染。因此，家长要学会情绪自控，先把自己的情绪调整好，不急、不躁，然后再坦然面对问题，想办法解决问题。家长的情绪稳定了，孩子的心理也就平衡了。孩子体验到"只要我努力了，就能得到快乐"，感受到成功带来的是延迟的满足、精神的享受，慢慢就会形成自信的心态。孩子越自信，越利于进步。

教育是春风化雨的过程。孩子是父母的"复印件"。长辈如何，晚辈就会如何。家长以什么样的心态对待工作和事业，孩子也会以什么样的心态对待学业。积极的心态孕育成功的果实，消极的心态滋长失败的杂草。

许多名人都是以乐观的心态看待工作和事业，恰如罗素所说："我的人生正是使事业成为喜悦，使喜悦成为事业。"鉴于此，做家长的，要以积极的心态对待工作和事业，认真对待工作的每一个细节，用心去体会工作的过程和快乐，不抱怨，不懈怠。家长只有让作为"原件"的自己，美好一点，再美好一点，作为"复印件"的孩子，才能更加出色和优秀。孩子感受到了父母的积极进取、乐观向上，自然也会减少负面情绪，不断拼搏努力，内心充满阳光，让自己优秀起来。

遗憾的是，现在有的家长，天天在孩子面前抱怨工作累，待遇低；整天玩手机，混日子，做一天和尚撞一天钟。孩子在父母坏榜样的影响下，也会觉得学习苦，生活没意思，不思进取，追求安逸，不是整天玩手机、打游戏，就是一天到晚不学好、混日子，到头来只会是碌碌无为，获得一个失败的人生。

🎧 引导孩子向正能量的人看齐

正能量的人是孩子精神的依托、学习的榜样。家长要想让孩子学好，就要引导孩子向正能量的人看齐。孩子和正能量的人在一起，会相互借鉴，彼此提点，有利于自己的成长和进步；孩子和正能量的人在一起，会带着光芒，照亮别人也感染自己，信心十足地走好前行的路；孩子和正能量的人在一起，会让自己见贤思齐，变得更好。

泥土因为靠近玫瑰，吸收了它的芬芳，从而也能散发出芬芳的香气，给别人带来玫瑰的香味。其实，孩子也一样，和什么样的人相处，久而久之，就会和这个人有相同的"味道"。孩子和什么样的人在一起，就容易成为什么样的人。

2017 年 6 月底，收到一个朋友发来的小段子，很有意思：

一个人能走多远，看他与谁同行；一个人有多优秀，看他受谁指点；一个人有多成功，看他与谁相伴。如果你想让孩子展翅高飞，那么就让他多与雄鹰为伍，并成为其中的一员；如果成天和小鸡混在一起，即便是雄鹰也飞不起来。

"物以类聚，人以群分。"孩子有什么样的榜样，就预示着什么样的未来。如果孩子的榜样是积极向上的人，孩子就可能成为积极向上的人；孩子若总是看到比自己优秀的人，那就说明孩子正在走上坡路。孩子和优秀的人在一起，就会看清自己的差距，在潜移默化中带动自己成长，让自己变得优秀起来，前行的道路也会越走越宽广。

孩子在马群里跑，才能成为骏马，在牛群里跑，是成不了骏马的。现实中最不幸的是，孩子身边缺乏优秀的人，缺少积极进取的人。孩子原本很优秀，经常和消极的人在一起，受了周围那些消极的人影响，就会渐渐颓废，变得平庸。比如，孩子经常与游手好闲、无所事事的人厮混，就不可能积极进取；经常与满脑子都是"钱"的人交往，就会沦为唯利是图、见利忘义之辈。

处于青春期的孩子，尤其是初中生，辨别是非能力差，容易轻信盲从，对朋友的信任远远超过家长。他们不喜欢父母的说教、唠叨，对朋友却无话不谈、言听计从。如果孩子交的是坏朋友，就容易出事。

有三个初二学生，交了一个坏朋友。一次朋友说带他们去兜风，他们欣然同意。于是，四个人就乘坐一辆出租车出发了。没想到，到了半路，坐在副驾驶的朋友，突然掏出匕首对着司机，让司机把钱掏出来。坐在后面的三个孩子，不知道事情的严重性，也跟着叫司机把钱掏出来，结果所有的孩子都构成了抢劫罪。

现实中，总有这样一些家长，一边羡慕别人家孩子优秀，一边又放任孩子胡乱交友。有关少年犯罪的调查表明，一些中学生之所以走上违法犯罪的道路，就在于交友不慎。所以，家长要教育孩子慎重交友，引导孩子交志同道合的良友、能帮助自己的益友、给自己提建议和意见的诤友，不交带自己吃喝玩乐的坏友和教自己学坏的损友，以防走上邪路。

"画眉麻雀不同嗓，金鸡乌鸦不同窝。"这就是潜移默化的力量和耳濡目染的作用。家长想让孩子聪明，就要让孩子和聪明的人在一起，他才会变得睿智；想让孩子优秀，就要让孩子和优秀的人在一起，他才会出类拔萃。

家长除了让孩子和优秀的人在一起，还要教育引导孩子与善良的人在一起。善良的人，会在孩子陷入困境时伸出援手，会对别人的帮助铭记于心。和善良的人在一起，能教会孩子真诚待人、广结善缘，人生路会越走越平坦。教育引导孩子和低调的人在一起。低调的人，大多锋芒不外露，懂谦卑，不炫耀自己，也不在乎别人的讽刺和讥笑，而是不断为自己赢得成功的机会。孩子和低调的人在一起，就能变得沉稳内敛，不羡慕繁华，不刻意雕琢，让自己的优势得以沉淀，为自己的人生增添厚度。教育引导孩子和情绪稳定的人在一起。情绪稳定的人，懂分寸，知进退。孩子和情绪稳定的人在一起，就能学会控制自己的情绪，做情绪的主人。引导孩子和聊得来的人在一起。孩子与聊得来的人在一起，会心有灵犀，相互启迪，让无趣的生活变得有趣起来，让单调的生活变得多姿多彩。

总而言之，孩子向什么样的人看齐，就会有什么样的人生。家长要教育引导孩子向正能量的人看齐。孩子向优秀的人看齐，能学会提升；向善良的人看齐，能学会感恩；向低调的人看齐，能学会谦卑；向情绪稳定的人看齐，能学会克制；向聊得来的人看齐，能时时舒心；向勤奋的人看齐，就不会懒惰；向心态积极的人看齐，就不会消沉。

🎧 帮孩子选择心仪的榜样

孩子选对榜样，有益一生，选错榜样，贻害无穷。作为家长，我们在引导孩子选择榜样时，要注意榜样的针对性和层次性。同时，要正确对待孩子"追星"，引导孩子把"追星"看成引领自己前进的精神动力，而不是走向迷茫的"鸦片"。

现实中我们发现，一些年少的孩子，喜欢梦想，为自己选的榜样往往太大、太空，不接地气。诸如科学家、工程师、航天英雄等，离自己太远，看不见，摸不着，无法学习效仿，容易流于形式，变成空想。这就要求我们的家长，在指导孩子选择榜样时，一开始起点不要太高，应先在身边选择榜样。这样孩子看得见，摸得着，易于学习、模仿。孩子年龄越小，越容易向身边的榜样看齐。身边榜样可以是自家、亲戚家的哥哥、姐姐，也可以是孩子的朋友，不一定要求十全十美，只要在"德智体美劳"的某一方面比较突出，都可以作为孩子学习的榜样。

孩子随着年龄增长，上了中学之后，就会对自己未来想上的大学和想从事的职业有所期冀、有所向往。此时，家长可根据孩子的职业期许，指导孩子选择一个或几个有德行、有志向、有作为的人，作为自己未来奋斗的标杆或目标。一般来说，这种未来榜样都是行业翘楚、职业明星。假若孩子想当医生，可以钟南山、李兰娟等为学习榜样；孩子想当教师，可以于漪、魏书生、李镇西、窦桂梅等作为学习的榜样。家长可有意识地引导孩子，了解他们的事迹，学习他们孜孜以求的探索精神、精益求精的工作作风、扎实认真的工作态度，立志成为他们那样的人。

孩子选择榜样和选择朋友一样，喜欢选择兴趣相投、爱好相似、性格相近的人作为自己的榜样，家长可根据孩子的这一特点，选择适合孩子的、孩子易于接受的人作为榜样。比如，孩子喜欢体育，可指导其选择有体育特长的伙伴作为榜样；孩子喜欢艺术，可让孩子选择有艺术特长的伙伴作为榜样。需要家长注意的是，在指导孩子选择身边的榜样时，不要选择与孩子兴趣爱好差距大的人作为榜样。比如，孩子喜欢画画不喜欢弹琴，就不要让孩子选择有弹琴特长的伙伴做榜样，而应指导孩子选择有画画特长的伙伴作为自己的榜样。

现在有些家长喜欢攀比，希望孩子样样拔尖。孩子本来成绩一般，非要逼着孩子向第一名的同学看齐。这是不明智的，只会给孩子带来压力、带来伤害，让孩子更加自卑，更加没有自信，更加从内心深处厌恶成绩好的同学。正确的做法是，从孩子实际出发，选择孩子喜欢的优秀同学或同伴作为榜样，引领孩子不断进步。

说到榜样引领，"追星"是一个绕不过去的坎。有许多孩子，尤其是上了中学的孩子，都有一个或几个崇拜的歌星、影星或体育明星。他们常常把这些明星当作榜样、偶像，甚至心目中的"神"，房间里贴着明星的图片，行为举止都模仿心仪的明星。

孩子之所以"追星"，是因为他们心中的明星，外表光鲜亮丽，才华横溢，在舞台上发光发热，于是很自然地把他们当成学习的楷模，幻想自己能够与他们一样，追寻自己的梦想，被无数粉丝热捧。俄国大作家果戈理，年轻时十分仰慕普希金。在一个晚会上，穷困潦倒、灰心失望的果戈理，见到了心目中的偶像普希金，并受到对方赞扬，立马点燃了即将熄灭的文学之火。

追星，是孩子成长过程中一种正常的心理现象。对孩子而言，追星是一把双刃剑，把握好了，有利于孩子成长进步。

蓁蓁知道了"EXO"的存在，就不自觉地掉进了"追星"的"泥潭"。韩团中的 12 个"小鲜肉"，就如同黑夜中的一道亮光，夜空中的一颗星星，给蓁蓁一切动力，成了帮蓁蓁缓解压力的一颗解药。蓁蓁在熬夜加班工作几度让她崩溃的时候，只要一看到手机壁纸上偶像们的微笑，她就感受不到疲惫和困倦了，又电力十足地投入工作中。

可见，蓁蓁对 EXO 的仰慕，不是"盲目崇拜"。她喜欢他们的原因，是把他们化为自己走出低谷的动力。

作为家长，我们要理智看待孩子追星。"堵"是不行的，关键在"导"。借着孩子"追星"的热劲，引导孩子深入了解明星，不光要看到明星在舞台上的光鲜亮丽，更应了解明星的成长经历，学习明星不断追求更好自己的梦想和决心。要让孩子明白，没有"台上一分钟，台下十年功"的艰苦磨炼，是成不了明星的。明星背后付出的努力，比我们想象的要多得多。追逐明星，以明星为榜样，就要了解明星的成长经历，像明星一样，树立对学习、对工作孜孜以求的进取精神，坚定而努力地完成自己一个又一个人生目标。

"榜样的力量是无穷的。"那些反对孩子"追星"的家长，大多只是看到了孩子追星的疯狂，却没有看到榜样的力量。孩子追星没有错，错的是追星的"异常举动"。如果把握不好，则会给孩子成长带来不利影响。

有一个开公司的妈妈，生意做得风生水起。她觉得不能委屈孩子，孩子有求必应，花钱大手大脚。孩子上初中时，迷上了一个女主播，不但把妈妈的 30 万工程款打赏了女主播，还在粉丝群里发了 1.5 万元红包。妈妈意识到孩子"追星"的严重性，联系女主播说明情况。女主播便把儿子拉黑踢出了粉丝群。儿子得知自己被"女神"拉黑，感到人生无望，威胁妈妈跟女主播道歉。一家人被"追星"的儿子闹得鸡犬不宁。

很多时候，青少年"追星"，对父母来说就是一种迷惘和叛逆。家长一定要了解孩子，关注孩子，引导孩子把追星作为通向美好的途径，而不应该把所喜爱的"明星"当成疯狂追逐的对象，更不应成为自己花钱的"黑洞"，满足物欲的样板，步入迷途的诱因。

从图书媒体里找偶像

图书、报刊、电影、电视、网络等内容里，对孩子影响最大的，是孩子喜欢的人物。孩子上学之前，喜爱的人物主要是神话故事、童话故事中的人物；孩子上学之后，崇拜的偶像变成人物传记、小说中的主人公，像科学家、英雄人物等。家长可利用孩子的这一特点，有意识地引导孩子以图书媒体上心仪的人物为榜样，做一个不断追求上进的好孩子。

诺贝尔化学奖获得者维格诺德小时候，父亲给他买了一本有关诺贝尔的画书。维格诺德看过以后，开始崇拜诺贝尔。后来他又看了很多诺贝尔的书，深深被诺贝尔不怕危险、全身心做实验的精神所打动。他开始效仿诺贝尔，做化学实验。后来，维格诺德又和小伙伴们一起，做了一次又一次的化学实验。可以说，喜欢做实验是维格诺德在化学上成功的基础。

谁会想到，维格诺德的成功竟源于一本小小的画书。可见，成功者的故事是孩子的精神榜样。以故事中的人物为榜样来教育引导孩子，是一种有效的教育方法。

学前的孩子，特别爱听故事，家长不妨选取孩子喜欢的故事，作为榜样来教育引导孩子。比如，家长在给孩子讲述绘本《小兔波力品格养成系列》中小兔波力的故事时，可引导孩子学习波力如何面对困难、如何克服恐惧、如何关爱别人、如何与人相处的方法。只要在孩子阅读时家长引导到位，孩子就可以受到潜移默化的熏陶。我女儿小时候，对动画片《白雪公主》百看不厌。孩子从制作精良的画面中，看到了白雪公主的美丽与善良，心灵也受到了感染，知道爱护小动物。

现在，有些小男孩在电视、网上，看了动画片《西游记》《奥特曼》等，便学着孙悟空、奥特曼的样子，拿着棍棒、水枪到处惹事；有些小女孩，看了公主系列的动画片，也学着"小公主"的样子，要求穿漂亮的衣服，吃好吃的食物。这就不好了。家长一定要搞好引导，启发孩子学习故事中人物疾恶如仇、匡扶正义、心地善良、乐于助人的品格，不要学歪了，一味模仿故事中人物舞枪弄棒、追求奢华的行为。

需要注意的是，由于缺乏有效引导，有的孩子把童话故事、动画片里的反面人物当成学习的榜样，比如，有的小男孩看了动画片，觉得灰太狼、黑老大厉害，就学着这些人物的样子，吓唬女孩。孩子选择这样的榜样，不利于健康成长，家长一定要搞好教育引导，把孩子的注意力引到正道上来。

孩子上学之后，家长可根据孩子认识事物看大不看小、看近不看远的特点，给孩子讲科学家、艺术家、文学家、思想家、政治家、能工巧匠的故事，也可让孩子根据自己的兴趣爱好，借助图书（课本）、报刊、电视、网络中的故事，选择自己学习的榜样。爱好唱歌跳舞的孩子，可鼓励其以歌星、歌唱家、舞蹈家为榜样；爱好数学的孩子可鼓励其以工程师、科学家作为自己的榜样。

孩子进入小学高年级之后，可鼓励孩子多读名著，多读名人传记，让孩子以名人为榜样，养成博大襟怀、坚强意志、优良品德。

12 岁的王嘉鹏，是一名小学五年级学生。1993 年 7 月 23 日，因乘坐的飞机坠落到一个芦苇湖中，致使他腰椎爆裂骨折，下肢截瘫，成了残废。母亲为了激励儿子，买了许多名人传记，特别是那些身残志坚者的传记，以榜样的力量来激励儿子振作起来。王嘉鹏从名人传记中找到了乐趣，找回了信心，找回了人生的坐标和尊严。

名人传记，可以陶冶孩子的人格，激励孩子不断战胜前进道路上的困难和挫折。家长还可以引导孩子，在读名人传记时，写读书笔记、读书感悟，激励孩子学习优秀人物的品格，不断对照自己，鞭策自己，不断自我觉醒，立志干一番事业。

第四位获得诺贝尔奖的美籍华人李远哲，从小跟着父亲学画，到高中时他已开始"痴迷"画画，想当画家，但读了父亲送他的《居里夫人传》之后，深为居里夫人爱国、无私的高尚情操所激励，从此决心当居里夫人那样的科学家，把自己的一生都献给科学事业。后来投身于自己选择的化学事业，成为一名著名的化学家。

这些经验值得家长在教育孩子时学习借鉴。然而，遗憾的是，前些年，全民娱乐化盛行，一些影视作品、网络平台、综艺节目，受"娱乐至上""流量为王"影响，刻意迎合低俗口味，为博眼球甚至不惜挑战社会公序良俗，散发着猎奇、拜金、颓废的气息，对孩子的审美及言行产生了误导，需要家长注意。

新华社 2018 年 9 月 6 日发表评论员文章《"娘炮"之风当休矣！》，文章指出，当下流行的"娘炮风"，是一种刻意强化并扭曲呈现的"人设"。"娘炮"不是一天养成的，它是"颜值消费"和眼球经济跑偏的结果，更是文娱圈子奢靡浮夸之风的新变种。

在我印象中，只要一打开电视、网络，"娘炮"视频很火，众多"娘炮"及其言行刷屏霸屏。许多男生把自己打扮成"小鲜肉"，性别模糊却妆容艳丽，长身玉立却如弱柳扶风。他们"油头粉面A4腰，矫揉造作兰花指"，动辄把"讨厌""吓死宝宝了""小拳拳捶你胸口"挂在嘴边。社会上流行的"娘炮风"，是一种刻意强化并扭曲呈现的"人设"。由"嫩"到"美"进而"娘"，"花样美男"被捧成了"流量小生"，"靠脸吃饭"变成了"颜值正义"，给成长中的青少年带来了不良的示范效应。

凡事都应有度，越过底线就会走向反面——不是审美，而是"审丑"。"娘炮"这种病态文化对青少年的负面影响不可低估。学者尼尔·波兹曼曾在其著作《娱乐至死》中告诫人们，毁掉我们的，不是我们所憎恨的东西，而恰恰是我们所"热爱"的东西。

以文化人，更在育人。培养教育孩子健康成长，使之成为时代新人，家长需要搞好引导，用优秀的文化产品滋养孩子的心灵；面对眼花缭乱的电视节目和良莠不齐的网络内容，家长应严格把关，自觉抵制不良作品对孩子的侵蚀，防止孩子盲目效仿，误入歧途。

🎧 图书媒体中蕴含精神榜样

对孩子的成长而言，不仅图书、媒体中的故事、名人传记，能够成为孩子学习的"榜样"，一些好书及优秀的媒体内容本身，也会成为促进孩子成长进步的精神榜样。作为家长，我们要注重发挥优秀图书及报刊、电视、网络中优秀作品对孩子的榜样引领作用，让孩子的精神更加丰富，心灵更加美好。

好的图书、媒体内容，不仅会扩大孩子的知识面，还会开阔孩子的视野，陶冶孩子的心灵。一个五年级的男孩，读了《老人与海》之后，深深地被老人的精神所感染。他在读后感里写道：

……老人桑提亚哥虽然在前 84 天没有捕到鱼，但他的希望与信念并没有泯灭，仍然坚持着自己的梦想，充满着勇往直前的奋斗精神，不被他人的嘲笑所左右。当捕到一条巨大的马林鱼后，更是惊险无比，无论遇到了哪些困难，受到了哪些伤害，老人始终没有放弃过。这是一种多么可贵的精神啊！

生活中，我们也会遇到一些困难和挫折，需要像老人一样坚韧顽强。遇到困难并不可怕，可怕的是你刚面对困难就放弃了自己的理想和追求。我们不能让困难成为一道无法跨越的围墙，一定要勇敢面对它，用自己的智慧和力量去击碎它。……

这个男孩，从书中汲取了老人坚韧顽强的品质和勇往直前的精神。

对于幼儿来说，好的绘本、幼儿画报，有趣的电视节目、网络内容，都是孩子学习的"榜样"。孩子在这些"榜样"的引领下，会满足强烈的好奇心，引起阅读兴趣，进入快乐的阅读之旅；可以从中懂得一些道理，明白什么事可做，什么事不可做；可以使孩子通过模仿，向作品中的优秀人物学习，在生活中会不自觉地以其为榜样，形成良好的品格；可以透过图画、语言、韵律和故事情节的美，提升自己的色彩感知能力，形成正确的审美观，提高欣赏水平和想象力。

对于小学生、中学生来说，优秀的图书、报刊、电视节目、网络内容，就是一个无形的精神"榜样"，会引领孩子扩展知识面、热爱自然、热爱科学，激发孩子对动植物、天文地理、气象、数学、物理、化学等领域的趣味，升华孩子的精神境界，激发孩子创造的热情，让孩子的精神世界充满阳光，让孩子的心灵变得高尚，让孩子人生有色彩和目标，甚至影响孩子的人生轨迹。

《中国少年报》1960年开办了《知心姐姐》栏目，卢勤小时候就因为给"知心姐姐"写信收到回信，有了很大的成就感，才萌发了当"知心姐姐"的美丽梦想，最终梦想成真，当了深受孩子们喜爱的"知心姐姐"。

对于上大学以后的孩子，优秀的作品，会成为其心灵的启蒙者，改变孩子的思想观念，引领孩子有所感悟、有所提高，思想有所升华。尤其是孩子上了大学之后，一旦被一本好书（或文章）所吸引、所折服，就会产生巨大的榜样联动效应。

朱永新先生在《产生奇迹的行动哲学——影响我生活与生命的几本关键书籍》一文中，重点介绍了4本书对他的深刻影响："《产生奇迹的行动哲学》——点燃我生命的理想与激情"《管理大师德鲁克》——帮助我用行动的精神走进教育生活"《如何改变世界》——激励我有勇气努力去改变教育生活"《从优秀到卓越》——告诉我优秀是卓越最大的敌人"。

2003年，中国社会科学院对100名博士生导师进行过问卷调查。调查的内容是哪些书籍对其学术思想、为人师表等方面产生过重大影响。中国法理研究会会长刘瀚填的图书是《四书》《中国通史简编》，研究员、博导周叔莲填的图书是《现代经济增长》《哲学笔记》《中国棉纺织史稿》，农村研究所所长张晓山填的图书是

《爱因斯坦论著选编》《约翰·克里斯朵夫》《资本论》《鲁迅全集》，公共政策研究中心主任白钢填的是《四库全书总目提要》《廿二史札记》《资本论》《日知录》《中国官僚政治研究》。

　　正是重要书籍的"榜样"引领，使中国社科院的博导们走上了专业的研究之路。作为家长，我们要引导孩子多读书，读好书，多接触有益的媒体。我女儿小时候，读了不少书，也看了不少制作精美的动画片，以及充满正能量的电影、怡心益智的电视节目，收获很多。家长在指导孩子从图书媒体中选择优秀作品，作为自己的精神"榜样"时，要注意用心挑选，既不是越多越好，也不是"照单全收"。做家长的，要细心观察，发现孩子的阅读倾向与爱好，帮孩子选择最喜欢的、对孩子最有益的图书和媒体。只有让孩子喜欢，让孩子不断享受阅读的乐趣，才能真正起到滋润孩子心灵的作用。

"爱""管"结合法

现在教育孩子主张宽爱，以平等的态度对待孩子，这当然是对的，但一味宽容，不做要求，就不对了。时下许多父母认同西方自由平等的教育理念，认为大人应该保护孩子的天性，给孩子充分的爱和自由。然这些家长不了解的是，西方人所说的"自由平等"，不是绝对的，而是建立在明确、公正、合理的规则之上的。规则的建立，在幼儿园时期就已经开始了。如果只给孩子完全的自由，不加限制地无原则地放任孩子，就会使孩子没有界限感，不知敬畏。这样对孩子的成长很不利，孩子长大是要吃大亏的。与"自由教育"相对的，是传统的"专制教育"。有些家长疏于对孩子的教育引导，信奉"不打不成才"，一听说孩子成绩下降或犯了错误，不分青红皂白就是一顿教训、打骂，随意对孩子实施暴力，许多家庭悲剧皆由此产生。

人类之爱不同于动物之爱，是有条件、讲原则的，要有爱有管，宽严适度。爱而有序、爱而有度，管而有理、管而有界，有助于孩子健康成长；爱而无度、爱而无序，或管而无理、管而无界，不但不利于孩子的成长，反而会害了孩子。因此，家长在教育孩子的过程中，一方面要正确施爱、科学施爱，为孩子成长营造良好的环境；另一方面，要严格要求，"爱""管"结合，保证孩子始终沿着正确的方向，健康成长。

此乃"爱""管"结合法的真义所在。

无条件地接纳孩子

高尔基说过："爱自己的孩子，这是母鸡都会做的事情。"但真正懂得科学有序地爱孩子，是人类的专利。爱是心与心连接时的美妙感觉，爱是正能量的传递，爱也是一切教育理念的核心。智慧的家长，会无条件地接纳孩子，把孩子当成自己的"朋友"。

家长对孩子的爱是一种不掺杂质的纯真感情。正确的爱是无条件地接纳，接纳孩子的全部，包括缺陷和缺点，不为别的，就因为他是你的孩子。

当年，约翰·杜鲁门当上美国总统时，记者去采访他的母亲。记者问："约翰当上美国总统，您为他自豪吗？"杜鲁门的母亲不假思索地说："那当然，不过我更为我的另一个儿子自豪。"当记者问她另一个儿子的职业时，她说："他是个农民，但我仍为他自豪。"

这是一种高尚而纯真的母爱，尽管两个儿子的职业和社会地位不同，但在母亲心里，两个儿子是一样的，没有高低贵贱之分。

自孕育开始，家长便开启了对孩子"爱"的旅程。家长们爱孩子的动机相似，只是由于爱的方式各异，便产生了不同的结果。有的"爱"结出了甜蜜的果实，孩子争气懂事，孝顺体贴，文明儒雅，事业有成；有的"爱"则结出了苦涩的果实，父母辛勤付出，几乎把一切都给了孩子，可到头来，要么孩子不争气，一事无成，要么孩子尽管考上了大学，甚至名校，却不懂感恩，成了"白眼狼"。

这是为什么？原因很多，其中一个重要原因，就是对孩子的爱掺了"杂质"。现在一些家长，对孩子的爱是有条件、讲价钱的。有的父母要求孩子按自己的意愿行事。我们常听到一些妈妈对孩子说："你不听话，妈妈就不喜欢你了。"我们也常听到一些爸爸这样对孩子说："下次考 100 分，爸爸给你买玩具。"孩子会从父母的话中感到，父母的爱是有条件的，是需要付出代价的，不是真的对自己好。于是，即便父母操碎了心，孩子却毫不领情。

还有的家长对孩子充满挑剔：孩子考了 99 分，却觉得考 100 分更好；儿子谦虚礼让，却觉得不像男子汉；孩子想要父母陪，却嫌孩子烦……无论孩子做什么，父母都不满意，不管孩子怎么努力，都始终不能让父母高兴。父母永远处于失望当中，孩子永远受着痛苦的折磨。还有的父母抱着"养儿防老"的目的，要求孩子长大赡养父母。赡养父母天经地义，但作为条件时常挂在嘴上，就会让孩子觉得家长的爱是一种负担。

事实证明，任何带有功利色彩的爱，都不是真正的爱，不利于孩子的成长。只有不带任何功利色彩的纯真的爱，才能被孩子接纳。我听一个妈妈对女儿说："考上大学，你是我的女儿；你扫马路，也是我的女儿。只要你保持高贵的人格，扫马路也可以扫出一个光明纯洁的世界。"这个明智的妈妈对女儿说的话，值得我们家长朋友借鉴。在这个妈妈心里，孩子将来无论从事什么工作，只要是正当的工作，都是可以接纳的。母亲不在乎女儿职业的高低贵贱，只在乎女儿心灵的纯洁。这样的爱，使孩子没有包袱，内心充满温暖，自然会健康快乐地成长。

常听家长说，带孩子，很累，很烦。这是家长自身没有关爱孩子的情怀。试想，经常与孩子交流，分享孩子学习和生活的乐趣，分享孩子成长的喜悦，这不也是一件很幸福的事吗？所以，家长就是再苦再累，每天也要抽出一点时间，陪伴孩子，用爱滋养孩子的心灵。

有一个爸爸，女儿 9 岁，读小学三年级。他平时工作非常忙，还经常出差。但只要在家，他晚上都要抽出时间跟女儿谈心，每次至少谈半小时。女儿也非常享受跟爸爸在一起的"谈心时间"。这个爸爸了不起的地方是，他善于了解女儿的内心，摸准女儿的心思。每次谈话，他都能找到孩子喜欢的话题，跟孩子站在一起，而不是单纯地谈女儿的学习，父女关系非常融洽。

这个爸爸的爱，纯真而善解人意，女儿不仅感受到了，而且很愉快地接纳了。其实，家长对孩子表达爱的方式很多：可以直接告诉孩子"我爱你"，可以用眼神表达对孩子的爱，可以用爱抚的形式表达对孩子的爱，可以利用节日或出差的机会，给孩子买个喜欢的礼物，表达对孩子的爱；父母在外地，不常和孩子在一起的时候，可以发微信、视频、录音、电子邮件，邮寄一些孩子喜欢的书籍等方式，表达对孩子的爱；对于上了中学，或不愿与家长交流的孩子，家长可通过书信或留"便条"等方式，表达对孩子的爱。爱的方式有千万种，只要家长无条件地爱孩子，孩子就会感受到、接收到。家长真正爱孩子，不是以爱之名去束缚孩子的成长，而是教育引导孩子成为一个积极、健康、乐观、坚强的人。

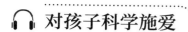 对孩子科学施爱

爱孩子是一门艺术。智慧的家长，总是用尊重、接纳、陪伴、信任、放手、激励、包容的态度去爱孩子，凡事动之以情、晓之以理、导之以行，孩子的成长也会顺风顺水。作为家长，我们要学会对孩子科学施爱，不断给孩子传递积极、阳光、进取、向上的正能量。

有道是"熟人身边无伟人"。无论父母事业多成功，在孩子心目中，你只是父母。家长真正爱孩子，让孩子尊重你，首先要学会尊重孩子。尊重孩子，看似很简单，其实很难。一位母亲对此有深深的体会：

有一天，我突然发现女儿的门上，贴着一张纸条"请先敲门"，我才意识到，我一直没在这件小事上尊重孩子，却要求孩子尊重我。我突然明白了，要获得孩子的尊重，需要从敲门这件小事做起。

尊重孩子的前提是人格平等。事实上，有相当一部分家长存在糊涂认识："我是你的爸爸（妈妈），你就应该听我的！"还有一些父母，常常居高临下地对待孩子："你是我生的，你不听话，我就揍你！"所以，这些家长是很少有尊重孩子意愿的。

孩子虽单纯，懂事不多，但他表露的情感却是真实的，一旦心灵受伤，就会变得小心翼翼。孩子在和父母的相处中得不到尊重，自然会疏远父母，心理上也会对父母产生隔阂。

家长尊重孩子的最佳方式，不在于为孩子做了多少大事，而

在于日常生活中对孩子的态度：听孩子把话说完，让孩子体会到关爱和温暖；不当众教育孩子，即使孩子做了很糟糕的事情，也不当众责骂孩子。家长对孩子关爱最安全、有效的方式是维护孩子的尊严，保护孩子的心灵。

在亲子关系中，信任是相互的，也是十分重要的。家长要获得孩子的信任，先要信任孩子。家长的信任，能使孩子产生自信心和成就感。当孩子遇到了学习上的难题，或生活上的困难，家长一句"相信你能行"，孩子就会产生内在动力，想方设法攻克难题，克服困难。

家长的信任，还会使孩子弥补自己的不足。有一个一年级的小女孩，很懂事，就是有一个不良习惯，早上不爱起床，需要妈妈叫上好几遍。后来，妈妈听了家教专家的建议，买了一个孩子喜爱的小闹钟，告诉孩子："早上听到闹铃，自己起床，你行吗？"孩子说："我想我行。"妈妈说："我相信你能管理好自己！那什么时间开始呢？"女儿说："明天。"妈妈相信女儿，给了女儿一个自由空间，结果女儿学会了自己管理自己，每天按时睡觉，按时起床。其实，"不管"比"管"更难，更需要艺术，其中的奥秘就在于信任孩子。孩子一旦相信了家长，就会尽其所能干好自己的事情，不辜负家长的信任。

遗憾的是，现在我们的一些家长，习惯于不断地去"关心"孩子，而不是相信孩子。不信任的结果，往往造成"预想成真"。

有一个男孩本来很自信，很阳光，很自觉。由于妈妈不放心，每天提醒他这带了没有，那带了没有，搞得孩子很烦，故意落下一些东西，跟妈妈对着干。结果在妈妈的"唠叨"中，孩子随波逐流，也不那么注意上进、完善自己了，丢三落四成为常态。

家长不信任孩子，老担心孩子这不行，那不行，孩子就会感到自己"天生不行"。时间一长，孩子就真的"不行"了。

家长真正爱孩子，就要以朋友的身份，不带偏见地看待孩子的行为，倾听孩子的心声；善于站在孩子的角度去了解孩子的内心感受，客观分析孩子行为背后的原因。看董卿主持的《朗读者》时，马伊琍讲到她当年的一个故事，给我的印象特别深刻。

马伊琍在上中学的时候，曾被老师说和多个男同学早恋，还把她的父亲叫到学校。父亲听完老师的话之后，没有立刻责骂女儿，而是让老师在纸上写下早恋对象的姓名。老师只写了一个名字，父亲就反问老师："还有呢？您不是说多个吗？"老师很生气，觉得父亲的态度不端正。但父亲很平静地说："我的女儿我最了解，我相信她，我还是跟校长去解释吧。"董卿问马伊琍："当时知道爸爸的反应之后，你是什么样的心情？"马伊琍回答说："我当时就哭了。一是因为委屈，明明自己什么都没做，却被老师扣上了早恋的帽子；二是感激爸爸的信任。"

不得不说，马伊琍的父亲是了不起的。他理解女儿，在整个过程中，没有盲目信任老师，更没有意气用事，而是做一个理智的旁观者，有条不紊地化解了危机，得到了女儿的感激与信任。事实上，理解就是不加评判地搞懂孩子心里在想什么，以放松的心情和孩子交流，消除孩子的恐惧、烦恼和孤独，使其鼓起学习、改变、成长的勇气，点燃成功的热情。

家长爱孩子，最重要的是陪伴，用孩子喜欢的方式陪伴，陪孩子吃，陪孩子喝，陪孩子玩，陪孩子做孩子愿意做的事情。陪伴体现在孩子成长的每个环节和细节之中。现在许多家长，整天忙于工作，忙于生活，疲于奔命，以为有足够的经济能力，满足孩子的物质需求，就是给孩子最大的爱，却忽略了对孩子的陪伴。要知道，亲情需要爱的滋养，就算血浓于水的亲子情感，也是需要滋养的。如果缺少陪伴，孩子就会疏远家长，这就是爷爷奶奶（姥姥姥爷）带大的孩子与父母感情淡薄的原因。

陪伴分为正确的陪伴和错误的陪伴。正确的陪伴是理性地站在孩子的视角考虑问题，不断支持和鼓励孩子，给孩子输入正能量；在孩子遇到挫折时，和孩子一起寻找战胜挫折的方法，引导孩子健康成长。

"同桌妈妈"陶艳波，16年坚持陪伴患有听力障碍的儿子杨乃斌读书，被评为"感动中国"2014年度人物。儿子杨乃彬1岁时，一次发烧导致耳膜出血，失去了听说能力。为了让儿子能像其他孩子一样正常地读书、工作，陶艳波辞职陪着儿子一起上学，做儿子的同桌。儿子听课，她记笔记，回家以后再为儿子梳理讲解。就这样，从小学一年级持续到大学四年级，整整16年！这16年的陪伴，充满了艰辛，充满了激励，更充满了爱的力量！杨乃斌重点大学毕业后，分配到天津市残联工作。他动情地说："如果说我求学是一个奇迹，那'奇迹的名字叫妈妈'。"

这就是正确陪伴的力量！错误的陪伴是放纵溺爱，一味满足孩子的要求，孩子犯了错误，不是袒护，就是无休止地说教。

对于孩子的成长来说，必定要经历从抱着走、拉着走、扶着走，逐渐变成站在孩子背后看着走的过程。孩子迟早要离开家，走向社会，独立生活。所以，家长真正爱孩子，就不要像老母鸡那样，整天把孩子护在翅膀底下，而应像雄鹰那样，教孩子展翅飞翔；不要让孩子享受"皇帝"般的待遇，而是让他去感受生活的滋味。孩子适当吃点苦，才有力量抵挡生活的风雨。作为家长，我们要做的，是教给孩子谋生的本领，逐步放手，让孩子自己去适应社会，感悟人生。

 ## 爱而有节　爱而有度

家长爱孩子是为了让孩子健康成长，将来成为一个有用的人，而不是把孩子培养成一个"白眼狼"，一个废人。现实中，有一些家长不知道怎样爱孩子，似乎"一切为了孩子好"理所当然，心甘情愿地为孩子付出全部，过得很苦、很累；许多孩子在家长爱的捆绑下，失去了自由，活得很累、很吃力。所以，家长对孩子要爱而有节，爱而有度。

家长每当面对天真无邪、活泼可爱的孩子时，心中就会充满无限的喜悦，恨不得把整个世界都给孩子。孩子的存在，给家长增添了一种神圣的使命感：我要好好地照顾孩子，给予他最好的生活；为了孩子，再苦再累都是值得的。

家长爱孩子无可厚非，但一定要节制。孩子不可能一辈子依赖父母，他们迟早要长大成人，进入社会，无节制地爱孩子、保护孩子、放纵孩子，会削弱孩子的生存能力，等于告诉孩子"你没有照顾自己的能力"；过分的纵容溺爱，只会阻碍孩子自我发展，阻碍他成为一个独立、自主的人。

之前看过这样一则新闻：

一个妈妈含辛茹苦把儿子养大，儿子大学毕业后很快就有了工作。

可是，儿子总是干不到一个月就辞职，并一味抱怨说，工作任务繁重，早上要早起，晚上要加班，太苦太累，受不了，不干了。后来，儿子心安理得地在家里上网、打游戏，拿着妈妈不多的工资消遣，甚至振振有词地对妈妈说："如果你不能养活我一辈子，为什么从小对我那么娇惯？"

明代文学家冯梦龙写了一个《翠鸟移巢》的寓言故事："翠鸟先高做巢以避患。及生子，爱之，恐坠，移下做巢。子长羽毛，复益爱之，又更下巢，而人随得取之矣。"翠鸟为了爱幼鸟，一次又一次将巢下移，自己制造了危机，结果害了幼鸟。这则寓言故事告诉我们一个道理：虽欲以爱之，更所以祸之。

时下，有不少家长不明白"爱"与"害"的辩证关系，对孩子百般溺爱，包揽一切，泯灭了孩子的创造精神，扼杀了孩子的实践才能，养成了孩子懦弱的性格，使孩子失去了自立自强的能力，成为一个只会背书考试的"机器"。

其实，对于子女来说，他们更渴望拥有一份恰到好处的父爱、母爱。真正好的父母之爱应该像一杯茶，该浓时浓，该淡时淡。爱得多，爱得少，都不如爱得刚刚好。只有当孩子明白了这个道理，即获得某种东西，并不取决于他的欲望，而是取决于他的能力时，他才能得到内心的充实快乐。作为家长，我们一定不要总在第一时间满足孩子的愿望，而应慢一点满足孩子。比如，孩子饿了，可以让他等上几分钟。不要屈从于孩子的所有要求，拒绝孩子的一些无理要求，反而有助于孩子获得精神上的平静。孩子接受一点"不如意现实"的训练，会增强他的心理承受能力。家长需要谨记的是，只要孩子能独立完成的事，无论结果是否理想，都应让孩子自己去做。

　　一位母亲曾 7 次上春晚,却拒绝为儿子铺路。儿子作为星二代,母亲没有给过儿子任何资源,甚至还让自己的朋友不要去帮儿子走捷径。很多事情都要儿子亲力亲为,一切都让儿子自己去努力争取。儿子林傲霏在演了"傻子"成名后,才自报家门,他的妈妈是闫学晶。母亲的自立教育,是他成功的基石。

　　俗话说:爱得太满,物极必反。我家有棵君子兰,原来长得非常茂盛,最多时有 30 多片叶子,叶片绿油油的,连续 3 年开花,煞是喜人。后来,根部开始腐烂,叶片逐渐发黄,一片片叶子在枯萎中落下。虽采取了换盆倒土等补救措施,但终究没能挽救君子兰的生命。通过上网查资料,我明白了问题所在:由于不懂君子兰的习性,以为夏天天热,需要多浇水,结果暴晒加上浇水过勤、过多,造成了君子兰根部腐烂死亡。君子兰之死,带给我的启示是,无论干什么,都要有个度,超过了度,就会适得其反。给君子兰浇水如此,爱孩子也是如此。家教专家卢勤在《把孩子培养成财富》里,列举了这样一个"新闻人物"。

　　一个县委宣传部部长妈妈,亲自"保驾护航",把女儿送进大学,晚上亲自去宿舍哄女儿睡觉,还带来两个女青年做"高级保姆",一日三餐为女儿去餐馆订餐。宿舍管理人员实在看不过去,不满地说:"这里是大学宿舍,不是幼儿园。"这件事让女儿成了"新闻人物",给女儿带来了极坏的影响,加上女儿本人的骄娇二气,与别人格格不入,入校后一直闷闷不乐,精神不振。

　　可以想象,在这个女儿未来的生活中,肯定还有很多困难、很多不如意在等着她，她最怨恨的人一定是母亲。溺爱的结果，只能抹杀孩子的潜能，使孩子成为"超级婴儿"，也于无形之中毁了孩子的美好前程和个人幸福。所以，对家长来说，无论是宠爱孩子，还是溺爱孩子，都是在害孩子。家长要谨记，爱要适度，不要让爱泛滥成灾，不要让自己仅仅成为孩子的提款机和厨师。一个父亲说："我发现，只有儿子向我要钱时，才喜欢我。"一个母亲说："只有给女儿做好吃的时，女儿才满脸笑容。"这是爱的悲哀。

现在不少家长，爱孩子爱得糊涂，爱得过分，没有节制：给孩子高人一等的特殊待遇，让孩子吃"独食"；过分关注孩子，孩子要什么给什么；包办代替，什么都不让孩子做；一味忍让迁就，不让孩子受一点点委屈，孩子犯了错误，百般袒护……过度关心、过度照顾，剥夺了孩子成长的空间。在这样的溺爱下长大的孩子，已经从精神上"残废"了。他们缺乏生活自理能力，没有同情心，不会关心他人；凡事以自我为中心，贪图享受，缺乏吃苦耐劳、努力奋斗的精神；做事有头无尾，缺乏独立性，没有担当和责任心；懦弱，自私自利，只知索取，不懂付出……

还有一些父母是只为孩子而活，把孩子看得比自己的父母、配偶还重要，把孩子当成自己完全的精神寄托。有的父母总是以"爱"的名义把孩子控制得死死的，认为离开了孩子，自己的生活就失去了意义。然而，孩子总会长大，总会有离开父母的那一天。作为一个明智的家长，我们不仅要从小培养孩子生活的独立性，还要教会孩子精神上独立。

家长应该明白，也应让孩子明白，现实社会是残酷的，充满着竞争和不确定因素，真正爱孩子，就是要给予孩子自由和发展的空间，切不可背离了爱的初衷，应给予孩子有尺度、有节制的爱。家长真正的爱，应该以孩子的健康成长为前提，不断增强孩子的自立自强意识和生存能力，让孩子学会用奋斗成就人生。

孩子的成长离不开"管"

孩子的成长，就像养花种树。种树除了浇水施肥，还要清除杂草、害虫，剪掉多余的枝条。家长培养教育孩子，除了关爱，还要有序管理，矫正孩子的不良品行，改掉孩子的不良习惯；除了让孩子健康快乐地成长，还要让孩子知敬畏，不逾矩。

在央视《谢谢了，我的家》节目中，有一位特殊的嘉宾，名叫蔡笑晚。他一辈子最大的成功，就是培养的 6 个子女中，出了 5 个博士 1 个硕士。

谈及对孩子进行礼仪和习惯、规矩的培养，蔡笑晚说："大礼是在小礼基础上形成的，礼貌待人不仅是一种修养，更是一种需要从小开始培养的习惯。"从孩子刚会说话开始，蔡笑晚就对孩子进行与礼貌相关的教育。比如，"爷爷好""奶奶好""叔叔好""阿姨好""叔叔再见""阿姨再见"等，从最简单的礼节性的会话开始训练。孩子 3 岁左右，教孩子们给客人拿椅子，请客人坐下，请客人吃水果，给老人让座，等等。孩子上学之后，就特别教育孩子，要礼貌对待同学，注意尊敬师长。

家长教育孩子的重要内容之一，就是要求孩子向上向善，遵守社会规范，而不是一味地对孩子溺爱让步。曾看过这样一个视频：

由于母亲没有钱给儿子买手机，儿子就对母亲拳打脚踢，母亲也不还手。奶奶来劝阻，孙子照踢不误，还说："想要一部手机都满足不了，这样的家庭，如何能给我高品质的生活？"

今天的孩子说不得，更打不得、骂不得。家长一味以爱的名义让步，对孩子没有一点儿管教、约束，老师也不敢批评学生，造成孩子身上的坏毛病越来越多。

宠爱中长大的孩子，一提到吃喝玩乐精神百倍，一提到去干活，一百个不愿意，勉强去干，也不好好干，令大人头痛。有的孩子到了工作的年龄，就是不愿意去工作，让年迈的父母供养自己，一句话不顺心，就恶语相向，甚至大打出手。他们之所以会这样，不是没有能力，而是因为小时候没有受到有效管教，被家人宠坏了，养成了好吃懒做的习惯。所以，在孩子小的时候，家长不可太宠，应要求孩子做力所能及的事情，自己的事一定要自己做，家长不要代劳。如果孩子出现了好吃懒做的坏习惯，家长必须狠下心，要求他把这个坏习惯改正过来，以免长大以后，吃更多的苦，受更多的罪。

近年来，孩子因为学业压力、家庭压力等出问题的例子比比皆是，频率之高让很多父母费解：为什么现在孩子的心理承受力这么差？研究表明，溺爱中长大的孩子，抗挫折能力较差，稍微有一点挫折，就会轻易被打败。

有一个小学二年级女生，父母对她百般宠爱，过分照顾，年幼时一切如愿以偿。等到上学后，稍遇到一点困难，就受不住，回家哭丧着脸。每天的家庭作业不会做的，父母代笔完成；在学校受到一点委屈，父母出面交涉，遇到考试不及格时，父母找关系说情。渐渐地，女生不仅情感上脆弱，而且害怕困难，学习缺乏毅力。

现在的家长，都希望孩子成长路上顺风顺水，不要出现挫折。甚至有父母这样认为，只要有自己在世一天，就不会让孩子遇到什么挫折，培不培养孩子的挫折感都无所谓。但这些家长不明白的是，孩子终有自己面对社会的一天，如果一遇失败就被打败，是无法在社会上立足的。

还有不少家长奉行"十指不沾阳春水，把书读好万事吉"。孩子除了学习，什么都不用管，从来不体谅父母的艰辛，对于别人的关心，也觉得理所当然，以至于父母辛苦一生，培养出了一个只知索取、不懂付出的"白眼狼"。

有一个七八岁的小男孩，上小学二年级了。有一天放学回家要吃香蕉，吵着要正在厨房里煮饭的奶奶为他取香蕉、剥皮。奶奶正忙得脱不开身，就说"你自己剥吧"。小男孩一听奶奶不给剥，立马大吵大叫，剥吃香蕉后，还故意将皮丢了一地，感到很委屈。

捧着长大的孩子，心里只有自己，没有责任心，对什么都不关心，不在乎别人的感受，对学习、生活都是一副无所谓的态度。长大后，在事业上也不会有出色的表现。所以，家长要从小培养孩子的责任心，从点点滴滴的小事上，让孩子感受到责任心的重要性。

现实中我们发现，缺乏管教的孩子，不知道尊重人，也得不到别人的尊重，人际关系自然很差，做事也不顺利，走上社会后，往往会吃大亏，因为没有人会心甘情愿去帮助一个不懂感恩的人。所以，家长如果发现孩子有不尊重人的现象，一定要让孩子改正，改得越早越容易，以后吃的苦也更少。

家长管束孩子的目的之一，是让孩子知道规则，明白哪些规则应该维护，哪些底线不能触碰，当触碰底线就要受到惩罚。当孩子明白什么事情该做，什么事情不该做，就会逐渐形成正确的是非观，在遇到复杂情况时，可以更好地保护自己。而缺乏管束的孩子，经常因为犯错被包庇，心中只有自己，没有规则，长大了走上社会，肯定要吃大亏：不守交通规则，可能会付出生命的代价；不守法律，可能付出沉重的代价。典型的例子当数李天一的强奸案。

李天一三年级时把同学推下楼，没有受到任何的责罚；四年级时和同学发生冲突，没有受到责罚；13岁时和一个外籍同学发生矛盾，把这个同学喝的蛋白粉倒掉换成洗衣粉，还威胁对方"你敢到中国来，我就捏死你！"还是没有受到责罚；14岁时私自改装豪车，无驾驶证，夜半飙车、扰民、打人，依然没有受到责罚：因为所有这些，爸爸李双江都帮他摆平了。爸爸的放纵、保护，让李天一越来越没有顾忌、没有敬畏，不知分寸、法纪为何物，才有了后来的强奸犯罪。

不得不说，郭德纲很会教育孩子。在郭德纲的教育观念里，孩子总是会遭骂的，与其以后进了社会被外人骂，不如自己现在在家里把孩子教育好，把孩子骂个够。在郭德纲的教育下，儿子郭麒麟出落得一表人才、谦逊有礼，很值得我们的家长朋友学习。

🎧 管好孩子有技巧

　　我听过不少家长发出这样的感叹：现在的孩子越来越难管了，轻不得，重不得。家长干着急，不知道该怎么办。有的家长听之任之，致使孩子的问题越来越严重；有的家长采用训斥、大骂等高压手段，造成孩子越来越逆反，跟家长对着干。于是，如何管孩子，就成了一道令家长头疼的难题。我觉得，管孩子需要技巧，哪些该管，哪些不该管，如何管最有效，家长要搞清楚。

　　历史上，曾国藩是一个传奇，他的家族同样是个传奇。100多年来，曾氏后裔有成就的多达 200 人，大多成为科技、文化领域的精英。奥秘何在？

　　答案就在曾国藩的家训里。打开曾氏家书，便能看到曾国藩要求儿子从小事上做起：诚实，从不说假话做起；勤奋，从不睡懒觉做起；戒骄，从不讥笑人做起；戒奢，从不坐轿做起；端庄，从步伐稳重做起。从小事做起，养成良好的习惯，方可走出家门做大事。

　　这启示我们的家长，管孩子最有效的办法，是从立规矩开始，把"防"挺在前面，而不是平时不管不问，等孩子出了问题才去管。

　　可能有的家长会说："小孩子，什么都不懂，立什么规矩，大点就懂事了。"殊不知，家长若不从小给孩子立规矩，等到孩子长大，不守"规矩"习惯成自然，家长想管也管不了了。

　　一对夫妻带着小学生女儿到商场购物，妈妈在挑选衣服时，由于等待的时间长了点儿，坐在一旁的女儿就不高兴了，走过去直接朝着妈妈狠狠踢了一脚，眼神一点都不和善。

这是孩子没有教养、不懂规矩的表现。爱孩子是本能，立规矩是责任。孩子就像一张白纸，想要孩子变成什么样，就看家长如何在白纸上描画。制定规矩，就是帮孩子约束自己的行为，知道敬畏。3 ~ 6 岁，是给孩子立规矩的最佳时期，及早给孩子立好规矩，孩子的很多问题就可以避免。

教孩子守规矩，就是教孩子明事理。孩子只有明白了什么该做，什么不该做，日后才能行得正、走得稳。无数熊孩子的新闻，已经为我们佐证了这样一个规律：如果从小纵容孩子以"自由"之名来犯熊，以后再要补"规矩"的课，代价就会大得多。作为家长，我们不能放纵孩子的天性，任由孩子想干啥就干啥，一定要教会孩子知好歹。孩子知道了好歹，其人性中的善良，就会指引他去做好的事情，拒绝做坏的事情。孩子优良的品质，也就慢慢培养出来了。

小孩子天生好动，特别爱说话，喜爱表达，这是好事不是坏事，但凡事都有个度，一旦超越度就变成坏事了。有的孩子在大人说话时，总是不分场合乱插嘴；有的孩子喜欢在课堂上说话、打趣，扰乱课堂秩序；有的孩子总是在公共场所吵闹不休。这都是不守公德、缺乏家教的表现。因此，家长应在维护好孩子表达意愿的同时，给孩子提出要求，说话要看场合，知道什么时候可以说话，什么时候保持安静。

现在的孩子生活太幸福了：出门有人接送，上学有人收拾书包，床铺有人整理，穿衣只需伸手，吃饭只需张嘴，一切都有人帮着做，要多幸福有多幸福。孩子过得太舒服，慢慢就变得懒散起来；孩子习惯了衣来伸手饭来张口，就不能独立自主，不愿面对困难，自然也就没有了上进心。所以，家长在精心照顾孩子日常生活时，还应对孩子提出要求，让孩子自己的事情自己做，家里的事情帮着做，用勤劳战胜懒惰。

小孩子的欲望都是很强的，只追求快乐，只要自己高兴就好。如果家长不加约束，"要星星不给月亮"，那孩子就没有努力靠自己双手得到的成就感，就不爱惜得到的东西，到头来只会变成一个光知道享受的自私自利之人。所以，家长不要放纵孩子的欲望，对孩子应有所要求，满足孩子正当的需求，限制孩子的无理要求。

在孩子心中，只有喜欢不喜欢，高兴不高兴，没有是非对错的概念，需要家长教育引导，尤其是在品行、习惯方面，更是如此。孩子做得好，比如，对人有礼貌，主动向长辈问好，家长就应对孩子的这些行为进行肯定，鼓励孩子坚持下去。孩子犯了错误，家长要让孩子知道做错了什么，错在哪里，让孩子学会正确面对错误、承认错误、改正错误。要让孩子明白，每个人都会犯错误，犯了错误不要紧，只要承认错误、认识错误、改正错误，就是好孩子。

遗憾的是，现在有一些家长，只关心孩子的学习成绩，对孩子的不良习惯、品行错误，不管不问，不及时纠正，听之任之，结果小错积成大错，想管也管不了了；有的家长，包庇护短，自己不管，还不让老师管，致使孩子有恃无恐，任性妄为；有的家长，容不得孩子犯错误，一见孩子成绩下降，或犯一点错误，就训斥辱骂，甚至暴力相向，造成孩子不跟家长说真话，掩盖错误，不承认错误，甚至破罐子破摔，变得"无可救药"。这都是不可取的。

近些年来，有许多家长推崇美国的宽松教育，让孩子释放天性，自由自在，不加约束。这是对美国教育的误解。虽说美国老师或家长在教育孩子时，音量适中，语气正常，很少吼叫，更不会打骂，但是他们很有原则，坚持让孩子承担后果，绝不会因为孩子的哭闹而妥协，更不会以"孩子太小，还不懂事"为借口而一笔带过。孩子犯过一次错，尽可能不让犯第二次。

在一家美国幼儿园的小班，一个小男孩特别活泼调皮。一次吃饭时，他突然把饭盒里的小动物饼干都倒在了地上，引得全班孩子哈哈大笑，他自己也笑得前仰后合。老师没有训斥这个孩子，等孩子们笑完，才淡淡地说一句："请你吃完饭，用扫把扫干净。"这个孩子吃完饭，老师就把儿童扫把和簸箕拿过来，并为他示范了一下怎么打扫。这个小男孩起初想逃避，但被告知如果不打扫完，不能进行下面的活动。于是，男孩一面跪在地上慢慢地扫，一面眼巴巴地看着其他孩子去玩别的玩具。这样的事情又发生过三四次，每次老师都要求他打扫干净才能去玩。慢慢地，这个男孩再也不随便往地上撒东西了。

这一点值得我们的家长朋友借鉴。我们的家庭教育时常效果不理想，一个重要原因就是不让孩子承担后果。一见孩子犯了错误，要么训斥，要么打骂，孩子虽然受到了心灵创伤或皮肉之苦，但没有真正接受教训，事情过后，依然如故。还有的家长，更是为孩子开脱，或是包庇孩子，就更不利于孩子不良品行的矫正了。

一说起教育孩子，很多家长都赞同夸奖孩子，鼓励孩子的自信心，这是对的，但孩子犯了错误，一定要惩戒。现在我们的孩子，犯错成本太低，说不得、批评不得，一点挫折就接受不了。这是不利于孩子健康成长的。

家长要教育培养好孩子，就要奖惩结合，赏罚分明。孩子取得了成绩，有了进步，就给予精神鼓励，或一定的物质奖励；孩子犯了错误，就要进行必要的惩罚，让孩子付出代价。孩子毕竟不是成年人，品行出了问题，必须管教，必须惩戒。要让孩子知道，做人言行要合乎规矩，品行不能有瑕疵，否则，就要受到批评和责罚。必要时，揍孩子两下，罚站一会儿，也不失为一种行之有效的办法。当然，体罚孩子的形式不宜多用，只有在孩子品行出现严重问题的时候，偶尔用一次，让孩子铭记教训。如果滥用，就不灵了。

 ## 管而有理　管而有界

有人说，用爱的方式给孩子规则，孩子会感受到规则是爱的一部分；用惩罚的方式给孩子规则，孩子感受到的是恨，而不是规则。我觉得，管孩子要宽严适度，该宽的要宽，该严的要严，不能随心所欲，该管的不管，不该管的乱管。这里有一个管束界限问题，需要家长好好把握，做到管而有理、管而有界。

常听到一些妈妈发问："该怎么管束孩子？"的确，这是个难题。现在的孩子，尤其是城市的孩子，太娇贵了，管得严了，孩子受不了，不利于孩子自由发展；管得松了，孩子就没有规矩，变得为所欲为。这就需要家长做到适度。那么，哪些方面该宽，哪些方面该严呢？

我觉得，对孩子的日常小事要宽。孩子日常生活中与品行关系不大的举动，比如，活泼好动、好说爱问、爬高上低、拆卸玩具等行为，只要保证孩子安全不出问题，就不要过多干涉。精力旺盛、活泼好动是小孩子的特点，如果限制过多，则不利于孩子自由健康地发展。对孩子的品行养成要严，因为孩子的品行关乎孩子的未来，关乎孩子的一生，所以，对孩子与品德有关的行为，一定要严格要求。比如，对于孩子缺乏教养、不知孝悌、自私自利、说谎、赌博、不经允许拿别人的东西、不守规矩等不良行为，要严加管束，保证孩子的品行不出问题。

孩子的兴趣爱好，反映着孩子的天性，也影响着孩子未来的发展方向。所以，孩子的兴趣爱好，只要是正当的，家长就不要限制，而且要创造条件，促进其好好发展。

国际象棋大师谢军小时候爱学习，但更爱下棋。12 岁那年，母亲和她进行了一次严肃的谈话："你很喜欢下棋，对吗？"小谢军看到妈妈如此严肃，有点害怕，但依然点点头。妈妈说："那好，不过你要记住，下棋这条路是你自己选择的，今后，就要对自己负责任。"

试想，如果当年妈妈逼谢军读书，压制她下棋的兴趣爱好，那我国就少了一个出色的国际象棋大师。

孩子的习惯和兴趣爱好一样，都是决定孩子一生的东西。孩子好的习惯，比如，读书的习惯、思考的习惯、勤俭的习惯、自律的习惯等，一旦养成，就会成为孩子性格的一部分，使孩子终身受益；不好的习惯，比如，拖拉的习惯、打游戏的习惯、爱耍性子的习惯、浪费粮食的习惯等，一旦形成，就会成为阻碍孩子成长的不良性格因素。因此，家长要重视孩子行为习惯、生活习惯、学习习惯、文明习惯的养成，早早进行严格把关。对好的习惯，要好好培养，孩子的好习惯养成得越早，养成得越多，对孩子的成长越有利；对孩子的不良习惯，要想方设法督促孩子尽快纠正，纠正得越晚，对孩子的发展越不利。

对待孩子的学习，家长要多关心孩子的学习过程，少关心孩子的学习成绩。过程决定结果。只要孩子学习态度端正，知道课前预习，认真听讲，积极发言，及时复习，认真做作业，注意总结，勤学好问，广泛阅读，成绩就不会差。家长重点要做的，是关注孩子良好学习态度、学习习惯的养成，注重培养孩子的学习兴趣和思考能力、探究能力，扩大孩子的阅读面，用发展的眼光看待孩子的学习成绩，让孩子享受到学习的快乐。

现在我们的一些家长，喜欢盲目攀比，只关心孩子每一次的考试成绩和排名，不关心孩子学习过程中的问题，一见孩子成绩下降或比别人差，就埋怨孩子学习不努力，甚至打骂孩子，这只会徒增孩子的心理压力，无助于孩子学习成绩的提高。

孩子犯了错误，家长要多关注孩子犯错后的内省，少惩罚孩子。对孩子所犯错误，家长可采取冷处理，在弄清楚孩子犯错的原因和过程之后，引导孩子认识错误的危害，通过内省，认识错误，心悦诚服地接受犯错的后果，认真改正错误。

有一个学生干部，负责管理班里给贫困生的捐款，由于不细心，到交款时少了200元。老师做证说孩子不是故意的，再说捐款任务也完成了，但妈妈说："孩子犯了错误，就要承担后果。"她说服女儿用200元压岁钱补上了亏空。这件事对女儿的内心震动很大，认识到了粗心的危害，以后再也不粗心了。

反观我们的一些家长，不善于利用孩子犯错的契机教育孩子，不是包庇孩子的错误，就是不分青红皂白一顿教训、打骂，孩子认识不到错误，自然教育效果不好。

需要注意的是，家长尤其要宽容孩子"好心"办的坏事。很多情况下，孩子出于好奇，会在无意间弄坏玩具，或家用电器，这是孩子学习探究的表现，而非故意破坏。家长正确的做法，是保护孩子的好奇心和探究精神，引导孩子拆开后，照原样装好，搞清楚内部构造，而不是不分青红皂白，就是一顿训斥打骂，把孩子的探究兴趣、创新意识扼杀在萌芽之中。

观察金鱼的成长，我们会发现，养在鱼缸中的热带金鱼，3寸来长，不管养多长时间，始终不见金鱼生长。然而将这种金鱼放到水池中，两个月的时间，原本3寸的金鱼可以长到1尺。这就告诉我们一个道理，金鱼的成长需要空间。

对孩子的教育也是一样，孩子的成长需要自由的空间。而父母的管束就像养鱼一样，孩子在父母的鱼缸中永远难以长成大鱼。要想让孩子健康成长，父母就应克制自己的冲动，给孩子自由成长的空间。好的家庭教育，是十之七八的鼓励，十之二三的责罚，最有利于塑造孩子健康的人格。

我很认同培养孩子的规则意识和行为边界。事实上，只要孩子明确了最基本的品行规范，孩子的行为就一定不会出格太多。只是家长要求孩子、管孩子，一定要把握好"度"，切忌"用力过猛"。

现实中，很多家长在孩子犯了错以后，会对孩子进行严厉的惩罚。先强调孩子所犯的错误，口头说教无效之后，忍无可忍对孩子就是一顿胖揍，孩子立刻消停下来了。对孩子来说，犯了错进行适当的惩罚是必要的，但是如果太过严厉的惩罚，有可能造成孩子不敢承认错误。正确的做法是，家长让孩子学会自发地去承认，并且知错改错，而不是一味用严厉的惩罚，让孩子害怕。孩子长期处在压抑、恐惧的氛围里，容易形成逆反心理，出现性格扭曲。

🎧 找到"爱"与"管"的平衡点

　　爱孩子和管孩子，看似是一对矛盾，其实是相辅相成的关系。爱，离不开管；管，也离不开爱。离开了爱，或离开了管，孩子都不可能健康成长。家长要做的，是在关爱孩子的同时严格要求，保证孩子既沐浴爱的阳光，自由快乐地成长，又不偏离正确的成长轨道；在严格要求中饱含爱意，让孩子真切感到，家长，尤其是父母是爱自己的，严格要求是为了自己好。

　　真正有效的教育，是找到"爱"与"管"的平衡点。家长要恰当地爱孩子，必须将爱和管统一起来。平时多陪伴、关爱孩子，在生活小节上给孩子自由，在行为品质、习惯等方面严格要求孩子。孩子被管，虽然一时会觉得不舒服，但从长远来看，这有助于培养孩子良好的性格。孩子将来幸福与否，与其性格有很大关系。

　　民国初年有名的教育家张武龄，用开明的家风和对家庭教育宽严尺度的正确把握，造就了10个优秀儿女。他教育孩子的方式：一方面是给孩子们最大限度的个性成长空间。孩子无论男女，都可以自由地发展自己的爱好，不加干涉；家中的任何地方，孩子们都可以自由进出；父亲最珍爱的藏书，孩子们随性翻阅，从不限制。另一方面，又严格要求孩子。子女们可以放开玩，但绝对不能赌博，哪怕只是偶尔玩玩也不行。有一年除夕，张武龄撞见孩子们和一些工人丢骰子、玩骨牌，当即进行了制止，命令孩子离开。

张武龄既最大限度地给孩子自由探索和个性成长的空间，又懂得在关键点上进行把控、引导。在这样的教育下，父亲尽管不强势、不强制，但子女个个出类拔萃，事业有成。

还有知名美籍华人赵小兰的父亲赵锡成，他对孩子的教育是爱而不娇，严而不苟。他常用名言"由俭入奢易，由奢入俭难"告诫女儿，将中国传统文化融入下一代心中。他家里虽然有保姆，但他依然要求孩子自己洗衣服、打扫房间。他说，年轻人理当自己管自己的事，不能太早就受人伺候，否则很难学会独立。赵小兰几姐妹不仅料理自己的内务，每天都要听闹钟起床、赶校车上学，回家由姐姐带头主动念书，还要分担家里的琐事。从这里，我们可以清楚地了解，当今教育所提倡的"爱与自由"，其实质是"有分寸的爱与有边界的自由"。

没有爱，就没有教育，同样，没有管，也没有教育。缺乏爱，就缺乏人情味，但用爱取代管，就会形成溺爱，同样不利于孩子的成长。现实中我们经常看到，一些家长怕孩子吃苦，不要求孩子，过于迁就孩子，这无形中形成了孩子自私任性、依赖性强的性格特点，在今后的人生道路上吃不了苦，也不会有多大的作为。给孩子无节制的爱和绝对的自由，那不是爱孩子，而是害孩子。

教育是亲子双方心灵交融的过程，要充满浓浓的人情味。但现在一些家长，信奉"棍棒底下出孝子"，仅仅把教育当作"管"，不是训斥，就是打骂，孩子感受到的不是爱，而是恐惧。我们不否认管的重要性，但是，爱是必不可少的前提，孩子感受不到爱，管的"水平"再高也没用。

教育专家陆士桢说过，教育孩子要学会一手接纳，一手控制。因为孩子毕竟只是孩子。对于孩子，适度的控制是必要的，但教育的核心是"心"育，一切教育都应尊重孩子的主体地位，以内因唤醒为主，外因管制为辅；要从"心"开始，想方设法唤起孩子的内心动力，再适度辅之以外部的控制，孩子的成长才会顺风顺水。控制与疏导相结合。就像大禹治水一样，在孩子的教育中，光靠"堵"不行，光靠"疏"也不行，必须要"堵""疏"结合。具体到不同的年龄阶段，家长可采用不同的教育方式。

在孩子的学龄前期，要"管""教"为主，越小的孩子其行为越应该管束和规范，对小孩子的无理行为不能迁就。道德品质、规矩意识和良好的习惯，要从小培养。孩子到了小学阶段，除继续"管""教"外，还要重视"疏"和"导"，做到"管、教、疏、导"并用。孩子越是长大，管和教越应该逐渐减少；孩子越是长大，越要增加"疏"和"导"的分量。孩子进入初中，家长对孩子的"疏"和"导"就应该占据重要地位了。进入初中阶段的孩子，已经有了较强的独立意识，他们不再屈从于父母的管束和说教，希望父母尊重他们，与他们平等对话。这时，激励和引导就应成为教育孩子的主要方式了。

如果父母能恰当运用"管、教、疏、导"四种方式，注意在孩子的不同成长阶段，采用侧重点不同的教育方式，就一定能收到理想的效果。当然，以上"四种方式"的实施，必须建立在父母对孩子尊重和关爱的基础之上。没有对孩子的尊重，就不会有对孩子的有效教育；没有对孩子的关爱之情，就不会有对孩子良好的情感沟通和良好亲子关系的建立。教育水平越高、越有智慧的家长，越善于"疏"和"导"，很少采用"管"和"教"。

在家庭教育中，既要有民主自由，又要有严格要求。孩子非品德性问题，可以睁只眼闭只眼，不多干涉，给孩子充分的自由，以及宽广的成长和发展空间；原则性的品德问题，要严加管理，说不行，就不行，没得商量。现在我们的一些家长，分不清轻重关系，对孩子的生活琐事、学习成绩，天天干预唠叨，管得孩子透不过气来，而对孩子品行、习惯方面的问题，则听之任之。这是典型的本末倒置。

教育孩子，是一个一以贯之的过程，切忌从小惯，长大管。

有一个初中女生，无心学习，成天只知道玩手机。妈妈说也不听，就没收了她的手机。结果，女儿离家出走，一晚上没回来，可把一家人急坏了。最终，妈妈不得不妥协，把手机还给了女儿。其实，该女生小时候是非常乖的，只是妈妈工作太忙，顾不上管女儿，就把女儿交给爷爷奶奶带。老人带孩子难免宠溺，女儿渐渐养成了任性、骄纵、怕吃苦的性情。女儿跟着爷爷奶奶长大，随着年龄的增长，暴露出的问题越来越多。妈妈意识到这样不行，就辞去了工作，专门照顾孩子，可是女儿已经到了青春期，正是冲动又脆弱的时候，管起来太难了。

孩子小时候，是最需要陪伴和管教的时候，正如中国人民公安大学李玫瑾教授所说："人在成长过程当中，他要形成一些东西，就是除了爱之外，还有一个敬和畏。"孩子自小有了敬畏意识，以后就不敢为所欲为了。如果家长对孩子不加约束，或是放任自流，等孩子大了，习惯品性逐步定型，再想管就难了。

早期发现法

为什么意大利教育家蒙台梭利的教育法，会受到全世界无数幼儿教育工作者和家长的推崇？

我觉得，十分关键的一点，就在于该教学法的精髓——始于发现：发现孩子的潜能，发现孩子的敏感期，发现孩子行为背后的秘密，通过巧妙引导，让孩子的潜能得到最大限度发挥。

这就启示我们的家长，每个孩子都是一个独特的"宝藏"。家长要想把孩子教育好，就需要善于运用早期发现法，巧妙地打开这个"宝藏"，看看里边是什么，做到心中有数。

兵法云，知己知彼，百战不殆。家庭教育成功的秘诀，在于先发现，后培养，即先了解孩子，再教育孩子。了解孩子是家庭教育的前提和基础，是因材施教的基本遵循，也是孩子良好发展的起点。

了解孩子的有效方式，就是通过多种途径，及早发现孩子的潜能，发现孩子的兴趣爱好，发现孩子的特长；及时发现孩子的所思所想、优点缺点。

家长欲教育好孩子，就要善于运用早期发现法，多角度、多方位地了解孩子，进而有针对性地实施教育引导，确保孩子健康成长，行稳致远。

因材施教的前提是"发现"

俗话说，一把钥匙开一把锁。对孩子教育最行之有效的方式，就是因材施教。很多时候，对别的孩子有用的教育方法，未必适合自己的孩子。这是因为，每个孩子都是独一无二的个体，其天赋、兴趣、性格、爱好、特长都各有不同。家长欲教育好孩子，就要多观察了解孩子，发现自己的孩子不同于其他孩子的特质，并以此作为教育的依据，有针对性地搞好教育引导。

孩子在父母眼里，是无可替代的瑰宝。自打孩子出生起，父母就倾注了所有的爱。为了孩子能有一个美好的未来，许多父母更是花费了极大的心血去给孩子报各种培训班、兴趣班。但很多时候，这样的家庭教育效果不佳，其中一个重要原因，就在于家长不了解孩子，或不完全了解孩子，无的放矢。

有人问过一个妈妈："你给孩子报这么多兴趣班，他真的都能学好吗？"妈妈的回答让人哭笑不得："我不管，别人家的孩子学，我的孩子也要学，我不能让孩子输在起跑线上！"

真正科学的教育，不是一股脑地把知识全部塞进孩子的脑子里，而是在关注孩子全面发展的同时，积极寻找孩子身上的兴趣点、发光点，也就是找到孩子身上的优势所在，择其才华、优势、爱好等最突出的方面，进行重点培养，把他最大的潜能开发出来。著名儿童文学作家郑渊洁，发现读小学的儿子对电脑十分有兴趣，就支持儿子在电脑领域发展，后来儿子在这一领域发展得不错。作为家长，我们一旦发现孩子某一方面确有超人的才华，就应该不失时机地去培养，如果孩子没有特长，没有兴趣，就不要勉强为之。

早期发现法告诉我们，家长对学龄期孩子的学习指导，要从实际出发，不能"一刀切"。孩子的学习层次不同，应采用不同的教育引导方式：学习成绩优异的孩子，容易自负，看不到自己的不足，需要家长及时点拨，启发孩子的内省点，让其戒骄戒躁，更上一层楼；成绩中等的孩子，缺少拼搏精神，动力不足，需要家长摸准孩子的兴奋点，激发孩子的动力点，鼓励其养好习惯，改进方法，轻装前进，不断自我突破，自我超越；成绩差的孩子，易于自卑消沉，精神不振，"破罐子破摔"，需要家长沉住气，不放弃，挖掘其闪光点，点燃其内燃点，鼓励其放下包袱，树立信心，不与别人攀比，努力打好基础，补齐短板，而后谋求发展。

家教专家卢勤老师在家庭教育讲座中，举了一个很有趣的例子：

儿子学习成绩差，父母相互埋怨，还训斥儿子"笨蛋"，结果儿子的成绩越来越差，降到了全班最后一名。爸爸想批评没用，不如换一种方式试试。他接过儿子的试卷，微笑着说："太好了，儿子，这回你再也没有什么负担了。"儿子大吃一惊："爸，您是不是有病了？"爸爸说："没病。你想想，一个跑到最后的人还有什么负担呀，你再也不用担心别人会超过你，只要你往前跑，就是进步！"儿子大受启发，心情轻松起来，心里高兴起来，第二次考试，考了班里第19名。爸爸又激励他，再努把力，就能进入前几名了。后来，儿子在爸爸的激励下，不断进步，第三次考了全班第 5 名。又经过一段时间的努力，成绩飙升到全班第 1 名。

家长对孩子的教育培养，要从实际出发，不可操之过急，拔苗助长。有些家长，全凭自己好恶，一点也不考虑孩子的意愿：孩子不喜欢音乐，却让孩子学钢琴；孩子不喜欢画画，却给孩子报美术班；孩子不喜欢奥数，却给孩子报奥数班……孩子一切遵从家长安排，在家长划定的框框里成长，只能成为一个被人为扭曲的"盆景"，而没有良好发展的空间。

家长除了关注孩子的学习成绩，对孩子达不到国家德智体美劳要求的短板，也要及时发现，适时弥补，否则不利于孩子的健康成长。

上小学四年级的儿子，成绩名列前茅，父亲常引以为傲。一天，父亲突然发现儿子愁眉苦脸，说不想上学了。父亲大为惊讶，问其故。儿子说，上体育课打球时，他带不好球，大家都不愿跟他一队，甚至还有同学讥笑他。父亲意识到了问题所在，平时一直关心孩子的学习，对体育关注较少，孩子练习较少，身体肥胖，动作笨拙，手脚配合不协调。之后，父亲有意识地配合体育教师，对孩子进行跳绳、运球、俯卧撑等训练，后来孩子的体育技能显著增强，跟同学们的差距缩小了。

做家长的，一定要善于发现、了解孩子身心发展的进程，尊重孩子成长的步伐，根据孩子的实际情况和特点因材施教，有效弥补孩子的不足。

🎧 早期发现：教育信心之源

孩子来到世间，就像落入泥土的一粒种子，只要给他阳光、雨露，他将来就会长成参天大树。任何孩子都有长处，任何孩子都有优点，任何孩子都有闪光点，任何孩子都有成功的希望，关键在于家长善于发现，善于开发孩子的潜能，不断提振孩子的信心，激励孩子不断进步。

2021 年 8 月，2 岁小男孩罗曼学走路的视频火了。

罗曼跟别的孩子不一样，患有先天性脊柱裂。这种疾病会让孩子生下来就不能走路，甚至瘫痪。幸运的是，罗曼的家人没有放弃，他们不断给予罗曼支持和鼓励。罗曼摔倒时，妈妈没有去扶他，而是鼓励他自己站起来，走下去。坚强的罗曼，挂着拐杖，在一次次地跌跌撞撞中，学会了走路。

这个视频曾令无数人落泪。许多人都是受到这个小男孩的鼓舞，重新鼓起了生活下去的勇气。

从可爱的罗曼身上，我们看到了生命的坚强，看到了孩子的能量超乎你的想象。家长只要善于发现孩子的潜能，并无限地相信孩子发展的潜力，再施以科学的滋养、正确的引导，孩子的潜能就会迸发、成长，直至走向成功。

孩子的优点和闪光点，是其良好发展的"密钥"，需要家长去发现、去开发。爱迪生的妈妈，没有因为年幼的爱迪生被老师贴上"笨蛋"的标签而放弃希望，她发现儿子喜欢做实验，就全力支持爱迪生，终使爱迪生成为大发明家。

现在的家庭教育中，存在着一个致命的弱点，就是只看孩子的缺点，看不到孩子的优点，结果是越教育，孩子越差。许多家长无视孩子的优点，也许并非出于本意，却在无形中抹杀了孩子的潜能。家长总是忽视孩子的优点，孩子就无法向家长呈现优点，慢慢也就失去了发展的优势，最终变成一个一无是处的"废人"。

一个妈妈一直抱怨初一的儿子"自由散漫""不学习，不写作业""玩手机，看电视""不听话""不懂事""说话不算数"，决定把孩子送到管理严格的私立寄宿学校读书。不想，孩子欣然同意，还表示"去了新学校，会好好学习"。儿子反常的举动，令人费解。原来，儿子的成绩并不是那么差，更不像妈妈说的那样，不好好学习，自甘堕落。儿子非常希望学习成绩优秀，之所以做出"违背常理"的举动，只是想把母亲盯着他缺点的视线移开。新的环境，新的生活，儿子离开了妈妈的视线，初二开始"好好努力"，成绩不断提升。妈妈后来明白了：儿子散漫的背后是要强。妈妈意识到了问题，对儿子的态度变了，孩子也信心倍增，成了好学生。

早期发现法告诉我们，要理性地看待孩子，发展地看待孩子，永远不要把孩子看得一无是处。要知道，每个孩子都是有自尊心的，他们都渴望优秀，渴望被人喜欢。家长，尤其是父母，过于关注孩子的不足，必然会造成自己视野狭窄，看不到孩子的长处和优点，而忽略孩子内心深处的需求和积极向上的种子，必会导致孩子的自尊心、自信心受挫，自暴自弃，越来越差。因此，家长要转变观念，永远不要把孩子看得一钱不值，永远不要失去教育孩子的信心，永远不要放弃对孩子的希望。家长只有善于戴着放大镜去寻找孩子的特点、优点、闪光点，读懂孩子，理解孩子，激励孩子，才会取得理想的教育成效。

家长的任务，不是训导，而是通过丰富多彩的实践活动，发掘孩子的"潜能"，使之变得"聪明""能干"。比如，可通过丰富多彩的运动形式，发掘孩子的运动潜能；通过"自己的事情自己做"及力所能及的家务劳动，开发孩子的生存潜能、劳动潜能；通过种花种草、饲养小动物、讲故事比赛、背古诗比赛、下棋、智力游戏、做实验等，开发孩子的动手潜能和智力潜能；通过参加孩子喜爱的音乐、舞蹈、绘画、书法班，开发孩子的艺术潜能和表演潜能；通过与人交流、讲故事、参加讨论辩论、写日记，开发孩子的表达潜能、写作潜能、交际潜能。

孩子，尤其是童年的孩子，爱动不爱静，家长要利用孩子的这一特点，全方位地开发孩子的潜能。孩子潜能开发得越全面，未来的路就越宽。需要家长注意的是，开发孩子的潜能应充分考虑孩子的年龄特点，以直观有趣、孩子喜爱为原则，切忌不顾孩子意愿，按照自己的想法强迫孩子学这学那。

有人说，孩子拿出玩手机、打游戏的劲头去学习，肯定成绩优异。很有道理。通常情况下，孩子的智力差别不大，在学习上产生差异的原因，在于努力程度不同。有的孩子勤奋上进，通过坚持不懈地努力，开发了心智潜能，学习成绩上去了；有的孩子则不思进取，吃老本，混日子，潜能没有得到有效开发，学业自然达不到应有的高度。所以，家长要告诫孩子，要成功，就要从勤奋努力中发挥潜能。

爱迪生有句名言，天才是百分之一的灵感，加上百分之九十九的血汗。家长要让孩子明白，别人优秀不可怕，可怕的是你不努力。你羡慕别人的好成绩，却没看到人家很少玩手机，总是抓紧点滴时间看书学习。你要想比别人优秀，就要比别人更勤奋、更努力。你未来的模样，就藏在现在的努力里。

此外，家长也要提醒孩子，努力有优劣之分。许多成绩优异的孩子，都不是一味盲目努力，而是善于"苦干加巧干"，讲究"学思结合""学问结合""劳逸结合"，把时间安排得井然有序，把自己调整到最佳状态，让潜能得到最佳发挥。相反，有些很努力成绩一般的孩子，不是智力不行，而是不注意把握学习节奏，不讲究学习方法，不分昼夜地苦学、死学，常常因疲惫限制了潜能的发挥。

你别不信，孩子的努力有真假之分。优秀的孩子都把功夫下在平时，按照预定目标，脚踏实地，一步一个脚印地往前走。而那些心气浮躁的"聪明"孩子，习惯于待在"舒适区"，平时不用功，到了考试的关键时刻，临时抱佛脚，挑灯夜战，潜能发挥不足，结果自然不理想。

在《世界 500 强坚决不用的 13 种人》中，第一种便是"没有创意的鹦鹉"。没有创意的孩子就像鹦鹉一样，只会模仿和抄袭，最大的能耐是复制别人的口舌，最大的悲哀在于不用脑子。

创新不仅是孩子未来立足社会的条件，也是孩子潜能挖掘的有效手段。作为家长，我们要鼓励孩子开动脑子，从创新、创造中不断挖掘自己的潜能。对于孩子的奇思妙想要给予理解，对孩子的小设计、小制作、小发明、小创造，都给予鼓励和支持；对孩子生活中的疑问、学习中的疑问、活动中的疑问、交往中的疑问，都是采取实事求是的态度，认真对待，会的就予以解答，不会的就查资料然后回答，或者让孩子上网查资料、请教老师，千万不要限制孩子提问，或用错误的答案误导孩子。

孩子创新、创造的过程，也是积极动手、动脑，开发潜能的过程。孩子上了中学以后，还要鼓励孩子创新学习方法，善于寻找解决问题的新方法、新途径，让自己的潜能得到最有效地发挥，变得更加优秀。

🎧 孩子成才从早期发现开始

成才者与不成才者的区别就在于：前者潜在的才能得到了有效开发，没有被埋没；后者的才能没能展现，不幸被埋没了，就如同千里马"祇辱于奴隶人之手，骈死于槽枥之间"。对家长来说，及早发现孩子的智能强项，也就找到了孩子未来成才的趋向，找到了引导孩子走上成才之路的依据，找到了孩子成才的起点。

就每个孩子而言，智力和才能并不是整齐划一的，存在高与低、长与短、强与弱的差异。统计表明，几乎所有的成才者，都是通过发展自己的智能强项而取得成功的。如果不发展和发挥自己的智能优势，不在自己的智力和能力强项上寻求突破和发挥，就难以在工作和事业上胜人一筹，也难以在激烈的竞争中，脱颖而出。

有意思的是，多数成才者的智能强项，是小时候被父母发现的。

在中央电视台1997年春节晚会上，小品《戏内戏外》给观众留下了深刻的印象。小品中刘二的表演者牟洋小时候，父母发现他学啥像啥，颇有点艺术细胞、表演潜质，就全力支持他学表演，省吃俭用为牟洋买了学艺的录音机。母亲还一针一线为他缝制服装、道具。就这样，牟洋走上了艺术的道路。

可见，及早发现孩子的智能强项，对引领孩子成功与成才，非常重要。

父母要做的，是努力去发现孩子的优势和潜能。一般来说，人际智能强的孩子，善于和人打交道，将会是天生的领导者；空间智能好的孩子，搭积木、建房子和画画是他的强项；数理逻辑智能强的孩子，计算能力好，善于推理分析；自然观察智能强的孩子，喜欢动植物，有过人的观察力；肢体运动智能强的孩子，动作协调性好，模仿起动作来惟妙惟肖；音乐智能强的孩子，对节奏敏感，喜欢并擅长唱歌跳舞。家长只要在平时细心留意，就会发现孩子的独特之处及优势智能，再加以正确引导，孩子就可能成才。

著名翻译家傅雷有两个儿子，长子傅聪，次子傅敏。傅聪小时候，傅雷想让他学画画，可他很快发现儿子对绘画不感兴趣，反而对音乐表现出了极大的好奇，有过人的天赋。傅聪三四岁的时候，只要收音机里或者唱片里放西洋乐曲，傅聪就会站在小板凳上，去认真聆听音乐。于是，傅雷夫妇卖掉了家里的首饰，买了一架钢琴，让孩子学着弹钢琴。后来，傅聪在父亲的严格教育引导下，成为世界著名的钢琴家。小儿子傅敏小时候，也想像哥哥那样学习钢琴，将来做一个音乐家，却被父亲阻止了。父亲觉得他的天赋在教书上，让他报考了师范学院。一开始傅敏很不理解，后来傅敏真的对教书产生了浓厚的兴趣，成了一名优秀的英语教师。

遗憾的是，我们现在的一些家长不是先了解孩子，而是一上来就教育孩子，犯了本末倒置的错误。这些家长自以为只要爱孩子，关心孩子，重视孩子的成长，就能教育培养好孩子，虽然整天含辛茹苦，对孩子疼爱有加，却偏偏误了孩子的前程。

有的家长，喜欢攀比，眼里老盯着"别人家的孩子"，不考虑自己孩子的潜能、兴趣、特长，不善于发现自己孩子潜在的才能，不知道孩子的所思所想，总觉得自己的孩子不如别人家的孩子好，结果孩子在家长的攀比与抱怨中，一无所成；有的家长，一厢情愿，以为孩子啥也不懂，只要按照自己预设的方向教育就行了，于是把大量的时间、精力，乃至金钱，都花在孩子身上，费尽了心思，结果却是"有心栽花花不开"。

从孩子成才的意义上讲，"职业"和"事业"是两回事。孩子可以有一个好职业，这只是养家糊口的营生，但如果孩子没兴趣，就可能按部就班，得过且过，难以成才。

迈克尔逊在海军学校上学时，喜欢物理实验，军事课不及格，被海军学校开除。但他始终不放弃自己的爱好，被学校开除后，坚持做实验。他做的著名实验——迈克尔逊光学实验，为相对论奠定了实验基础，成为美国第一个获得诺贝尔奖的人。

作为家长，我们在引导孩子成才的道路上，要扬其所长，避其所短，千万不要盲目赶时髦，不顾孩子的意愿和特长，过多进行干预，把孩子引向不利于成才的方向。

没有人比家长，尤其是父母更了解自己的孩子了，唯有父母才是孩子最权威、最合格的"伯乐"。美国的一项调查显示，87.6% 的成才者，其智能强项是在童年、少年时期被父母发现的。

孩子的未来掌握在父母手中。孩子将来会成为什么样子，适宜干什么工作，适宜从事什么行业，不仅需要家长关心，更需要家长睁大眼睛去及早了解、发现，找到孩子的潜在智能，推测孩子的择业取向及成才趋向，从而有的放矢地加以教育引导。如果因为家长的无知、疏忽和刚愎自用，致使孩子早期的智力潜能与长项没有被发现，或者被埋没掉，那就太可惜了。

及早发现孩子的潜能

潜能，是指一个人的身体、心理素质等方面存在的发展可能性。家长除了关注孩子的身体发育、身体健康状况，还需要发现孩子的潜能。这是因为，孩子的许多潜能，都有一个"关键期"，如果不及时发现、科学培养，一旦错过，即便花费数倍力气，也难以取得最佳的效果。

曾在书上看到这样一个实例：

鲍林的父亲是一个药剂师，在鲍林小时候常带他到实验室玩。鲍林看到父亲配药剂和药水，觉得太神奇了，就对实验室产生了浓厚的兴趣。当父亲不在时，鲍林就学着父亲的样子，进行药品调配。父亲下班时，他总是赖着不走。父亲发现鲍林对做实验有兴趣，动手能力也强，就教鲍林如何调配药品，如何做实验。鲍林快活极了，每天放学后，马上赶到父亲的实验室做实验。就这样，鲍林与实验结下了不解之缘，经过长期的艰难跋涉，于 1962 年获得了诺贝尔化学奖。

鲍林的成功，源于父亲对他动手做实验潜能的发现与培养。

大名鼎鼎的控制论奠基人之一 N.维纳认为："可以完全有把握地说，每一个人，即使他是做出了辉煌创造的人，在他的一生中利用他自己的大脑潜能还不到百亿分之一。"这就是说，每个孩子身上，都蕴藏着大量尚未开发的潜能。

智力是孩子成才的重要条件。孩子智力开发得如何，直接影响着其以后的发展。以 6～8 岁的孩子为例，当你发现孩子对物体的颜色、形状敏感，外出很少迷向，方向感强，说明你的孩子在感知力方面有优势；发现孩子能很快发现物体之间的差异，比如去动物园看狮子，能准确说出狮子的数量、雌雄、色泽、形态等，说明你的孩子在观察力方面有优势；发现孩子背东西特别快，故事讲一遍就记住了，课文读两三遍就会背了，说明你的孩子在记忆力方面有优势；发现孩子特别会编故事，看到天上的云彩、山上的石头，能很快说出像什么，说明你的孩子在想象力方面有优势；发现孩子喜欢下棋，擅长做找规律题和智力测验题，说明你的孩子在思维力方面有优势；发现孩子总是有奇思妙想，想问题和常规思路不同，搭积木、玩七巧板总能玩出新名堂，说明你的孩子在创造力方面有优势。

就孩子的一般智力构成而言，主要表现在感知力、想象力、观察力、记忆力、思维力、创造力等方面。每个孩子都有自己的智力特点和优势，等待着家长去观察、去发现。

大部分孩子在智力的总体水平上差别不大，但在智力构成上却千差万别，每个孩子都有一个或几个完全属于自己的智能强项，家长若能尽早发现孩子的特殊能力并加以培养，就可以帮孩子找到大概的职业方向。

家长发现孩子喜欢与人交谈，喜欢听故事、讲故事，喜欢读书、写作，说明孩子有语言潜能，可能的成才方向为作家、诗人、记者、编辑、主持人、播音员、律师等；发现孩子喜欢听物体发出的声音，喜欢乐器，学歌快而准，对乐器和音乐感兴趣，能敏感地感知音调、旋律、节奏和音色，说明孩子有音乐潜能，可能的成才方向为作曲家、指挥家、歌唱家、乐师、音乐评论家等；发现孩子对数字敏感，喜欢玩魔方、智能玩具，喜欢下棋，擅长归类、拼图，喜欢数学运算，说明孩子有数学逻辑潜能，可能的成才方向为科学家、会计师、工程师、程序员、精算师等；发现孩子喜欢涂鸦、搭积木、折纸，对色彩、线条的敏感性很强，善于运用色彩、线条、平面图形和立体造型表现感兴趣的事物，说明孩子有视觉空间潜能，可能的成才方向为画家、建筑学家、航海家、飞行员等；发现孩子喜欢翻跟斗、攀爬、游泳、溜冰、骑车，喜欢手工制作，喜欢户外活动，与人谈话爱用手势或肢体语言，说明孩子有身体动作潜能，可能的成才方向为运动员、舞蹈家、外科医生、工匠等；发现孩子能说会道，喜欢交朋友，喜欢编故事，喜欢脑筋急转弯、猜谜语，喜欢表演、辩论，说明孩子有人际交往潜能，可能的成才方向为教师、社会工作者、演讲家、政治家、外交人员、演员等；发现孩子喜欢小动物，喜欢花草树木，喜欢山水园林，对奇特的建筑感兴趣，说明孩子有自然探索潜能，可能的成才方向为农艺师、植物学家、动物学家、生态学家、园艺设计师等。

家长需要发现孩子的潜在智能包括语言智能、逻辑数学智能、视觉空间智能、身体动作智能、音乐智能、人际交往智能、自然探索智能等。及早发现，及时培养，对孩子未来的发展有利。如果家长不能及时发现，合理开发，可能会埋没孩子的才能，贻误孩子的前程。

发现孩子的特殊潜能是一个长期的过程，家长即使发现了孩子的潜能，看到了孩子的成长方向，还需要孩子结合兴趣爱好，不断雕琢打磨，不断修正，才能真正找到孩子的成才方向，引领孩子一步步登堂入室，实现有价值的人生。

🎧 善于发现孩子的个性

每个孩子都有自己独特的个性。个性包括兴趣、爱好、气质、态度、性格等方面。个性反映着孩子之间的差异，是家长教育培养孩子的重要依据。家长欲行之有效地教育好孩子，就要多方位地了解孩子的个性特征。

孩子一出生，就对周围事物充满好奇，充满兴趣，只是随着年龄的增长，孩子的兴趣发生了分化，真正喜欢的，保留了下来，成为长期兴趣；不是真正喜欢的，就会慢慢淡化。

兴趣是孩子打开成功大门的钥匙。法国昆虫学家法布尔，从小就对昆虫着迷；俄国杰出的园艺学家米丘林，从小就喜欢选种、播种、栽培、摘果；国际象棋大师谢军，从小就酷爱国际象棋。

第四届"全国十佳少先队员"车亮，小时候不管什么东西拿到手里，都想拆开看一看。爸爸发现了他有探究兴趣，没有责怪他，而是要求他"怎么拆的，再怎么装上"。车亮每次拆玩具都很小心，先把拆下的零件按顺序摆好，琢磨明白后，再一一装上。就这样拆了装，装了拆，车亮成了小小发明家，刚上学就获得3项国家专利。

是孩子都有兴趣，对外界事物完全没有一点兴趣的孩子，是不存在的。家长只要留心观察，就会发现孩子的兴趣点。有的孩子喜欢唱歌，有的孩子喜欢画画，有的孩子喜欢武术，有的孩子喜欢手工，有的孩子喜欢探索，有的孩子喜欢小动物，凡此种种，都是孩子的兴趣点。只是每个孩子的情况不同，有的孩子兴趣广泛，有的孩子兴趣单一；有的孩子兴趣点多一些，有些孩子兴趣点少一些。

现在，一些家长只重视孩子的学习，不重视孩子的兴趣，这是不明智的。从长远看，孩子能不能成功，关键在于孩子的兴趣点能不能早一些被家长发现，能不能得到良好发展。

家长细心观察，就会发现，孩子小时候喜欢的东西很多，但有些喜欢的，不一定是真正感兴趣的，只是好奇而已。这就需要家长多观察、多发现，才能发现孩子真正的兴趣点。

有一个家长，为了寻找孩子的兴趣点，根据孩子的意愿送孩子去画画，送孩子去弹琴，送孩子去打羽毛球，送孩子去学游泳。孩子开始很喜欢，可练习了一段，就不想去了。直到有一天，家长发现写作文是一件令孩子乐此不疲的事情，而且孩子的作文写得还好，知道了孩子的中心兴趣点在写作上。

孩子的兴趣不全是有益的，有正当与不正当之分。对孩子正当的兴趣，像读书的兴趣、运动的兴趣、探究的兴趣等，家长都应给予支持，但期望值不要太高，不要一看到孩子喜欢钢琴，就要让孩子成为郎朗。对孩子不正当的兴趣，像痴迷玩手机、打游戏，喜欢看不健康的书籍、影视作品等兴趣，家长要予以限制。

需要注意的是，家长对孩子的一些看上去不是"高大上"的正当兴趣，不要阻止干涉。现实中，有的家长发现孩子的某些兴趣，不是自己希望的，比如孩子喜欢养小虫子，就干涉阻止，这样对孩子发展不利。

孩子的性格对孩子未来的发展至关重要。了解孩子的性格特点，有助于家长透过孩子表面的喜怒哀乐，了解孩子内心深处最真实的秘密，便于家长扬长避短，有针对性地搞好教育。

从大的方面说，孩子的性格分为外向型（活泼开朗）和内向型（沉默寡言）两种。要细分的话，可以分为完美型、给予型、实干型、浪漫型、观察型、怀疑型、享乐型、领导型、调停型等。这些性格类型，每一种都不是完美的，都有优劣，需要家长去细细品察。

家长欲准确了解孩子的性格特点，可根据孩子对人、对事、对己、对学习、对劳动的态度，以及孩子的智力因素、非智力因素状况来进行。

比如，看孩子对人，是热情、诚恳，还是冷淡、虚伪；对劳动，是勤劳、认真，还是懒散、粗心；对自己，是自信、虚心，还是自卑、骄傲；对集体，是热爱、关心，还是熟视无睹，漠不关心；对学习，是积极、认真，还是消极、敷衍；观察事物，是敏锐、精细，还是迟缓、马虎；背诵东西，是快而准，还是慢而不准；平时学习，是喜思善想，独立提出问题，还是盲从老师，迷信标准答案；情绪状态，是容易激动、起伏，波动大，还是情绪稳定，很少起伏、波动；情绪强度，是强烈、深沉，还是微弱、短暂；平时做事，是独立、有主见、自制力强，还是依赖性强，易受暗示，任性、好冲动；意志品质，是坚毅、顽强、果断、勇敢，还是软弱、胆怯、优柔寡断、胆小怕事；等等。家长及时而准确地发现孩子的性格特点，就可以有针对性地搞好教育引导。

家长在了解孩子的性格特点时，要注意两点：一是孩子的性格不是天生的，是在其先天神经类型、气质类型的基础上，在家庭成员、家庭环境的影响下形成的。比如溺爱中成长的孩子，容易形成任性、自私、懒惰、粗暴的性格特征。要培养孩子好的性格，家长就要改变教育方式和家庭环境。二是孩子性格具有可变性，年龄越小，越容易发生变化，家长要充满信心，注意有意识地培养孩子好的性格特质，纠正孩子的性格缺陷。

🎧 及时发现孩子的优缺点

常言道，金无足赤，人无完人。孩子也一样，没有一个孩子没有缺点，也没有一个孩子一无是处。每个孩子都有长处和短处，都有优点和缺点。家长只有善于发现孩子的长处与不足，优点与缺点，才能有针对性地搞好教育引导。

道德品质，是孩子的人生基石，关系到孩子将来成为一个什么样的人。作为家长，我们首先要注意发现的是孩子好的道德品质。比如孩子在家，知道向家人问安，孝敬长辈，放学回家自觉帮父母干家务，外出时自觉告知家长；在学校，学习态度端正，学习刻苦认真，尊重老师，团结同学，遵守纪律，知错就改；在社会上，知道用文明礼貌用语，关爱老人，自觉遵守社会秩序，不闯红灯，知道公共场所保持安静；等等。对于孩子道德品质方面的优点，家长要不断肯定、不断激励，甚至可以采取奖励手段，鼓励孩子保持下去。

特长关乎孩子未来事业发展。孩子的特长是在其兴趣基础上

发展起来的强项，是孩子走向成功的捷径。

海森堡小时候喜欢做实验。有一天，父母发现天都黑了，儿子还没有回家，非常担心，就到学校去找，最后从学校实验室的玻璃上看到儿子那矮小的身影，才松了口气。父母走进实验室，发现儿子正专心致志地做物理实验，把回家的事忘得一干二净。父亲发现儿子的特长后，不仅给予儿子热情的鼓励，而且在物质上支持儿子，给儿子买了许多学习材料，以及实验器材和实验物品。儿子在父亲的支持下，做出了巨大的成就，获得了诺贝尔物理学奖。

家长细心观察就会发现，有的孩子特长明显，容易被家长发现。比如，有的孩子歌唱得好，有的孩子琴弹得好，有的孩子画画画得好，有的孩子手工做得好，有的孩子擅长表演，有的孩子擅长写作……

对待孩子的特长，家长应持开明的态度。若孩子特长拔尖，远远超过其他孩子，且有天赋，就像爱迪生小时候做实验的特长，"全国十佳少先队员"车亮小发明的特长，家长可以大力支持，重点培养，作为孩子未来的职业方向。

有一点家长需要明确，有些特长，如弹琴，需要先天禀赋和后天悟性，若孩子的特长不是出类拔萃的，可作为生活的调节，就像傅雷对待傅聪的弟弟傅敏一样，不要作为孩子的职业目标。现在的孩子，钢琴过八级、十级的很多，而最后真正成为钢琴家的寥寥无几，家长不要急于给孩子定向。

有的孩子特长不明显，家长也不用担心，只要发现孩子对某种活动感兴趣，经过一段时间的练习就变成特长了。

家长还要注意发现孩子的好习惯。孩子的习惯一旦养成，就会成为其性格的一部分，会影响孩子的人生，左右孩子的成败。因此，家长要善于发现孩子的好习惯。比如，在生活上不挑食，按时起床，自觉整理玩具、书包等；在学习上，课前预习，上课积极举手发言；放学回家，先写作业再玩；遇到不会的问题，知道独立思考等；在文明礼貌上，外出知道告知家长，见了长辈主动问候，来了客人，知道主动打招呼、倒水等。这些都是好习惯，家长要多肯定、鼓励，让孩子发扬下去，内化为性格的一部分，终身受益。

孩子有缺点是正常的，孩子就是在犯错与改错中成长的。孩子有了缺点不要紧，改正过来就好了。

家长真正需要认真对待的，是孩子道德品质方面的问题。如果小时候不注意纠正，一旦定型，容易走向歧途，自毁前程。家长一定要高度重视，留心观察，细心发现。比如，孩子在家以我为中心，不尊重家人，不孝顺老人；在学校不经允许私拿别人东西，自私、霸道，打人骂人，不尊重老师，不遵守纪律，我行我素，扰乱班级秩序，做错事不认错，不改错，不道歉；在社会上，没有规矩意识，闯红灯，抢座位，在公共场所，不听劝告，大声喧哗；等等。家长要及时发现，及时纠正，千万不要无视，不要护短。现在有的家长只关心孩子的学习，不注意孩子的品行，还有的家长总认为自己的孩子好，特别疼爱自己的孩子，孩子犯了错，自己舍不得管，也不让老师管，动不动到学校、教育局闹事。这样只会让孩子小错演变成大错，等到触犯法律被法律制裁的时候后悔也来不及了。

在一些家长心中，孩子的许多问题，其实都是习惯问题。比如，在生活上挑食，没有时间观念，赖床，学习用具、玩具、衣服鞋子等扔得乱七八糟；在学习上，不注意听讲，爱做小动作，回到家玩到很晚了，才想起写作业，不爱独立思考，让家长代替自己做作业；不知道用文明礼貌用语，见了长辈、老师不知道问候，来了客人爱搭不理；等等。

孩子的不良习惯形成后，会在无形中支配孩子的行为。家长说教、训斥，甚至打骂都没用，需要家长耐住性子，指导孩子慢慢矫正。最好的办法，就是有意识地培养孩子的好习惯，用好习惯替代坏习惯。孩子的好习惯养成了，坏习惯自然就克服了。

对待孩子的缺点与不足，家长要持正确的态度，不要紧盯着孩子的缺点不放，尤其不要老翻旧账，要时时看到孩子的进步与变化。就好比一张白纸上，有一个小黑点，如果家长忽视黑点，看到的就是一张漂亮的白纸，如果只注意黑点，那看到的就是瑕疵。家长如能不断强化孩子的优点，不断淡化孩子的缺点，孩子的优点就会越来越多，缺点就会越来越少。

🎧 早期发现的途径（上）

从家教实践中，我们发现，家长更多的是对孩子日常生活的关照，绝少把关注的焦点对准孩子的内心世界。一个智慧的家长，首先是一个"伯乐"，一个发现者，能睁大发现的眼睛，通过有效的途径，全方位地了解孩子，了解孩子的潜能、兴趣、特长、个性等，而后有的放矢地实施教育引导。

问及"你了解自己的孩子吗？"很多家长都会说："当然了解啦。从孩子生下来起，我就照料他，给他喂饭、穿衣、洗澡，哄他睡觉；病了，送他去医院，日夜陪护他；教他走路、说话，给他讲故事，教他认识世界，迈好人生第一步。"是啊，在这世界上，还有谁比家长，尤其是父母更了解自己的孩子呢？然而，现实中却完全不是这样。我们常常听家长感叹："不知道孩子的脑子里整天想的是啥？"

人们常说，父母是孩子的第一任老师。于是，许多家长都把自己当成一个"老师"、一个教育者。其实，家长首先要做的，不是一个教育者，而是一个观察者和记录者，对孩子的身心发展状况和心灵世界了如指掌，然后，给孩子提供适时、科学的引领与指导。

我们知道，生活就像一个大舞台，孩子无时不在这个舞台上表现自己，展示自己。

家长可借助生活舞台，从衣食住行的点点滴滴，观察孩子，了解孩子。看到孩子说话早，表达清晰，能讲精彩的故事，会有声有色地背诵诗词，喜欢读书，说明孩子表现出了语言才能；看到孩子学歌学得快，唱歌不跑调，喜欢摆弄各种乐器，能识别乐曲、分辨不同的音色，说明孩子表现出了音乐才能；看到孩子喜欢看钟表、手表，喜欢数字，喜欢根据大小和颜色把玩具分类，喜欢画各种图形，喜欢下棋打牌，折纸、拆装玩具，喜欢问时间、雷电、下雨等方面的问题，说明孩子表现出了数学、逻辑、科技方面的才能；看到孩子对地图感兴趣，外出旅行时能记住沿途标记，很少迷路，画图很清晰，对物体描绘准确，善于发现事物的细枝末节，说明孩子表现出了空间知觉才能；看到孩子喜欢模仿，喜欢扮演角色，长于把动作赋予表情化、情感化，喜欢对人和事发表评论，不怯场不怕人，做事有计划，说明孩子表现出了表演及自我认识才能；看到孩子能认出熟人，看影视剧，能分辨好人、坏人，会关注别人的情绪变化，有眼色、知道应酬客人，说明孩子表现出了交往和识人才能。

此外，家长通过孩子在家自我服务、做作业、帮父母干家务、对家人迎来送往等，可以发现孩子在生活习惯、生活能力、学习习惯、敬亲孝老方面的优长与不足。一般而言，孩子都有喜欢展示自己感兴趣和特长的一面，家长可从孩子的日常表现中，发现孩子潜在的智能、兴趣、特长、习惯，再通过孩子的言行，发现孩子的气质、性格、品行方面的表现。

活动是学龄前孩子认识世界的主要途径，也是家长了解孩子的"窗口"。孩子的活动，主要是体育活动和游戏活动。

家长可通过体育活动这个"窗口"，了解孩子：看到孩子喜欢体育器械，喜欢看体育节目，喜欢模仿运动员的动作，学习跳绳、滑冰、运球、游泳、骑车等项目，学得快，动作优美，说明孩子有身体动觉才能，有运动员的潜质。反之，发现孩子在运动时，肢体配合不协调，跳舞不好看，动作不优美，说明孩子在身体动觉才能方面感统失调，需要家长引导孩子加强锻炼，增强体质体能。

日本学者井深大说过："游戏是孩子的第二生命，是孩子的第一所学校。"孩子对游戏，总是百玩不厌。年幼的孩子特别喜欢过家家、搭积木、捉迷藏等游戏，家长可通过游戏这个"窗口"，多方位地观察了解孩子。比如，看到孩子对表演游戏特别感兴趣，喜欢扮演各种角色，且模仿得有模有样，说明孩子有表演方面的兴趣和特长；看到孩子特别爱玩智力游戏、棋类游戏，说明孩子在观察、图形知觉、思维等智力品质和数学方面有优势。此外，家长通过音乐游戏，可以发现孩子的音乐潜能；通过讲故事游戏，可以发现孩子的语言潜能；通过绘画游戏，可以发现孩子的绘画才能。

孩子从呱呱坠地，便开始与家长，尤其是父母交流，是在与家人的交流中，一步步成长的。孩子小时候，父母在他眼里是一个神圣的存在，是无所不知、无所不在的保护神，不管是看到了什么、听到了什么，高兴的事、不高兴的事，幼儿园的事、小学的事，老师的事、小朋友的事……什么小秘密都愿意跟父母说。

家长可利用孩子对家长的信任和依赖，利用孩子口无遮拦、什么都讲的特点，多多了解孩子：了解孩子的兴趣爱好，了解孩子的优劣短长，了解孩子的喜怒哀乐，为下一步的教育引导提供依据。

遗憾的是，现在一些家长与孩子的交流，不是平等的交流，而是先入为主的教育，不利于对孩子的了解。除了讲故事，要么是关心孩子吃喝冷暖，要么是关心孩子的身体健康，不太注意通过谈话，洞悉孩子的内心世界。

孩子上学之后，有些家长问得最多、关心最多的是孩子的学习成绩、名次，发现孩子学习不好，或成绩下降，不是唠叨抱怨，就是批评教训，好像除了学习，再没有跟孩子交流的话题了。慢慢地，孩子就关闭了心灵的大门，不愿与家长交流了。尤其是到了初中以后，许多孩子跟父母交流的话题越来越少，致使家长难以了解孩子。

父母欲从与孩子交流中，了解孩子的内心世界，先要放下身段，放下架子，以朋友的身份，而不是以家长、教育者的身份，与孩子交流。孩子心中没有了芥蒂，没有了压力，没有了负担，才会相信家长，敞开心扉，把心里话告诉家长，家长才有可能了解孩子的情况。

与孩子最有效的交流，是多听少说。家长要了解孩子的所思所想，就要营造气氛，创造条件，平心静气地听孩子说。孩子的话匣子一旦打开，就会滔滔不绝，把心中的小秘密告诉家长。家长听孩子讲喜欢什么、不喜欢什么，喜欢参加什么活动、不喜欢参加什么活动，喜欢上什么课、不喜欢上什么课，可以了解孩子的兴趣爱好，智力潜能；听孩子讲引以为傲的"成绩"，可以了解孩子的特长；听孩子讲在幼儿园、学校的表现，可以了解孩子的优点、缺点。孩子讲得越多越细，家长了解的情况就越多，对孩子的认识就越全面、越客观。

值得注意的是，现在有的家长见孩子滔滔不绝讲个没完，就表现出不耐烦，或者觉得小孩子啥也不懂，不让孩子说，然后自己头头是道，教育个没完。孩子觉得不平等，没意思，就不愿多讲了。这是不利于家长了解孩子情况的。

🎧 早期发现的途径（下）

孩子的兴趣爱好，孩子的潜在智能，孩子的才华，不仅反映在日常生活中，也反映在他的作品里；孩子的优缺点，不仅在家里会有所表现，在学校、社区及公共场所也会有所表现。家长要全面准确地了解孩子，洞悉孩子内心的"秘密"，还需要从孩子的作品里，从周围人的评价中去发现。

诺贝尔奖获得者麦克斯韦小时候，对图形特别敏感，父亲就是从他画的写生作品里，发现了他的数学才能，支持他学数学。后来，麦克斯韦沿着父亲指引的方向发展，成为英国著名的物理学家、数学家。

孩子的兴趣爱好，孩子的潜在智能，孩子的才华，不仅反映在日常生活中，也反映在他的作品里，比如作文、日记、美术作品、剪纸作品、小制作、小发明等。家长只要留心查看孩子的作品，就会有所发现。

有一个妈妈，从小学四年级女儿的作文《对 20 年后生活的展望》里，发现了不少有价值的信息：女儿的作文写得很棒，老师评判为"优秀"；女儿喜欢数学，表示将来要当一个数学家、大学老师；女儿平时嘴上没说，但在作文里表示，自己将来结婚要生 3 个孩子，让孩子快乐地成长，不希望严厉管教——重复妈妈的错误；女儿作文内容不错，但字迹有些潦草，不整洁，不美观，老师在评语里也提醒孩子注意。

这就启示我们的家长，孩子作品里隐藏着其内心秘密和智能密码。家长在查看孩子的作品时，不要光看分数和对错，更要透过作品，发现作品背后的东西。比如，看到孩子作文，总是被老师在批语里肯定，说明孩子有文学才能；看到孩子的解题方法新颖独到，或小制作别具一格，说明孩子有创造潜质；看到孩子的作业干净整洁、摆放有序，说明孩子有做事严谨的品质；看到孩子在日记里、作文里，发泄不满，说明孩子遇到了不顺心的事情，需要家长疏导。

有一个五年级的孩子，天天被妈妈逼着上课外班，整天累得筋疲力尽，好几次在日记里写"我太累了，好想休息一下"。遗憾的是，没有引起父母的重视，更没有进行有效的疏导，依旧逼着孩子上课外班，结果孩子不堪重负自杀了，着实令人惋惜。

孩子在家的生活，只是其全部生活的一部分。孩子上了幼儿园、小学之后，大量的时间是在家庭之外度过的。所以，家长要全面了解孩子的情况，还需要倾听周围人，特别是老师的意见。

老师，尤其是班主任，与孩子在一起时间比较长，经常跟孩子打交道，能比较全面地掌握孩子在班级、学校的情况，比如孩子的学习情况、交往情况、值日情况、参加活动情况、优缺点等。家长要想多了解孩子的情况，就要经常与各科教师，尤其是班主任沟通交流。特别是孩子上了中学之后，时常向家长关闭心灵的大门，家长更需要从老师那里了解情况。

家长从老师那里了解孩子的情况，注意不要单一地只了解孩子的学习情况，尤其是学习成绩、班级排名，而应全方位地了解孩子在学校的各种表现，像孩子优势学科、薄弱学科，孩子参加课外兴趣小组情况，孩子交友的情况，孩子的主要优缺点等。

一般来说，每个孩子都有很强的自尊心和面子心理，在家长面前喜欢"报喜不报忧"，尤其是缺点、不足及犯下的错误，羞于向家长提及，要么隐瞒，要么避重就轻，这就需要家长从老师处了解。比如，有的孩子逃学去游戏厅打游戏，跟家长说去上学了，又跟老师说有事请假。如果不与老师沟通，就难以发现。

家长需要注意的是，不要把老师的意见作为评判孩子的绝对标准，而是作为参考。老师面对的是几十个孩子，不是你的一个孩子，对孩子的了解不可能像家长那样精细。再说，老师也是人，有时难免带有主观的色彩。

通常情况下，老师会客观地看待每一个孩子，但老师也有好恶，对自己喜欢的学生和不喜欢的学生，评判是有差异的。有时，老师仅看到表面现象就下结论，很难客观准确地评价孩子。比如，有些孩子善于伪装，在学校可能是一个尊敬老师、好学上进的好学生，在家却是一个唯我独尊的"小皇帝"；有时同学之间发生了矛盾，老师为了尽快平息事态，喜欢简单处理，各打五十大板。

事实上，有时责任可能全在自己孩子身上，有时责任可能全在别的孩子身上，自己的孩子是被冤枉了。在这种情况下，老师对孩子的评判就不那么客观了。所以，作为家长，我们对老师的意见，尤其是孩子品行方面的意见，一定要以谨慎的态度加以分析，把老师的意见作为参考，在和自己观察了解到的情况加以比较印证之后，再作判断。

除了老师，家长还可以通过孩子的同学、朋友，或者亲戚、邻居，了解他们对孩子的看法。有道是"当局者迷，旁观者清"。家长只有将孩子在家里的情况和在学校、在社会上的表现，综合起来评判，才能比较客观、全面地认识孩子、了解孩子。

目标引领法

常言道，火车跑得快全靠车头带。目标对于孩子人生的意义，宛如引领孩子前行的火车头。多彩的梦想，是孩子的人生财富。孩子能走多远，天地有多大，很大程度上取决于他有没有目标。

心中有目标的孩子，清楚自己最需要什么，自己的人生方向和人生价值在哪里；他们所有的努力都紧紧围绕目标进行，因而他们付出的努力是正确的、有效的，绝不会像无头苍蝇一样漫无目的地乱撞，白白浪费时间、浪费精力。恰如莎士比亚所说，任何时候都要为自己的未来定下明确的目标，然后围绕着这个奋斗方向踏踏实实地不断努力。作为家长，我们要善于运用目标引领法，引导孩子不断进步、不断前进。

实施目标引领法，不仅需要家长指导孩子从自身实际出发，确定明晰的目标，更重要的是激励孩子扎扎实实落实目标，把梦想变为现实。否则，再诱人的目标，如不变成现实，那就是纸上谈兵，只能是空想。

🎧 孩子的成长需要目标引领

在这个充满竞争的社会里，孩子的成功不是以一个人的形象、学历或家庭背景来衡量的，而是以孩子内心"目标的大小"来决定的。成功的道路由一个个目标铺成，孩子有无明确的目标，结果是大不一样的。作为家长，我们要有意识地指导孩子点燃梦想、树立目标，让孩子在目标的引领下健康成长。

家长细心观察就会发现，每个孩子小时候都有自己的梦想：有的想驾驶宇宙飞船遨游太空，有的想当科学家，有的想当老板，有的想当官员，有的想当明星，有的想当演员……随着科学技术的发展，可供孩子选择的梦想将越来越多。这是一个可喜的现象，家长应好好加以珍惜。

梦想，是孩子前进的路标、人生的灯塔、成功的航标。诸葛亮在《诫外甥书》的开头写道："夫志当存高远。"

梦想，可以给孩子指明人生的方向。

英国有一个小盲童，名叫戴维。他在幼儿园的作文里写道，梦想当一个内阁大臣。成年后，他真的成为英国历史上第一个盲人大臣——教育大臣。

孩子要想成功，就要有明确的目标。目标可以推动孩子加倍努力，集中力量搞好学习、干好事业。孩子有无目标及目标层级不同，会造就不同的人生。

一个男生考了一个根本没人听说过的"破大学"。许多同学都觉得毕业后肯定没出息，干脆"破罐子破摔"，只有他不服输，说自己以后要开公司，要创业。同学们送他外号"梦想家"。"梦想家"大一跑到别人的外教课上，找外教和留学生练口语，听到他磕磕巴巴的自我介绍，同学们说他在做梦；大二临近，"梦想家"去一家公司打工了，同学们说他开公司不了了之了；大四时，"梦想家"结识了一位50多岁的大叔，这位大叔邀请他一起创业，于是二人开始筹钱，他向同学借钱，没人借给他，还是外班的朋友给他凑了一笔钱，随之"梦想家"就"消失"了，同学们说借给他钱的同学上当了。几年后，"梦想家"的公司真的开张了，虽然比预计的晚了两年，但还是梦想成真，那些曾嘲笑他的同学，仍身处迷惘之中。

人生在世，总该有个奋斗方向。没有目标，就没有方向，就会像个无头苍蝇似的乱碰，终将一事无成。有人形象地比喻："有无梦想造就了老板与打工者的差别。"

哈佛大学的心理学家，曾对哈佛毕业的学生进行了跟踪调查。调查发现，3%的毕业生，有确定而长远的目标，97%的毕业生没有目标，或目标很小，其中不乏成绩优异者。5年后，有远大理想的毕业生，都在自己的岗位上做出了很大成绩，生活充实幸福，有的甚至成为自己同学的"老板"；没有长远目标的毕业生则相差很多，以薪金水平计算，只有前者的1/4到1/10。10年之后，差距更大，目标远大者，行业变化不大，成果很大；目标微小者，成绩不大，经常换工作，有些没有目标者甚至贫困潦倒，不知所终。

目标的"大小"决定着孩子成就的大小。远大的目标，可以使孩子的潜能高度聚焦于目标而心无旁骛，从而最大限度地激发自己的潜能，从而取得成功。杨振宁从小的目标是"获得诺贝尔奖"，吴健雄从小的目标是成为"居里夫人"，诺贝尔奖获得者、被誉为"超级女人"的罗莎琳·雅洛的目标是"结婚，生孩子，做居里夫人第二"，后来，她的目标全部实现。

梦想是一种心灵动力，能最大限度地激发孩子的潜能，从而实现自己的目标。孩子希望自己的潜能得以充分发挥，就要给自己设定一个前进的目标。现实中，我们也发现，那些有出息的孩子，内心都有明确的目标。

有一男一女两个中学生，从生物学家口中得知，中国有一种叫白头叶猴的濒危动物，在广西境内只有 200 只。现在需要有人去了解它们的生活习性，以便保护这些野生动物。两人便有了去考察白头叶猴的梦想。他们从 2003 年开始，利用暑假去跟踪考察白头叶猴。茫茫的原始森林是野兽和虫子的天堂，环境非常凶险，充满困难和危险，但他们没有退缩，3 年的暑假都在大森林里度过，克服重重困难，撰写的论文在世界少年科学家大会上获得了一等奖。后来，男孩进了清华大学，女孩进了北京大学。

作为家长，我们希望孩子未来有所发展、有所创造、有所成就，就要从孩子小时候开始，在孩子心中播撒梦想的种子，让梦想的种子在心中生根、发芽，长成参天大树。孩子有了明确而具体的目标，心中便有了一幅蓝图，有了努力的方向，也就有了成功的可能。

　　遗憾的是，现在有不少孩子，尤其是一些年轻人缺乏明确的目标，他们就像地上的蚂蚁，看起来很努力，却永远找不到终点，找不到目的地，只能在原地打转，最终在碌碌无为中，迷失了自己。

　　一个大学毕业生，选择去了公司资料室，工作十分悠闲。当大家忙得不可开交时，她慢条斯理地剥开一瓣橘子，慢慢放入口中，然后呷一口茶。几年后，大家都进步了，她依然如故，后悔当初选择了安逸。

　　孩子的人生就是这样，选择了安逸，失去的是成功；选择了成功，就不要羡慕别人的安逸。对于没有目标的孩子来说，岁月的流逝只意味着年龄的增长，平庸的他们，只能日复一日地重复自己，白白浪费宝贵的青春年华。这值得我们的家长朋友深思。

🎧 目标要合乎实际

　　孩子有了明确的目标，就有了努力的方向。而孩子目标的选定，一定要有理有据，合乎实际，否则，再宏伟的目标，也只能是空中楼阁，没有实际意义。如果孩子的目标建立在错误的根基之上，还会误入歧途。

　　孩子的成长，需要目标，但目标的制定，不能随心所欲，需要有理有据。这个依据是什么呢?

从大的方面说,就是党和国家的教育方针,内容包括德智体美劳五个方面。家长指导孩子订立目标,也应从"五育"出发,指导孩子分别从人格修养、智力开发、本领提升、身心健康、审美情趣、劳动实践等方面,制定切实可行的发展目标,促进孩子全面发展。从小的方面说,就是学生守则,中小学生有《中小学生守则》。这是教育部为全面落实教育方针,而对每一个中小学生提出的基本要求,也是每一个孩子必须遵守的行为准则。

以教育部新修订的《中小学生守则》为例,内容包括"爱党爱国爱人民""好学多问肯钻研""勤劳笃行乐奉献""明礼守法讲美德""孝亲尊师善待人""诚实守信有担当""自强自律健身心""珍爱生命保安全""勤俭节约护家园"等九个方面。作为家长,我们应根据这九个方面的要求,指导孩子提出具体的行为目标。孩子有了目标,就有了方向,有了遵循,就会在目标的引领下健康成长,不至于出现大的问题。

家长指导孩子确立目标,除了有理有据,有所遵循,还要符合孩子的实际,否则,目标不接地气,缺乏针对性,就失去了引领的意义。

一个领导到幼儿园视察,对幼儿园的小朋友说,你们要好好学习,树立共产主义远大理想,将来做祖国的建设者和接班人。领导这样说,虽然没什么不对,但就是不看对象,"鸡对鸭讲",针对性不强,小朋友听得云里雾里,眼睛瞪得老大,不知所云。

这启示我们的家长,在指导孩子制定目标时,首先要考虑孩子的实际年龄。孩子小时候,不要把孩子的人生目标设定在"高大上"的境界上,应允许孩子有各种各样的梦想,有的梦想即便不合常理、离奇可笑,也没关系。而孩子的行为目标、生活目标,可针对性强一点,越具体越好。比如,把幼儿园孩子的生活目标设定为"学会自己用杯子喝水、用勺子吃东西、穿衣、扣纽扣、戴帽子、收拾玩具",比"提升孩子的生活自理能力"好。孩子长大了,懂事了,家长在指导孩子制定目标时,可兼顾到多个维度,不仅要制定行为目标、生活目标、学习目标,还应有职业目标、人生目标,把这几者有机结合起来。

家长在指导孩子订立学习目标时,一定要实事求是,符合孩子的实力。我们经常看到,有些孩子在制定学习目标时,要么学习目标定得太低,激发不起斗志,导致安于现状,不思进取;要么求胜心切,学习目标定得过高,怀有美好的愿望和憧憬,恨不得一个晚上从 30 名跳到前 5 名,导致目标无法达到,萌生失望的情绪。

有些家长在教育孩子时,喜欢以班里最优秀的孩子为标准,要求孩子每次一定要 100 分,一定要保持在前三名。这样定目标是不切实际的,不仅目标难以实现,还会打击孩子的自信心,挫伤孩子的自尊心。所以家长指导孩子确立的目标,一定是与孩子的实力吻合的。同时,目标要有弹性,不要把孩子的时间表安排得滴水不漏。有的家长为了让孩子学习才艺,提高学习成绩,给孩子报了许多辅导班、才艺班,搞得孩子整天紧紧张张,一点玩的时间也没有。人毕竟不是机器,不可能按照设定好的程序精确运行。如果时间安排得过于紧凑,一旦出现了意料之外的事情,孩子的计划就会被打乱,无法落实。所以,目标的高度、强度要适中、合理,切合孩子当下的实际。

兴趣是目标的助推剂,家长在指导孩子订立发展目标时,要充分考虑孩子的兴趣爱好,目标的设立最好与孩子的兴趣爱好相一致。

浙江有个农民的儿子叫张潮，从小喜欢科学实验，跟爸爸比赛种菜，结果张潮在试验田里种的蔬菜，比爸爸的大很多，连村里的老农民也伸出大拇指，夸他有出息。小小的成功让张潮萌发一个美丽的梦想——长大当个农业科学家。后来，他当选为全国十佳少先队员，来到北京。记者问他："如何实现自己的梦想？"他坚定地回答："先上农业大学，再当农业科学家！"几年后，他如愿以偿，考入中国农业大学。

同样是考大学，张潮的目标就不是简单地"上个好大学"，而是奔着"当农业科学家"的梦想去的。这样的目标，不是空想、瞎想，而是结合自身兴趣、特长，经过深思熟虑选定的，就比较符合实际，因而经过努力，就能够实现。这启示我们的家长，在指导孩子确定目标，尤其是职业目标、人生目标时，不要盲目跟风，一定要充分考虑孩子的兴趣、爱好、特长。孩子有了真正热爱的目标，才会充满激情，不知疲倦地去努力。

需要家长注意的是，孩子有梦想是好事，但如果梦想偏离了正道，就不是好事了。

有一个女孩，很向往"上流社会"的生活，梦想当阔太太。参加工作后，她几乎把每个月的工资都花在名牌服饰和化妆品上。她没有进入"上流社会"的经济实力和相貌，可她坚信自己有"公主"命，于是花掉半年的积蓄，买到一件可以出入高档商务会所的高级服装，并认识了一个闯荡世界各地、见多识广的"商人"，辞职跟"商人"一起去国外发展生意。到了海外才发现，这个"商人"不过是一个在海外打工的普通人，没有别墅，没有豪车游艇，甚至连稳定的公寓也没有。满脑子纸醉金迷的"上流社会"梦破灭了，女孩只得与"商人"分手。

匆匆人生，有一个追求境界问题。不同的追求境界，有不同的人生目标，自然有不同的人生。现在，不少人一味追求金钱，追求物质享受，给孩子带来了不良的影响。有些孩子，不管家庭条件如何，一味地和家庭富有的孩子比坐好车、吃大餐、穿名牌；还有的孩子，心中想的不是如何提升自己，而是玩手机、打游戏。所以家长一定要搞好教育引导，不要让孩子迷失在物质与欲望的歧途。要教育引导孩子，选定正确的生活目标、人生目标。孩子有了正确的目标，人生才不会有遗憾，哪怕梦想遥不可及，也要努力一步一步去接近它。

🎧 目标要有可操作性

多彩的梦想，是孩子的人生财富。孩子能走多远，天地有多大，一方面看孩子有没有目标，目标有多大，另一方面看孩子的目标是否具有可操作性。这就要求家长在指导孩子确立目标时，一定要实事求是，具有可操作性，切忌好高骛远，不着边际。

说起孩子的梦想，有的家长会说："那还不简单，上个好大学，找一份好工作。"这样未免太笼统了，不好落实，容易流于形式。

记者问获得马拉松邀请赛的世界冠军："你凭什么取得如此惊人的成绩？"冠军回答："我是凭目标获胜的。"原来，这位冠军在比赛之前，先乘车把比赛的路线仔细看一遍，并把沿途比较明显的标志画下来。比如，第一个标志是银行，第二个标志是一棵大树，第三个标志是一座红房子……比赛开始后，他按照自己预先的标记，一个目标接着一个目标有条不紊地跑下去，40千米的赛程，被他分解成几个目标，轻松地跑完了。

这启示我们的家长，指导孩子制定的目标，必须是具体的，可操作。对孩子来说，制定目标就像一场长跑比赛，而一个个量化的具体目标，就是他前进旅程上的里程碑、停靠站。每一个站点都是一次鼓励、一次加油。每一个小目标都是大目标的量化与分解，都是大目标的具体化。

一个考入名校的学霸，向学弟学妹们介绍了自己的学习经验：目标具体，可以量化，具有可操作性。比如，"在下次月考中，我要保证基础题不丢分。""明天把这周学习的内容小结一下。""晚上把本周的数学错题，认真订正一遍。"有了一个一个具体的分目标，实现总目标——考上名牌大学，也不再是一件十分困难的事情。

"凡事预则立，不预则废。"无论做什么事，有了目标和具体的计划安排，就容易取得满意的结果。每一个小目标的变化与调整，都会对整个目标体系产生影响。如果目标不具体，就无法衡量能否实现，就会降低学习的积极性，甚至会丧失信心。

有的孩子制定目标喜欢写"提高分析问题的能力""总结解题规律""在下一步学习中取得更大的进步"……表面看起来很有志气，很鼓舞人心，但细细一想就会发现，这样的目标模糊不清，没有可操作性，导致的直接后果是，目标很响亮，效果不理想。可见，目标能否量化，是否具有操作性，是理想与空想的分水岭。

孩子的进步就像上楼，不可能一步登到楼顶，需要一步一步、一台阶一台阶地往上迈。家长引导孩子确定目标，也要有梯度：既有长远目标，又有近期目标；既有大目标，又有小目标。就像摘桃子，让孩子跳一下，可以摘到。对于各个年龄段的孩子、各种目标来说，都是如此。

以小学孩子的体育锻炼为例。《小学生体育达标的国家标准》对一至六年级孩子在肺活量、50 米跑、一分钟跳绳等方面，从优秀、良好、及格、不及格 4 个方面提出了具体要求。比如，一年级男生一分钟跳绳，优秀 99～109 个，良好 87～93 个，及格 17～80 个，不及格 16 个以下。家长就可以让孩子从入学开始，把一分钟跳绳的国家优秀标准，分解成一个个小目标，经过一个个小目标的实现，孩子一年级结束，达到优秀的水准就没有问题了。

孩子的课外阅读，也是如此，按照教育部的最新要求，小学生的课外阅读总量不少于 100 万字，初中生的课外阅读总量不少于 260 万字。家长可把这个要求分解到每个年级、每个学期、每一周、每一天，和孩子商定，制定具体目标。比如，按照学校推荐的书目，每天阅读 10 分钟，每周阅读一本书，一周总结一次。这样，随着时间的推移，随着一个又一个目标的实现，孩子就会从一个又一个的挑战中，不断迈上新台阶，不断成长进步，攀上一个又一个高峰。

最典型的，是孩子学习成绩的提高。许多家长都希望自己的孩子优秀，能进入第一方阵，将来考个好学校。家长的心情可以理解。但是，五个指头伸出来不一般齐，对于"学霸"级的孩子，进入第一方阵，没有问题。对于成绩中下等的孩子而言，要让其一下子进入第一方阵，达到学霸级别，就困难了，就像一步跨五六个台阶，几乎是不可能的。即便是"黑马"级的孩子，进入第一方阵，也需要一个逐步积累的过程。有小目标作为晋升的台阶，大目标才不会成为空中楼阁。

常言道"欲速则不达"。如果目标定得太高，没有台阶，孩子无论怎么努力，怎么跳都达不到，就会感到压抑，增加压力，搞不好还会产生悲剧。据家教专家卢勤介绍，浙江金华 17 岁的中学生徐力，本来学习成绩中等，母亲却要求他每次必须考班级前 10 名，将来考清华、北大。还威胁说，如果"考不上好大学，就打断你的腿，把你赶出家门，再也不管你"。精神压力超出极限的徐力，失去了理智，用榔头砸死了母亲，令人扼腕。

徐力的教训警示我们的家长，对于成绩中下等的孩子来说，在指导其定目标时，一定要遵循梯级原则，千万不要想着"一口吃个胖子"，一下把目标定得很高。正确的做法是，从孩子的实际出发，从低到高，逐步提升目标水准。比如，孩子成绩中等，这次数学考了 70 分，位居班级 40 名。家长希望他通过一年左右的努力，成绩达到中上游水平。那就和孩子一起商量，把大目标定在 85 分，名次班级 30 名左右；把小目标定在 71 或 72 分上，名次 38 名左右；下一个小目标定在 75 分左右，名次 35 名左右。以此类推。孩子感到经过努力，小目标不难实现，也就没有了精神压力。孩子只要脚踏实地一步一步往前走，天天进步不停步，一个个小目标实现了，大目标自然就实现了。

🎧 帮助孩子树立目标

有一个成语叫"有的放矢"。孩子无论做什么事，都应当有自己的目标。有了目标就有了方向、目的和标准，就容易集中精力干成事。否则，没有目标，则可能糊糊涂涂地乱干、蛮干，自然不会有理想的结果。作为家长，我们要有意识地点燃孩子的梦想，引导孩子树立目标。

我女儿上幼儿园的时候，开始想当老师，因为老师会带小朋友吃饭，会带小朋友做游戏，还会给小朋友讲故事，特别了不起，令人羡慕。我和她妈都支持孩子的梦想，一致说"好"，孩子非常高兴。过了一段时间，孩子又有了新的"梦想"。在交通路口，看到交警指挥交通很神气：手向前一伸，所有汽车、自行车、行人都停了下来；手向左右一伸，所有的车辆都启动了，就想当警察，我们也全力支持。

孩子小时候，脑袋里充满了幻想，也充满了梦想。看到影视作品中的孙悟空、奥特曼、葫芦娃、白雪公主、灰姑娘等，便心生羡慕，也梦想成为那样的人物。有些孩子的梦想十分奇特："要让树上结人参""长大了到月球上踢足球""将来像鱼一样在海里生活"……

多彩而幼稚、充满幻想的梦想，是一些孩子童年期梦想的一大特点。对于童年期的孩子来说，关键是有梦想，至于梦想的内容并不重要。有了梦想，孩子的大脑才有活力，才有想象力、创造力；没有梦想，孩子的大脑就会"营养不足"，思维迟钝，没有灵性。

幼儿时期的孩子，会随时有梦想，又会不断改变梦想。当孩子有梦想时，家长要予以支持和鼓励，不要无视、打击孩子的"梦话"。打击孩子的"梦话"，就等于剪断了孩子梦想的翅膀。

孩子步入小学，依然充满各种奇异的梦想。但梦想远没有定型，不管什么样的梦想，家长都应该鼓励和肯定。家长要做的，是经常强化孩子的梦想，并加以保护和鼓励。家长也可深入浅出地告诉孩子"理想"与"幻想"的区别：一个"理"字制约着"想"。它不是神奇幻想，更不是胡思乱想，而是"合理"地"想"。比如，一个盲人想当画家，就不是理想，而是不切实际的幻想；一个视力正常且有绘画天赋的人，想当画家，就是理想。慢慢地，孩子就会区分"幻想"和"理想"，树立正确的理想。并且，家长要根据孩子的兴趣爱好，借助一些相关的名人故事，引导孩子向名人学习，像故事中的名人一样，矢志不渝，努力学习，百折不挠，在成功的道路上不断前进。家长千万不要以孩子的梦想不切实际、好高骛远为由，给孩子泼冷水，打击孩子的积极性。

孩子进入中学以后，有了初步的专业指向，家长应教育引导孩子，向与自己兴趣爱好相近的名人学习，选定自己的发展方向，向本专业的翘楚看齐，确定人生事业目标。

家长要让孩子明白，梦想只有与具体目标相结合，才有生命力，否则梦想就永远停留在梦想阶段。比如，要乘飞船遨游太空，必须在身体合格的前提下，有航天的志愿和决心，再创造条件，经过努力成为航天员，才能实现飞天梦想。如果孩子光有梦想没有目标，一觉醒来，想象着自己跑到太空中去了，那只能是"梦话"。

法国女作家乔治·桑有一句名言："理想包含着时间和空间。"就是说，理想总离不开一定的时间、空间，它是在一定的时空内要达到的目标，因此它既是远大的又是具体的。家长要教育孩子，要实现成才的梦想，就要脚踏实地，完成一个一个小目标。比如，要成为一个作家，就要大量阅读，了解社会生活和社会实际，坚持不停地写作，不要"三天打鱼，两天晒网"。在远大理想的引领下，实现一个又一个具体目标；通过一连串具体目标的实现，促进远大理想的实现，成就一番事业。有一个大学毕业生，光有梦想，没有具体目标，一会儿想当公务员，一会儿想去企业，一会儿想做新闻工作，到了该立业的年龄，还在社会上漫无目的地晃荡。常言道，无志之人常立志，有志之人立长志。这山望着那山高，没有一个实实在在的梦想，对成才是不利的。

孩子的个人理想和社会理想是统一的，社会理想制约着个人理想，个人理想只有融入社会理想之中，才有价值。像全国道德模范黄大年、吴孟超、张效房等，堪称个人理想和社会理想结合的楷模。所以，家长在指导孩子树立理想的时候，一定要把个人理想统一于实现中华民族伟大复兴的中国梦之中，在为国家富强贡献力量中，实现自己的个人理想、个人价值。

遗憾的是，现在有不少家长，劲儿使偏了，全力满足孩子高品位的物质享受，助长了孩子的物质追求，致使不少孩子，不顾家庭实际，一味攀比，要求开好车、住好房、吃高档、穿名牌；有的家长认为，只要孩子用心读书，将来找个合适的工作就行了，用不着管那么多；有的家长一心只想孩子成名成家，要求孩子好好学习，升名校、留学、读研，找好工作，却不太注意孩子生活技能和道德品质的培养，导致孩子生活能力低下，不懂感恩，不会做人，成为精致的利己主义者。这都是短视的表现。这些年不是有一些优秀的大学毕业生，没有积极参加国家建设，而是选择逃避，遁入空门吗？这就是个人理想与社会理想脱节的典型。

还有一些家长一味跟风，只考虑要孩子从事热门行业，不考虑孩子的兴趣和特长。从短期看，有利于孩子就业，但从长远看，不利于孩子成才。有的家长喜欢越俎代庖，把自己的愿望强加在孩子头上，把自己的想法变成孩子的追求与目标。我有一个亲戚的孩子，在示范性高中就读。她特别喜欢美术，想转到一所有美术优势的普通高中，将来考美术院校。家长则觉得考个重点高中不容易，想让她走普招之路。为了不同的目标，孩子和家长闹得很不愉快，也严重影响了孩子学习的积极性。后来，家长尊重孩子的意愿，让孩子学美术。孩子信心大增，经过努力，考取了心仪的美术院校。

　　这启示我们的家长，要把选择权交给孩子。孩子小时候，家长搞好引导，与孩子共同协商，把自己的愿望转化为孩子的目标。比如，孩子有体育方面特长，家长就可引导孩子加入体育兴趣小组，制定发展特长的目标。孩子懂事之后，家长则应鼓励孩子自己设立目标，家长可以建议，但不可代替。

🎧 咬定目标不放松

　　有人问比尔·盖茨成功的秘诀，比尔·盖茨回答："选定一件事，就咬住不放。世界上成功的人，不是那些脑筋好的人，而是一个咬住目标不放的人，我想我们只做微软。"比尔·盖茨的话启示我们的家长，孩子选定目标之后，应激励孩子咬定目标不放松，脚踏实地、扎扎实实地向着目标迈进，千万不可三心二意，用心不专。

记得，我读小学时，学过一篇课文《小猫钓鱼》。说的是，小猫跟妈妈一起到河边钓鱼，看到蝴蝶飞来了，去捉蝴蝶，看到蜻蜓飞来了，又去捉蜻蜓，用心不专，结果一条鱼也没有钓到。妈妈告诉它，想要钓到鱼，就要专心致志，一心一意。孩子目标的实现，也是如此，定下了目标，就要咬定目标不放松，不可三心二意。唯有如此，才有希望把目标变为现实。

有一个 11 岁的男孩，到国际度量衡局去参观。讲解员在讲解标准器如何精确、如何稳定以后，小男孩突发奇问："在任何情况下，这公尺总是这么长吗？千百年来，这标准米尺连一丝一毫的变化也没有吗？"讲解员回答不出来。从此，男孩就暗下决心，一定要解决这个问题，并以此作为自己的人生目标。大学毕业之后，他如痴如醉地整天忙碌在仪器旁。为了找到一种在外界温度下变化极小的物质，他把心爱的结婚戒指都投进炉中熔化了。经过几年的辛勤努力，他终于成功地研究出两种可作为标准量器材料的宝贵合金，为国际度量衡局解决了长期悬而未决的难题，并因此获得了诺贝尔物理学奖。这个男孩就是法国著名物理学家纪尧姆。

可见，人生目标对一个人的事业成功、人生价值实现有重大影响。科学合理的目标，是可以指导行动的，关键是向着目标，坚持不懈地努力。

一场雪后，一个父亲和儿子在雪地上走着。父亲指着远方的一棵树对儿子说："我们一直向着那棵树的位置走，看谁的脚印走得直。"儿子答应了。结果父亲的脚印像用机器压制出来的一样，非常直，儿子的脚印却歪歪扭扭不成样子。儿子问父亲原因，父亲平静地回答："我走的时候不像你，总是看着脚下，我并没有看脚下，眼睛一直盯着那棵树，所以就很容易走成一条直线。"

儿子虽然心里有目标，但他没有像爸爸一样，紧盯目标，所以，就没有获得与爸爸一样的效果。孩子的成长，也是这样，无论在什么情况下，如果不能锁定目标，不断朝着目标的方向去努力，那最终的结果只能是失败。

再优秀的猎人，也不可能一枪打下 100 只鸟，他只能一次瞄准一只鸟，而不是向一群鸟开枪。说一石数鸟，那只是美好的愿望。所以，目标越具体、越集中、越用心专一，越易于成功，朝三暮四，心猿意马，到头来只能两手空空。家长一定要教育引导孩子，根据自己的好奇心、兴趣爱好、特长来确定梦想。要让孩子明白，梦想专一，才能成功，梦想一旦确定，就要坚持下去，不可三心二意、朝三暮四。不要今天一个梦想，明天一个梦想。科学家南仁东坚守梦想 23 年，建成天眼（FAST）。在现实生活中，我们可以看到一些大学生，一会儿想考研究生，一会儿想考公务员，一会儿想去好企业，一会儿又想创业……这样想入非非，见异思迁不行。缺少明确的目标，结果到处分散精力，杂乱无章地天天瞎忙，到头来空忙一场，一无所成。

梦想是事业成功的门径，从某种意义上说，决定着孩子的前途和命运。作为家长，我们要引导孩子，选定目标之后，就要看准目标、咬定目标，把精力集中在选定的目标上，不轻易改变方向，即便这条路行不通，也会尝试其他办法，只要孩子的目标是专一的，假以时日，必定成功。

我国翻译界泰斗许渊冲，年轻时定下的目标是翻译 100 本书，经过努力他做到了。到了 96 岁高龄，又给自己定下到 100 岁时，再翻译 30 本《莎士比亚》的目标，而且咬住这个目标，勤耕不辍，每天工作到深夜，令人感佩。

家长可告诉孩子，如果你已经有了目标，并期望"梦想成真"，那就把目标写在日记里，也可以把目标写在纸上，贴在你容易看到的地方，每天早晚念上两三遍，还可以把目标告诉家人，让家人监督。经过反复的强化，会激励自己把潜在的力量和注意的焦点，集中在自己的目标上，不由自主地朝着目标迈进。

有人说，坚持是不打折的奢侈品。世界上最容易的事是坚持，最难的事也是坚持。说它容易，是因为只要愿意做，任何人都能做到；说它难，是因为真正能够做到的，终究只有少数人。

姚姚大三时找了一家很不错的实习单位——美院附近一个很有名的画廊。姚姚勤奋好学，任劳任怨，再加上自身很有灵气，是实习生中表现最好的人。画廊正好需要新人，负责人告诉姚姚，画廊打算留下她。毕业时姚姚如愿以偿，得到了这份工作。一开始，她不但要给著名画师当助手，还要沏茶倒水，筹办画展，保养画品。每天琐碎的工作让姚姚犹豫了："我这么劳累，还不如选一个收入更高的外企。"冷静之后，姚姚想，路是自己选的，在这个单位，照样能活得精彩。姚姚坚持下来了，后来发展很好。

姚姚成功的秘诀就在于咬定目标，坚持到底。马尔科姆在《异类》这本书里提到，任何一个人想在一个领域里成为一个顶尖的人，他都必须花费 1 万个小时"刻意练习"。无论你是足球运动员，还是创业者，抑或小提琴演奏者，这 1 万个小时都是必要条件。这就是 1 万个小时定律。无论干什么，只要定下目标，坚持 1

万小时，必定成功。1 万个小时，听起来很简单，但即便每天投入 3 小时，也必须坚持 10 年。

现在有许多年轻人，虽然踌躇满志，也算勤奋努力，就是这山望着那山高，安不下心来。有的人，自恃才智过人；有的人，心气过高。他们不屑于像一个"普通人"那样，一步一个脚印地向着一个方向努力，而是今天一个设想，明天一个目标，后天一个规划，四面出击，结果东一榔头西一棒子，在哪个方向都没有大的进展，哪个目标也没有实现。不敢选择坚持的人，就像墙头草一般，看见哪里好、看见哪里热闹，就往哪里跑，浅尝辄止，一曝十寒，结果只能是半途而废，甚至是功亏一篑，一事无成。鉴于此，家长应告诫孩子牢记咬定目标不放松。

🎧 实现目标关键在行动

孩子实现目标的过程，就像一次旅行。确定目标之后，就要制订计划，确定出发点，规划旅行路线，做好必要的准备。一般来说，越是远大的目标，花费的时间越多，付出的代价也越大。家长要让孩子明白，追梦的路上充满挑战，唯有不惧困难，才能实现目标；空想与懒惰是实现目标的大敌，只会与目标渐行渐远。

家长要让孩子明白，许多时候，光"想"不行，光有打算、目标不行，还要有行动——朝着目标的方向不断努力，才能"梦想成真"。许多时候，我们没有成功，一个重要原因就是只会说："我想……"但迟迟没有行动，把目标停留在"想"的阶段。

俗话说:"一打目标顶不上一个行动。"实现目标的关键是行动。有行动,有恒心,善于把梦想照进现实的人,才能发挥潜能,完成目标。

一天,一个贫穷的牧羊人,像往常一样带着两个幼小的儿子,到山上替别人放羊,只见一群大雁鸣叫着从天空飞过,很快消失在远方。大儿子说道:"要是我们也能像大雁那样飞起来就好了。"小儿子也如是说。牧羊人沉默了一会儿,对俩儿子说道:"只有你们想,终有一天能够飞起来。"两个儿子张开双臂试了试,都没有飞起来,都用怀疑的眼光看着父亲。父亲说:"你们现在还小,只要不断努力,将来一定能飞起来,去到你们想去的地方。"两个儿子记住了父亲的话,产生了"飞起来"的梦想,并且一直不懈努力着。终于在哥哥36岁、弟弟32岁时,两人飞起来了,因为他们发明了飞机。这个牧羊人的两个儿子,就是莱特兄弟。

梦想就像一把火,燃起了莱特兄弟的激情,而行动又激发了他们的潜能,把梦想变成了现实。

这启示我们的家长,任何一个成功的取得,都始于扎实的行动和勤奋的努力。也许孩子的能力和智慧可能比别人差一些,但只要孩子摆脱浮躁,脚踏实地,一步一个脚印走下去,就算走得很慢,照样可以从日积月累的"行走"中取得成功。

现实中我们会发现,有些孩子喜欢幻想,喜欢憧憬,喜欢描绘,说起未来,他们能讲得绘声绘色,可他们仅仅停留在心动的层次上,没有行动。有的孩子今天定下的读书任务,翻开书看一看,再拍两张照片,然后发两个朋友圈打卡,接着等待点赞评论,再适时回复评论。时间一点一点过去了,直到睡觉时才发现,早上翻开的那一页书，一整天也没动过。有的孩子打算早上学英语，看时间尚早，就找个电影看吧。看完电影又想，时间还早，再玩一会游戏。等游戏玩得差不多了，一看中午12点了，心想，算了明天再学吧，反正也不差这一天。不想第二天依然如故。看到没有落实的目标，他们又后悔不已："我也不想这样，但就是管不住自己，找不到前进的方向。"

这些孩子，明明有许多事情要做，但他们光有目标，没有行动，到头来只是两手空空，一无所获。因此，家长要告诉孩子，只有咬定一个个具体的目标，并积极行动，方能随着一个个目标的实现，逐步走向成功。

人生路漫漫。实现目标的道路从来就不是平坦的，没有捷径，只有曲径通幽的羊肠小道。家长要告诫孩子，要成就一番事业，就要不避风险，孜孜以求。任何困难和挫折，看起来荆棘丛生，实际上都是纸老虎。只要有足够的勇气和毅力，就没有战胜不了的困难和挫折。

茶茶小时候像个洋娃娃，聪明伶俐，人见人爱。不想一场车祸，把她变成了残疾的"丑八怪"，就连说话也口齿不清了。高三时受到一个同学嘲笑。她一气之下，离开了学校。就在茶茶万念俱灰时，她想到了每天拼命工作的爸爸，想到了每天辛苦照顾自己的妈妈，于是选择了自己擅长的写作。茶茶受聘到一家编辑部工作。她手指灵活，思维也活跃，凭着独特的视角及优美的文笔，表现得比大部分正常的人都优秀。

许多孩子的人生道路上，都会经历一些对自己来说"不公平"的事情。正是这些"不公平"的事情让孩子认清了自己，变得更加强大。有时候，挫折恰恰是成功的前奏。世界上的伟大发明都是经历过成百上千次挫折之后才获得成功的。

家长可通过教育引导，让孩子明白，在实现目标的道路上，无论是学习、升学、就业还是创业，都会遇到很多困难和挫折，千万不要受点挫折就退却，甚至放弃，如果那样的话，目标只是一个遥不可及的梦。要知道，那些看上去光鲜的荣誉背后，隐藏着无数的艰辛和泪水，看看芭蕾舞者伤痕累累的脚，看看拳击运动员被打得血肉模糊的脸，就看到了他们撞上南墙不回头的勇气。

在孩子实现人生目标的道路上，最大的敌人，不是困难、挫折，而是他们自己。现在许多年轻人，在优渥的环境中成长，没有经历过艰苦生活的考验。他们读书、学习、工作、创业，之所以虎头蛇尾，屡遭失败，不全是因为学习、工作本身难度大，而是自己觉得难度太大，惧怕困难、挫折，害怕失败，觉得成功离自己太遥远而放弃，不是选择躺平，就是把时间和精力花在喝酒、听音乐、逛街等无谓的琐事之中，或者玩手机、打游戏、睡懒觉，让大好时光白白浪费，到头来学无专长，没有强项，碌碌无为，令人惋惜！

唯有意志坚强的人，才会像傲然挺立的大树，面对困难和挫折，不退缩气馁，不灰心丧气。

1983年，徒手登上纽约帝国大厦，创造了吉尼斯世界纪录，被誉为"蜘蛛人"的伯森·汉姆，原本是一个恐高症患者，他凭着顽强意志，战胜了恐惧，实现了梦想，创造了奇迹。

伯森·汉姆战胜了自己，恐惧自然也就消失了，最终取得了成功。作为家长，我们要让孩子明白，坚信自己经过艰辛的努力，学习一定能不断取得进步，事业最后一定会成功。你付出了艰辛，战胜了自己，成功的大门就会向你敞开。生活就像镜子，你对它笑，它就对你笑；你对它哭，它就对你哭。我们的一生不可能所有的事情都一帆风顺，经历过磨难和考验的人生，才是有价值的人生。你选择笑着面对人生，人生就会对你笑靥如花。

人格塑造法

　　人格是一个人的灵魂。教育家蔡元培在《中国人的修养》一书中写道："决定孩子一生的不是学习成绩，而是健全的人格修养。"人格修养是决定孩子人生方向和未来发展的最重要的核心素养。

　　这里提出人格塑造法，旨在提醒家长朋友"风物长宜放眼量"，着眼长远，谋划未来。我们教育孩子的目的，不是眼睛只盯着孩子的学习，看孩子考了多少分，而是通过我们的精心教育培养，让孩子长大后，能够自立自强，成为一个在社会上能够安身立命的合格公民。

　　孩子光会学习，缺乏人格修养和实际本领，很难在充满竞争和不确定因素的社会上立足。现在很多年轻人不适应社会，或出现这样那样的问题，皆与人格素养缺失有关。实施人格塑造法，需要家长一手抓孩子的学习，一手抓关乎孩子未来幸福的道德品质、责任心、良好习惯、规则意识、情商、良好性格及自律品质培养。孩子的人格塑造好了，身心发展就会顺风顺水，将来不管什么学校毕业，从事什么职业，都会顺利在社会上找到自己的位置，获得良好的发展。

打牢孩子的品德基础

品德是孩子人格的核心要素，也是孩子人生的基石。没有良好的道德品质作基石，孩子的人生大厦就建不起来，也很难在社会上立足。孩子小时候，头脑就像一个空瓶子。家长往里面装善良、宽容、正直、真诚、感恩等优秀的品质，孩子的生命就会充满阳光；家长往里面装自私、虚伪、傲慢、欺骗等不良品性，那孩子的生命就会黯然失色，甚至会误入歧途。所以，家长应从小开始，对孩子进行品德培养。

心智健全，品行端正，是孩子为人处世的根本。做家长的，如果真的关爱孩子，就应在孩子品德的培养上下功夫，从小在孩子心中播下优良品德的种子，并不断浇水施肥，让优良品德的种子在孩子的心中生根、发芽。如果不从小对孩子进行品行塑造，孩子到了中学以后，一旦出现品行问题，再想改变就难了。在孩子品行培养方面，教育专家李镇西的做法值得学习。他培养女儿的目标，是让女儿一生能善良、快乐、勤奋，并不十分看重女儿的学习成绩。

女儿上小学时成绩一直不冒尖，一次期中考试没考好，很难过。李镇西则安慰女儿，也许从今天看，没考好是天大的"灾难"，但五年、十年、二十年……真正在精神上成熟并经历了战胜人生挫折之后，再回过头来看今天的期中考试，不过是人生长河中的一个小旋涡，简直微不足道！拥有美好的心灵才是最重要的。在李镇西的言传身教下，女儿的品德臻于完美，并以优异的成绩考取了重点大学。

李镇西对女儿品德的守望远大于学业，取得了令人羡慕的收获。然反观现在，有些家长只抓孩子学习，忽视孩子道德品质培养，致使孩子品行出现瑕疵。有的孩子唯我独尊、霸气十足；有的孩子学业优秀，却不知给生病的妈妈端一杯热水；有的孩子受到家长不良影响，缺乏诚信意识。家教专家卢勤在家庭教育讲座里，讲了这样一个实例：

有一个小学女生，在校园里拾到一块手表，藏在书包里，准备带回家。老师发现了，让她还给失主，她却振振有词地说："我妈妈说过，捡到的东西就是自己的。"老师找到女生父母讲道理，不想女生爸爸情绪激动地说："孩子捡东西不还不算什么，学习不好可不行，将来要吃大亏。"老师郑重地告诉家长："孩子学习是重要，做一个堂堂正正的人更重要！"在老师苦口婆心的劝说下，女生的父母知道了利害，说服女儿把手表还给了失主。

现在有不少家长，只看孩子的学习成绩，忽视孩子的心灵成长，这是典型的得不偿失。罗曼·罗兰说得好："没有伟大的品格，就没有伟大的人。"

6岁之前，是孩子道德品质发展的起源期，也是品德培养的关键期。著名教育家陶行知先生说过，6岁以前是孩子人格陶冶最重要的时期。儿时的品德启蒙，会影响孩子的一生。所以，家长要从幼儿园、小学开始，对孩子进行品德培养。通过教孩子养花、养草，饲养小鸡、小兔等小动物，培养孩子的爱心。"在孩子眼中，一切会动的东西都是有生命的，此即所谓的万物有灵。"世界著名儿童心理学家皮亚杰的这句话告诉我们，有爱心的孩子易于形成善良的品格。家教专家刘称莲的女儿喜欢喂养小动物，她很注意在女儿饲养小动物的过程中，培养孩子的爱心。女儿经常在窗台上撒一些小米，喂养前来觅食的麻雀。有一年夏天，女儿房间因空调内住着两只麻雀，她为了不打扰麻雀，整整一个夏天没开空调。

家长可通过多种形式，对孩子进行品德塑造：用自身的榜样作用，感染诱导孩子学会宽容，学会以诚待人，孩子有了一颗真诚、宽容的心，才能融入集体，成为受欢迎的人；通过讲故事，引导孩子学会尊重，尊重家长、尊重客人、尊重老师、尊重他人；有意识地教育引导孩子与其他孩子一起玩，合作搭积木、做手工，训练孩子的合作意识，让孩子知道，只有相互尊重，平等相处，才能获得朋友，获得友谊。现在有的孩子特别"自我"，任性、自私，一点儿不顺心就哭闹、撒泼，对成长不利。单打独斗、独往独来的孩子，将来难有大的作为。

对孩子进行品德塑造，核心是培养孩子的好人品，让孩子有一个良好的私德。这是孩子未来立足社会、走向成功的保障。家长应注意做好以下几点：

教会孩子善良。善良是好人品的关键要素。《菜根谭》有云："心者后裔之根，未有根不植而枝叶荣茂者。"在当前物欲横流、充满竞争的社会环境下，善良的人，也许会吃亏上当，也许会流泪受伤，可是，善良的人，上天会眷顾。家长要让孩子明白，"恶有恶报，善有善报"。播种善良，就会开出最美丽的人品之花；播种罪恶，也许会称一时之愿，得一时之利，但迟早会受到惩罚。

教会孩子诚实。人之无诚，不可为交。诚实的人，才能赢得别人的尊重。家长要教孩子做一个诚实的人，让孩子明白："君子爱财，取之有道。"不属于自己的东西，决不能要，捡到东西要归还失主，更不能损公肥私，小偷小摸，发不义之财；为人处世，言行要一致，不伪装，不虚假，待人要诚恳真挚。

教会孩子正直。著名教育家陶行知说过："千教万教教人求真，千学万学学做真人。"做家长的，一定要从小教育孩子做正直之人，让孩子明白，一个人少了什么，也不能少了一颗正直之心。在培养孩子正直品质的时候，要注意两点：一是教孩子曲直结合，曲中有直，直中有曲。要告诫孩子，正直是秉性的耿直，不可改变，但在待人接物，在具体行事的过程中，一定要讲究策略，学会转弯。像狄仁杰、寇准、周恩来总理等，堪称典范。二是教孩子弄清正直的内涵，厘清正直的界限。现在一些人，把我行我素、蛮横无理、尖酸刻薄，当成"为人正直"，把口无遮拦、得理不让人、顶撞老师、顶撞领导，当成"心直口快"，这是对正直的误解。

教会孩子厚道。厚道的人，老天不会亏待他。家长要教孩子做一个厚道的人，让孩子明白，在市场经济社会，每个人都不傻，你做了什么，别人也许不说，但都会记在心里。那些做人做事不厚道的人，慢慢会丢掉朋友，最终成为孤家寡人。家长千万不要以为你的孩子比较厚道，就嘲笑他，说他傻，而应为他感到庆幸才是。

教会孩子宽容。"海纳百川，有容乃大。"做家长的，要教孩子懂得容万物，知进退。让孩子明白，宽容别人实际上是给自己的心灵松绑，凡事争则两败，让则两利，正所谓"退一步海阔天空"。

教会孩子低调。俗话说："懂得低头，才能出头。"家长要教育孩子，在取得成绩时，知道感谢他人、与人分享；面对别人的赞许恭贺，懂得谦和有礼。这样才能淡化别人的嫉妒，维持好和谐的人际关系。懂得适时的低头，是一种巧妙的智慧、沉稳的成熟。只有在"低调"心态的支配下，兢兢业业，才能成就学业和事业。

培养孩子的家庭美德，也是对孩子进行品德塑造的应有之义。孩子在家时，家长用儿歌、讲故事等形式教孩子学礼貌用语，除了教会孩子称呼爸爸、妈妈，还有教会孩子称呼爷爷、奶奶、叔叔、阿姨；利用孩子对父母的依恋之心，教会孩子在家长回家、出门时主动问候、迎送，让孩子记住，长辈进门时，知道主动开门，接过大人手中的东西，长辈出门时，知道提醒带好东西，帮助递包，要举止谦恭，不要没大没小，更不能大喊大叫；要利用孩子的模仿心理，带头孝敬父母、长辈，培养孩子的孝心，引导孩子给家长拿鞋子、水果、生活用品等，知道有事和家长商量，虚心接受长辈教诲，对长辈的批评不赌气、不顶撞，不要"以我为中心"，跟家长使性子、耍脾气。有一位妈妈的做法值得称道。

妈妈带儿子去超市里面买水果时，问儿子："你还记得爷爷奶奶都喜欢吃什么水果吗？"儿子脱口答道："爷爷最喜欢吃苹果和香蕉，奶奶最喜欢吃榴莲和芒果。"妈妈说："那我们去给他们挑水果吧。待会儿爷爷奶奶知道水果是你亲自挑的，一定会特别开心。"儿子爽快地答应了。然后母子俩开开心心地去买水果。这位妈妈悄无痕迹地向孩子进行了孝的教育。

在外面，家长要培养孩子的感恩之心，让孩子知道用"您""您老"，在得到别人帮助，或收到礼物时，要说"谢谢"；通过示范引领，引导孩子守好感恩底线：知道感恩教你的老师，感恩帮助你的人，感恩支持你的人，感恩给你提意见、建议的人；注意带孩子和其他孩子一起玩集体游戏，培养孩子的关爱意识和合群精神。孩子知恩感恩，有了关爱意识，才能走得长远。

有道是，品德是石，能敲出希望之火；品德是火，能点燃希望之灯；品德是灯，能照亮人生之路；品德是路，能引导孩子走向辉煌！孩子的品行培养好了，就不愁没有幸福的人生。

🎧 培养有责任心的孩子

在孩子的人格素养中，"责任心"是极其重要的。现实生活中，人们会发现这样一种怪现象：越是负责任的父母，越培养不出负责任的孩子；越是关注孩子点点滴滴的父母，越是得不到孩子的理解。这是因为，家长光知道自己操心，没有培养起孩子的责任心。所以，重视孩子责任心的培养，十分重要，家长要有意识地培养孩子的责任心。

现实生活中，有不少家长认为孩子的学习最重要，为了孩子的学习，包办孩子的一切，除了学习，什么心也不让孩子操，什么事也不让孩子管，生生剥夺了培养孩子责任心和责任感的机会。

有一个小学六年级男孩，打小受到妈妈无微不至的关怀、照顾。他总以为学习是为了爸妈。妈妈起初以为孩子是爱玩儿，不想学习。有一次妈妈让他写作业，他就发脾气了："你们为什么要逼着我学习呀？我都是为了你们学的啊！"儿子的话让妈妈很是吃惊。不想，儿子接着说："你们催我学习的目的，就是让我赚钱，好等你们老了养你们。还有，就是为了你们的名声。"

这位妈妈无法理解，自己辛辛勤勤地付出，孩子不仅不领情，反倒落一身不是。无数事实说明，家长替孩子做得越多，照顾得越周全，孩子的责任心越差。对自己没有责任心的孩子，依赖性很强，不会料理自己的事情；对家庭没有责任心的孩子，只知被爱，不知爱人；对父母没有责任心的孩子，只知索取，不知回报；对集体没有责任心的孩子，只顾自己，不管别人；对社会没有责任心的孩子，只图享受，不讲奉献。

作为家长，我们要重视孩子责任心的培养，从小在孩子心田里播撒责任的种子。可通过讲故事，鼓励孩子阅读相关的图书报刊、影视作品，引导孩子学会对自己负责，让孩子明白，学习是你自己的事，爸妈没有义务替你"包办"一切。作为学生，你就应该按时起床，准时上学，不能迟到。遇到刮风下雨或雨雪天气，要提早一些起床，早一点出门，坐不上车，就是走，也要按时到校，按时上课，这是你的责任。孩子刚入学，可以送给他一个小闹钟，告诉他："以后你要跟小闹钟交朋友，每天早上它一响，你就要起床，再困也要起来。爸爸妈妈不再叫你，上学迟到，由你自己负责。"这样孩子坚持一段，有了责任心，生物钟也建立起来了，他就会按时起床、上学的。

家长还可采取激励的方法，教育引导孩子做事有主见，不盲目轻信别人；做事有明确的行动目标、切实的计划，知道权衡利弊，不盲目做事；能合理安排学习时间，处理好学习与玩的关系；知道自己的东西自己管理，自己的事情自己做好，不让家长担心、操心。

孩子作为一名家庭成员，应该具备家庭责任心。家长不要以为孩子小，什么事也不让孩子参与，把孩子排斥在家庭之外。否则，孩子会以为家庭的事情都是大人的事情，跟自己没关系。

有一个小学五年级的女生，成绩优秀，还是班干部。平时，妈妈只要求她搞好学习，家里任何事情都不让她插手。有一次，妈妈得了重感冒，不能下床，没有做饭。女儿放学回到家，见妈妈躺在床上，不是关心妈妈的身体，而是一个劲地抱怨妈妈："你也不给我做饭，我都饿死了。"妈妈说自己发高烧，浑身没劲，让她自己买点饭吃，吃完饭去上学。女儿就订了套餐，自顾自地吃完上学去了，一点儿也不关心妈妈也没吃饭的事。

这个妈妈不明白，不重视孩子家庭责任心的培养，孩子就不会体贴家人、关心父母。还有一些家长，认为孩子只要学习好，学历高，将来就会成为高级人才，拿高工资。至于生活技能，孩子将来肯定会无师自通，没必要在生活琐事上下功夫、花时间，影响学习，耽误升学。据报道，杭州一个中学，很多新入学的学生，因为要住校，离开父母，居然被系鞋带、叠衣服这样简单的生活小事难住了。

家长怕孩子分心影响学习，就把孩子与家庭事务、人情往来等隔开。这样做，看似没影响孩子，却不利于孩子的成长，因为孩子迟早要进入社会，如果长大了还对家庭生活一无所知，怎么能够幸福美满呢？所以，家长一定要从孩子的未来考虑，趁早让孩子参与到家庭事务中来，通过鼓励引导，让孩子了解父母的工作，了解家庭的经济、生活状况，学会对家庭负责：明确自己的家庭角色，懂得体谅家人，珍惜家人所付出的劳动，不浪费粮食，不提过分要求，不责怪、抱怨家长；体谅父母的辛劳，懂得关心家人，为家人分忧，积极承担力所能及的家务劳动，出门或做事告知父母，不让父母操心；知道维护家庭形象，不让父母难堪。

对低年级的孩子，家长可让他自己起床、整理卧具、收拾书包，吃饭时帮家长拿碗筷，承担一点儿简单的家务；对中高年级的孩子，家长可教他学会安排自己的生活，固定一两样家务，让孩子学会打扫卫生，学会使用电器，学会做饭、洗碗、洗内衣、浇花，学会购买生活用品，养成生活自理和劳动的习惯。

孩子到了社会上，就是社会成员。家长除了让孩子明确对自己的责任、对家庭的责任，还有教育引导孩子对社会责任，培养孩子的社会责任心。要教育引导孩子，在学校尊重老师，积极参加各类活动，处理好与同学的关系；在社会上，知道尊老爱幼，从点滴小事做起，"勿以善小而不为"，积善成德，知道在不同的场合，有不同的角色，需要承担不同的责任。

应当看到，近些年来，不少社会成员的社会责任感缺失，公德意识差，处处事事以自己为中心，对社会公众的事，常常是事不关己，高高挂起。这一不良现象也影响到成长中的孩子。从朋友发来的微信中，我看到了一个令人痛心的现象。

在县里中小学运动会举行中间，有不少中小学生方阵里，垃圾成堆，尽管旁边就有垃圾桶，尽管运动会开始时组织者一再强调不乱丢垃圾，可很多同学依然随地乱扔，矿泉水瓶子、饮料瓶子、水果皮、小食品包装袋到处都是，餐巾纸、塑料袋随风飞舞。还有一个初中女生，把香蕉皮扔到跑道上，管理员上前制止，让她把香蕉皮捡起来。该女生却傲慢地说："不是我扔的，我不捡。即便是我扔的，也有打扫卫生的负责清扫，与我何干？"

　　这样的孩子如此缺乏公德意识、环保意识，长大到了社会上，只会成为一个没有责任感的利己主义者，很难融入社会。应当说，孩子缺乏社会责任感，与父母的家庭教育有很大关系，甚至可以说是父母言传身教"培养"出来的。孩子习惯了我行我素，平时做事自然只考虑自己，不考虑别人了。所以，培养孩子的社会责任心，应从家长做起。只有给孩子做好表率，再辅之以正确的教育引导，才能培养起孩子的社会责任感，使孩子成为一个合格的社会成员，成为一个受欢迎的人。

🎧 强化孩子的规则意识

　　孩子作为未来的社会成员，应从小形成社会公德意识、规则意识，确保自己将来能够很好地融入社会，在人生道路上行稳致远。否则，孩子不守规矩，学问再大、再有本事，依然为社会所不容，为世人所不齿。家长的任务之一，就是以自身的示范引领，教育、影响孩子本本分分做人，踏踏实实做事，不出格、不越位。

　　朋友曾发来一个好玩的视频。一个三四岁的小男孩，拿着水枪，在家里到处乱喷。爷爷怕他喷到书架、电视上，不让他喷，他就躺在地上打滚。爷爷只好妥协，他起来后对着爷爷就喷，把爷爷脸上、身上喷得都是水，乐得哈哈大笑，爷爷、奶奶也跟着笑。奶奶还夸小孙子"能干"。

　　大家都觉得这是祖孙同乐，非常好玩。我看了倒不觉得好玩，反而隐隐有一丝担忧。现在很多家庭都是隔代亲，家长对孩子溺爱娇惯，不加约束，任孩子肆意妄为，不守规矩。孩子在家说一不二，蹬鼻子上脸，慢慢就会变成一个"熊孩子"。

前些年，全国各地相继出现了一些不守社会公德、社会规则的事情：北京八达岭动物园任性女私自下车，命丧虎口；19 岁女孩花海铁轨旁自拍，被火车撞飞；高铁"霸座男""霸座女"，成为众人吐槽的网红；保时捷豪车女司机斑马线违章掉头，发飙打男司机耳光，受到处理……

不守规矩，任性妄为，必然要付出代价。这警示我们的家长，规则意识非常重要，一定要从小培养孩子的规则意识，使孩子的行为不出格、不越位，千万不要溺爱孩子，千万不要一切顺着孩子。2020 年 2 月 20 日被执行死刑的孙小果，就是溺爱害的。小时候随心所欲、肆意妄为，长大了便无法无天。孩子 6 岁之前，对他说不行，他大不了在地上打滚；孩子到了 12 岁以后，再跟他说不行，他就会说"你不答应我，我就跳楼"，想管也管不了。

研究表明，处于幼儿阶段的孩子，还分不清是非对错，在他的眼里只有想与不想，不懂行与不行、能与不能。所以，家长的教育引导很重要。

培养孩子的规则意识，家长该怎么做呢？我觉得，在孩子 6 岁之前，家长应从培养家庭规则意识开始，对孩子进行克制任性的教育。教育引导孩子克制任性，防止自私、霸道，学会控制，学会忍耐，经历一点挫折。比如，家里已经有很多玩具小汽车了，孩子还要买，不买不走，在商店里哭闹。这时候，家长要做到四个"不要"：一不要骂，二不要打，三不要说教，四不要走开。在他安全的情况下，看着他，让他哭闹，等到哭完了，再安慰教育。

孩子懂得了家庭规则，以后就会自觉遵守学校纪律、社会规则和法律。

孩子的社会规则意识也要从小培养，形成正确的"程序"，比如，购票、购物的排队"程序"，乘车按座位就座的"程序"，不在公共场合大声喧哗的"程序"等，都需要在日常生活中慢慢培养，一旦在孩子头脑中形成固定"程序"，良好的素养、文明的气质也就自然而然地培养起来了。否则，诸如插队、霸座等错误行为，一旦形成固定"程序"，成为习惯，就很难改变，成为人们眼中没有教养的"熊孩子"。

做家长的，要当好表率，用实际行动告诉孩子什么是对，什么是错，什么能做，什么不能做。从平时的待人接物、卫生礼仪、遵纪守法等一点一滴的小事上去教育引导。孩子只有从小形成规则意识，才能保证长大后人格健全。有一个家长做得特别好。

我去接 6 岁的儿子放学。学玩魔方的孩子都排着队等待老师的检阅。由于人多，儿子排在队伍的最后面。一会儿只见几个孩子直接插队跑到了最前面，他就也出队往前走，我一把拽住了他。

他说："妈妈，别人都插到前面去了，我也想去。"

"别人那样做，对不对？"我问他。

他想了一下，说："不对。"

我说："那你愿意做一个不对的人吗？如果大家都往前面挤，那这屋里是不是就乱了？"

儿子用力地点点头，说："妈妈，我知道了，我不去前面了，就在这儿等着。"

培养孩子的规则意识，需要家长从小给孩子立规矩：

——告诉孩子不是自己的东西不能拿。有的孩子总喜欢抢别人的玩具，或者是到别人家里做客，看到喜欢的玩具就要拿走。有时人家为了面子就会说："哎呀，不就是个玩具嘛，拿去玩吧。"但是作为家长，要理性对待孩子的这种行为，可严肃地跟孩子说："这不是你的玩具，你不可以拿走。"要让孩子明白，不是自己的东西不能随便拿。

——告诉孩子不可在公共场合追逐吵闹。我们在坐火车、看电影，或在饭店吃饭时，经常会遇到乱跑、吵闹的熊孩子，家长却不以为意，像没事人一样。虽然孩子天性爱玩，但家长一定要明白，公共场合要保持安静，孩子大声说话、乱跑乱跳会影响他人。家长要搞好教育引导，让孩子明白，在公共场合到处乱跑、吵闹的孩子不是好孩子，好孩子就是保持安静，可以悄悄地看书，可以小声跟大人说话，或独自玩玩具。

——告诉孩子不可总是归咎于别人。孩子们一起玩的时候，难免会有一些争吵或者分歧，有的孩子喜欢把错误归结于别人，认为自己做的都是对的，都是别人不好，还会向家长说别的小朋友的坏话。家长在遇到这种情况的时候，千万不要顺着孩子去说，要先问清楚事情的来龙去脉，听孩子说完之后，耐心地给孩子讲道理，要让孩子先从自己身上找原因，是不是自己哪里做得不对，看看对方是不是也有对的地方。这样，孩子慢慢就学会理解别人，不会被说成没家教、不论理的孩子了。

培养孩子的规则意识，还要教育孩子学法用法。对于中小学的孩子，家长可采取"以案说法"的形式，教育孩子守好法纪的底线。现在一些处在逆反期的中学生，法治意识薄弱，不听家长教诲，遇事不冷静，不顾后果，容易干傻事。

有一个少年犯，自小就是被父母宠坏的"小霸王"，在家说一不二,一旦要求不能满足就哭闹、打骂、摔东西,直到需要满足为止。上学之后,经常欺负同学。上中学后,为追求班里的一个漂亮女生,向父母要钱,给女孩买东西。由于要钱越来越多,父母满足不了要求,他就到处盗窃,成了一个盗窃犯。

近年来,从新闻报道中,我们也经常看到一些中学生打架、欺负同学、顶撞老师、跟父母吵架、离家出走,甚至赌博、偷东西、抢劫、强奸等,自改革开放以来,我国的犯罪率逐步上升,青少年犯罪尤为突出。

这就警示我们的家长,要自小培养孩子的法纪意识,让孩子明确自己在生活中可以做什么,不可以做什么,社会规则不能违反,法律底线不能触碰;自觉学法、信法、尊法、守法、用法,依法规范自己的行为,有所为,有所不为,不肆意放纵自己;学会通过法治形式,合理表达自己的诉求与愿望。

🎧 帮孩子养成良好习惯

孩子的习惯是性格的基础,习惯影响性格,性格影响命运。教育家叶圣陶说过:"教育就是习惯的培养。"做家长的,主要的任务不是关注孩子的学习成绩,而是重视孩子良好习惯的培养。孩子有了好的习惯,以后发展就顺风顺水,成长、成才也会水到渠成;孩子的习惯不好,大了成了"歪脖树",再矫正就难了。

印度有这样一句谚语："播种一种行为，收获一种习惯；播种一种习惯，收获一种性格；播种一种性格，收获一种命运。"思想家培根也说："习惯真是一种顽强而巨大的力量，它可以主宰人生。"

有一位记者采访一位年迈的诺贝尔奖获得者："您是在哪所大学、哪个实验室学到了您认为最重要的东西呢？"

"在幼儿园。"这位老科学家答道。

记者大惑不解："您在幼儿园学到一些什么呢？"

这位老科学家认真地说："把自己的东西分一半给小伙伴，不是自己的东西不要拿，东西要放整齐，吃饭前要洗手，做错了事情要表示歉意，午饭后要休息一会儿，要仔细观察周围的大自然。从根本上说，我学到的全部东西就是这些。"

这位老科学家的回答意味深长，清楚地讲明了自己成功的秘诀——从小培养良好的习惯。教育家陈鹤琴先生说过："习惯养得好终受其益，习惯养不好终生受其累。"

现实中，有的孩子常常立志，就是不见行动，寄希望于"明天"，结果是"明日复明日，万事成蹉跎"；有的孩子一心想着玩，不爱学习，不爱锻炼，就是喜欢玩手机、打游戏：都是习惯没有养好。

习惯是一种自动化的行为方式，宛如一种本能，会直接影响孩子的学习和生活。孔子说："少成若天性，习惯成自然。"对少年儿童来讲，仍处在对父母的依赖时期，是形成好习惯的关键时期。孩子习惯的培养越早越好。孩子越小可塑性越大，越易于习惯养成。有人提出小学"一、二年级抓习惯，三、四年级抓特长"，很有道理。其实，有些习惯，诸如生活习惯，可以从幼儿时期开始培养，注意在不同年龄段提出不同的要求。

对于学龄前儿童，家长应重点培养其良好的生活习惯、卫生习惯、文明习惯、热爱劳动的习惯：通过自身的榜样引领，教会孩子不挑食、不厌食、不偏食、不暴食，不吃脏东西；根据幼儿园的作息时间表，按时起床、洗漱、吃饭、游戏、睡觉，勤洗手，勤剪指甲，经常洗头、洗澡，不随地吐痰，不乱丢垃圾，不损坏绿地，不乱涂乱画，不随地大小便，会自己吃饭、穿衣、叠被子、整理玩具、独立洗手、洗澡，会扫地、拿水果、拿菜等；会用礼貌用语"请""谢谢""对不起"等，见长辈知道使用尊称，说话有礼貌，不撒泼任性，能与小伙伴友好相处，有爱心，知道关心人，会与小伙伴分享，不自私，不相互排斥；不闯红灯，去动物园、看电影、乘车时排队，不在公共场所大声喧哗、乱跑、捣乱等。

对于中小学的孩子，尤其是小学的孩子，家长要重视培养其良好的动手习惯、锻炼习惯、学习习惯：会自己整理衣物、洗衣服，整理书籍、房间，知道按时起床、按时休息，衣服、鞋帽、书包、学习用品放到固定的地方，能帮父母干一些扫地、洗碗、擦桌子、倒垃圾、买东西等力所能及的家务；坚持进行身体锻炼，学会田径、球类、游泳等体育项目，积极参加学校及体育管理部门举办的运动会。

家长可根据孩子爱问和争强好胜的特点，鼓励孩子课前预习，课堂上勤于思考、勤学好问，勇于回答问题，课后及时复习，认真做题，独立高效完成作业、书写整洁；鼓励孩子积极参加课堂讨论，参加班级或学校的演讲比赛，练习口头表达，坚持记日记、写作文，积极投稿，争取当校报或其他少年儿童报刊的小记者，多练笔，进行书面表达锻炼；鼓励孩子积极参加手工制作、科技小组，积极参加科技活动、航模、趣味运动会、科技创新比赛等；教育孩子敢于质疑，知道换角度想问题，不人云亦云，不断创新，寻找新思路、新办法，学会借力，提升自我。

有一些低年级的孩子，之所以不适应学校生活，主要是因为没有形成良好的学习、生活习惯。有的孩子入学时年龄偏小，心智还停留在幼儿园阶段，无法按要求完成学习任务，自己又不敢发问，慢慢形成了恐惧心理；有的孩子是家长过于溺爱，在家随心所欲惯了，没有规矩意识，或者由于家长包办，接受锻炼的机会少，在与其他同学一起做某件事时，动作不协调，速度缓慢；等等。这些对孩子学业发展都是不利的。所以，做家长的，要经常和老师沟通，了解孩子在学校的表现，重视孩子的习惯培养。孩子习惯养好了，这些问题自然也就解决了。

孩子好的习惯是养成的，而不是被训导的，需要孩子不断练习、强化，在实践体验中慢慢养成。家长的教育培养，只能起督促、提醒的辅助作用，需要转化为孩子的内在需要才行。所以，家长在培养孩子的习惯之前，利用孩子喜欢观察模仿的特点，引导孩子向具有良好习惯的偶像看齐，激发孩子养成习惯的兴趣，然后提出明确行为要求，让孩子对养成某个良好习惯的具体标准清清楚楚。家长示范之后，督促孩子，经过一点一滴的不懈训练，养成习惯。习惯的养成，需要坚持，不能半途而废。在培养孩子习惯的过程中，家长要及时鼓励、表扬孩子的进步，给孩子奖励。同时，要为孩子营造一个巩固良好习惯的环境。心理学研究表明，培养孩子好习惯，关键在前 3 天。一般情况下，21 天就可以养成一个习惯，而习惯达到自觉阶段，即实现完全自动化，则需要 3 个月。

荷兰哲学家伊拉斯谟说过："一个钉子挤掉另一个钉子，习惯要由习惯来取代。"一些孩子的表现之所以令家长头痛，是因为其行为被坏习惯控制着，比如拖拉、乱丢东西、注意力不集中、游戏成瘾等，改变这些不良行为，靠说教、打骂都是没有用的，需要用良好的习惯来代替这些不良的习惯。不良习惯的力量是强大的，比如孩子痴迷网络游戏，要戒掉是相当困难的。家长一定要有充分的心理准备，不着急，慢慢来，采取激励、表扬、奖励的办法，让孩子的好行为越来越多，让他的坏行为比原来逐步减少，直到成功。当然，孩子在形成好习惯、纠正坏习惯的过程中，可能会出现反复，这是正常现象。家长不要灰心，坚持下去，就是胜利。

🎧 重视孩子的性格培养

性格是孩子"典型性的行为方式"。孩子的成功、孩子的幸福，不仅仅是学习成绩好、智力水平高，比成绩、智力重要的是意志，比意志重要的是胸怀，比胸怀重要的是孩子的性格。所以，孩子的性格塑造非常重要，家长要通过引导、教育、示范等形式，培养孩子谦虚、自信、热情乐观、自立自强等良好的性格品质。

性格与孩子的兴趣、情感、意志、气质密切相关，在一定程度上决定着孩子的命运。《中国少年报》"知心姐姐"卢勤介绍过一个"哈佛女孩"汤玫捷的情况：

19岁的上海女孩汤玫捷，在一所普通中学就读，却成为2005年国内唯一一个被哈佛大学提前录取的中国学生，并获得哈佛校长提供的每年 4.5 万美元的全额奖学金。汤玫捷在中学 400 名学生中，成绩排名在百名左右。她之所以被哈佛大学相中，除了通过了哈佛考试、有很好的学术背景，还有很重要的一条，就是汤玫捷高二时，作为上海唯一一名赴美游学的中学生，在美国学习一年。在这一年的学习中，她给当地的学校和交往过的同学家长，都留下了非常好的印象。美国历史老师在推荐信中夸奖说："汤是一个热情、勇敢、自信、不太一样的中国学生。……"

"热情""勇敢""自信"正是汤玫捷良好性格的表现。汤玫捷的中学老师父亲和工人母亲，没有像其他父母一样，单纯关注孩子的学习，他们从不过分关注女儿的分数、排名，而是要求女儿"做到你自己最好的状态"，重视女儿良好性格的培养。反观我们现在的一些家长，过分溺爱孩子，放纵孩子，或引导不当，使孩子形成了自私、任性、霸道、冷漠、傲慢、怯懦、脆弱等不良性格特征，造成孩子不合群，不受欢迎。所以，孩子的性格塑造非常重要，家长不可等闲视之。

孩子乐观向上的心态，源于自信。自信是孩子良好性格的组成部分，也是孩子成功的源泉。孩子无论天资高低、才干大小，只要有强烈的自信心，就会有成功的可能。所以，家长要有意识地培养孩子自信的心态，可通过肯定孩子的进步，激励孩子相信"我能行"。很多时候孩子害怕见生人，害怕舞跳不好、歌唱不好、琴弹不好、画画不好，此时家长千万不要批评孩子，而是鼓励孩子的进步，相信孩子"行"。孩子受到鼓励和激励，慢慢就会自信起来。家长还可鼓励孩子勇于展现自己的特长和风采，用自信的目光视人，在搞活动、小组讨论时勇于坐前面，大胆发言，走路时抬头挺胸，加快行走的步伐，不断培育、增强自信心。

需要注意的是，凡事皆有度。孩子自信过了头，就成了自大、自负。自负的孩子喜欢以我为中心，目中无人，刚愎自用，不团结同学，人缘差。现在许多孩子都是在娇生惯养中长大，心中只有自己，没有别人，不利于未来的发展，应引起家长注意。

有担当，是孩子重要的性格特质，无论对孩子自身，还是孩子在家庭、社会上，都极为重要。孩子缺乏担当精神，未来怎可担当大任？所以，家长应从孩子上幼儿园开始，在孩子心中播下"有担当"的种子，引导孩子自己穿衣起床、洗脸刷牙、整理书包，按时出发上学，把学习搞好；让孩子在家承担一定的岗位，分配他干一些简单的家务，比如择菜、洗碗、擦桌子、扫地、拖地，以及给老人拿鞋、捶背等。对孩子承担的"工作"，要及时鼓励，让其善于担当，负责到底。

"靠山山会倒，靠人人会跑，靠自己最牢靠。"自立自强是孩子良好性格的体现。家长欲让孩子未来自立于社会，就要有意识地培养孩子自立自强的品质。要让孩子明白，人生除了父母，别人没有义务帮你，你必须学会自立自强，学会靠自己，只有自己能主宰自己的人生。现实中，有不少家长喜欢给孩子喂饭，帮孩子穿衣服、整书包，包办孩子的一切，致使孩子除了"享受"，什么都不会干，心不灵手不巧。所以，家长该放手时且放手，不要过度呵护孩子。

俗话说，吃苦就是吃补。孩子小时候吃点苦、受点罪，并不是坏事。家长真正爱孩子，并不要让他享受"皇帝"般的待遇，而应让孩子走出温室，接受生活的锻炼：孩子三四岁，上街的时候让他帮大人提东西；到了五六岁，就让他扫地、擦桌子，教他整理自己的房间；上了小学，假日里让孩子帮助做饭、洗碗，干点洗洗马桶、搬东西之类的脏活、粗活；上了中学，学会各种生活技能，提升生活能力、生存能力，形成自立自强的品质。

习惯是孩子性格的基石，也是孩子的第二天性。孩子的行为都被自身的习惯——生活习惯、学习习惯、思考习惯、处世习惯等众多习惯支配着。这些习惯，有些是好的，有些是不好的。不管好习惯还是坏习惯，自然固化之后，就会沉淀下来，成为孩子性格的重要组成部分。好的习惯固化形成好的性格特质，比如勤奋、乐观、坚定、豁达等；不好的习惯会固化为不好的性格特质，比如懒惰、散漫、消极悲观、不思进取、游戏上瘾等。好的性格特质，会推动孩子自觉地在人生道路上一步步走向成功；不好的性格特质，则"拉"着孩子步步倒退，或向错误的道路滑去，直至失败。作为家长，我们要有意识地培养孩子良好的行为习惯、学习习惯、文明习惯，让这些良好的习惯内化在孩子的性格中。

孩子的性格从萌芽到定型，有一个过程，定型之前一直处于动态变化之中，家长的言谈举止、教育引导，对孩子性格的形成至关重要：家长的肯定与鼓励，会让孩子形成乐观自信的性格品质；家长的否定与打击，会让孩子形成自卑的性格缺陷。家长的言传身教、严格要求，会让孩子形成友善随和、公道正直、谦恭合作的性格品质；家长溺爱、迁就，会使孩子形成自私、任性、唯我独尊的性格缺陷。此外，家长的榜样示范，对孩子性格的形成，影响也非常大。比如，家长工作上努力进取，孩子学业上就会好学上进；家长在职场盛气凌人，孩子到校园就会霸气十足。所以，培养孩子良好的性格，需要家长从自身做起。

🎧 培养孩子的强者品质

　　孩子的人生，就像逆境中的一次长跑，不可能一帆风顺，随时都会遇到困难和挫折，唯有内心强大，才能适应复杂的社会。家长除了督导孩子搞好学习，更重要的，是强化孩子的内心修炼，练就孩子安身立命的强者品质，让孩子的内心"强起来"。孩子内心"强大"了，才不轻言"躺平"，不轻言放弃，从而成就不凡人生。

　　100 多年前，梁启超喊出了"少年强则国强"。但在当今这个生活无忧的时代，真正让孩子"强"起来，并非易事。

　　记得 1993 年，教育专家孙云晓一篇《夏令营中的较量》，震惊国人。说的是，1992 年 8 月，77 名日本孩子来到了内蒙古，与 30 名中国孩子一起举行了一个草原探险夏令营。孩子每人负重 20 公斤，至少要步行 50 公里路。结果"强""弱"分明：中国家长（爸爸）来了，在艰难路段把儿子拉上车；日本家长（爷爷）乘车走了，只把鼓励留给发高烧的孙子。中国孩子病了，回大本营睡大觉；日本孩子病了，硬挺着走到底。短短的一次夏令营，暴露出中国孩子的许多"弱"点，其根源就在于，我们家长"母鸡护小鸡"式的过度呵护，使孩子缺乏锻炼，变得脆弱，生存能力差。

　　差不多 30 年过去了，现在孩子的境况依然没有多大改观。家长们关心最多的，依旧是孩子的学习，希望学习好，能通过上知名小学、重点中学、"985""211"大学……优异的学习成绩，的确对孩子未来的发展有着重要的作用，但就孩子的生存而言，仅靠学习好是远远不够的。近年来，不断从媒体上看到孩子跳楼自杀的消息，不仅有中学生、小学生，还有大学生、硕士研究生、博士研究生，跳楼的原因更是五花八门：考试没考好，跳楼；学习压力大，跳楼；不让玩手机，跳楼；论文未通过，跳楼；失恋了，跳楼……更有甚者，就连食堂的饭菜不可口，也跳楼。试想，孩子内心如此脆弱，如此惧怕困难，学习再好，能适应复杂多变的社会吗？

孩子由不谙世事的"小孩子"变成一个成熟的"社会成员"，中间要经历一个漫长的过程。孩子生来内心并不强大，需要在家长的教育引导下，经过一次又一次的实践锻炼与战胜困难、挫折的考验，才慢慢强大起来。家长要做的，不是像老母鸡一样，一直把孩子呵护在自己的翅膀下，整天提心吊胆，生怕"宝贝"出现闪失，而是不断激励孩子，在孩子犹豫彷徨时，对孩子说"你能行"，在孩子摔倒时鼓励孩子"爬起来"，在孩子遇到困难时，鼓励孩子战胜困难，让孩子逐步坚强起来。

情商是孩子内心强大的核心要素。孩子情商的养成，很大程度上受着家长，尤其是父母情绪的感染和影响。父母对工作、对生活、对他人的情绪是积极的，那孩子对生活、对游戏、对小伙伴的情绪，也是积极的。反之，就是消极的。作为家长，我们一定要注意，多用积极情绪影响孩子，尽可能地不用消极情绪影响孩子。

每个父母都爱自己的孩子。一些家长总想着，只要给孩子输入多多的爱，孩子就会健康快乐，自己也会得到孩子爱的回报。殊不知，家长在不断向孩子输入爱，尤其是无限制地满足孩子物质需求的同时，也把不满足、以我为中心、敏感、脆弱、攀比、嫉妒、急躁易怒等低情商的情绪，输进了孩子的头脑。父母过度溺爱、迁就孩子，舍不得孩子受一丁点儿委屈，这种"爱"其实会害了孩子。

有个中学生在贴吧里说："爸妈要是不给我买苹果手机，把我搞烦了，我就跳楼！让他们伤心一辈子，后悔一辈子！"看着这句话，令人不寒而栗！原来，孩子对父母非常了解，知道他是你的最爱，他就是你的软肋、你的命门，最有效的挟持就是——将你最宝贵的东西毁给你看。家长要明白，过度宠爱、纵容孩子，只会给孩子带来负面影响，对孩子的成长不利，偶尔的批评、责罚，还是很有必要的。时不时地让孩子受点小气，受点小委屈，其实是一种锻炼孩子情商、提升孩子抗挫折能力的有效方式。老话说，受得了气，才成得了人。家长要想让孩子有一个良好的情商，就要注意培养孩子乐观积极的态度，以及情绪控制能力，让孩子在生活中经受各种锻炼，健康成长。

孩子内心强大的一个重要标志，是有胆有识，困难时刻能够顶住，关键时刻能够冲锋陷阵。家长要有意识地培养孩子直面挫败的勇气，教孩子坦然地面对生活中的不幸，变挫折的压力为动力。当孩子受到挫折时，家长要善于用温暖入耳的话语加以劝慰，鼓起孩子战胜挫折的勇气。要让孩子明白，漫漫人生路上，会遇到无数的困难。怨天尤人无济于事，只有在与困难抗衡的过程中，才能不断超越自我，在人生的道路上走得更远。

遗憾的是，现实中有不少孩子，不是真勇敢，而是假勇敢。在家长的娇惯、宠爱下，活脱脱一个"小皇帝"。在家没有规矩，不知孝悌，蹬鼻子上脸，一出门立马变成一个"大软蛋"，活脱脱一个"门墩虎"。所以，家长一定要搞好教育引导，帮孩子走出假勇敢的怪圈，让孩子守规矩、知敬畏，知道约束自己的行为。

有人说，能约束自己的孩子，才能掌握自己的命运。作为家长，我们要有意识地培养孩子的自制力。孩子小时候不知道对错，家长可与孩子协商，一起制定规章制度，约定好学习、劳动、玩游戏、玩手机的时间。制度一旦定下来就不许变动，孩子和家长都要遵守。孩子可能一开始不太明白"为什么要这样做，不要那样做"，慢慢习惯成自然之后，也就适应了。

　　游戏是培养孩子自制力的好方法。例如，让孩子充当"哨兵"的角色，站着不许随意走动；让孩子充当"大英雄"的角色，跌倒了不哭；让孩子按照游戏的规则行事，违规了要进行惩罚；等等。当孩子在游戏中树立了自制意识，再培养自制力，就容易了。在培养孩子的自制力的过程中，家长要多奖励。比如，孩子战胜了打游戏、玩手机、吃零食之类的诱惑，安下心来学习，或干有意义的事情，家长就应肯定孩子、奖励孩子。在精神上，家长可多赞赏孩子："你真的长大了，坚持下去，一定会成功的！"物质上，家长也可以适当给予奖励，但不要过于频繁。

　　孩子自制力的形成需要一个过程，不是一蹴而就的。当孩子缺乏自制力的时候，如打游戏、玩手机、提一些过分要求等，父母应当宽容一些，强行干预只会让孩子产生反抗情绪。父母对孩子要有足够的耐心，一步一步来，通过协商，同意孩子做完作业看一会儿电视，或玩一会儿手机，但时间不能太长。当孩子的自制行为变成一种习惯时，自制力也就自然而然地形成了。

　　温室里长不出松柏。家长要让孩子坚强，就要多锻炼孩子，让孩子经受各种考验，自己的事情自己做，家里的事情帮着做。现在的许多家长喜欢替孩子做事，不给孩子锻炼的机会，致使孩子内心脆弱，惧怕挫折，经受不起失败，长大后难以在社会上立足。

学习指导法

　　孩子是在学习中成长的，无论知识获得、技能形成，抑或认识自然、了解社会，都是通过学习完成的。对学龄期的孩子来说，知识学习是最重要的，也是家长最操心的。

　　一说起孩子的学习，不少家长马上就想到如何辅导孩子写作业，如何提高孩子的学习成绩，很在意孩子每一次考试的成绩和排名，不断给孩子加压；有一些家长一味要求孩子样样优秀，"出类拔萃"，给孩子报了钢琴、美术、语文、数学、外语、作文等很多才艺班、辅导班。这都是对孩子学习的狭隘理解，搞不好会限制孩子视野，使孩子小小年纪就成为一架学习的机器，甚至造成孩子心力超支，丧失学习兴趣，失去发展后劲，不利于孩子的健康成长。

　　每个孩子都有自己的特点，这就造成了孩子学习方面的高低差异。如何有效指导孩子学习，提高孩子的学习效能，是家长最关心的。学习指导法旨在助力家长，根据不同年龄段孩子的共性特点，以及自己孩子的个性特点，科学施导，不断激发孩子的学习兴趣、学习热情，养成孩子良好的学习习惯，让孩子爱学、乐学，成为一个阳光向上、成绩优异的好孩子。

🎧 寓学习于快乐之中

学前期孩子学习的特点是玩中学，以开发智力、学习技能为主，学习知识为辅。家长在指导方法上，要充分考虑孩子好奇心强、喜爱游戏的心理特点，重点让孩子在各种有趣的游戏中，学习技能、提升智力，适量学习一点学科知识。

现在的不少家长都十分重视孩子的学习，为了不让孩子"输在起跑线上"，早早就给孩子报各种才艺班，让孩子学各种才艺；为了让孩子尽早与小学学习接轨，早早给孩子灌输各种知识：学拼音、认字、做算术题，以为这样就可以超过其他孩子。这些家长不明白的是，"填鸭式"的知识灌输，虽然可以让孩子占一时之先，但常常违背孩子意愿，使孩子早早丧失学习热情和学习兴趣，成为小学里的失败者。

安安的妈妈听别人说，孩子学龄前一定要让他学写字，要不然孩子上了一年级，学习成绩会被甩在后面。于是，她在孩子 3 岁的时候，便开始了教孩子认字、写字的旅程。安安也很给力，一年时间内就会认 500 个字，字也写得有板有眼。到安安幼儿园结束，已经学会了 2000 个字，安安妈颇为自豪。

安安上小学后，经常跟妈妈说老师教的字太简单了，上课也没意思，考试每次都是 100 分，邻居都夸安安是"神童"。虽然老师经常提醒安安上课不专心，但安安妈却觉得无所谓，只要安安能考出好成绩就行了。但是，到了二年级，情况却急转直下，安安的成绩开始走下坡路，说老师上课听不懂。突然从优等生变成普通生，安安开始觉得自卑，变得不爱说话，不爱与人交往。到了三年级，安安出现了厌学情绪，表示不想上学了。

安安妈的问题就在于盲目地让孩子超前认字，为认字而认字，后续的教育又没有跟上，没有及时引导孩子阅读，反而激起了孩子的骄傲自满情绪，最后导致孩子失去了学习的兴趣。

家长希望"孩子赢在起跑线上"也不能算错，但必须把握好一个"度"。事实证明，人为地提早训练，并不能加速孩子的发展，反而欲速则不达；动不动就拔高一截，只会使你的孩子过早出局。

不可否认，的确有一些孩子，经过父母成功的超前教育，会背很多唐诗、认识很多字，在跳舞、唱歌、弹琴、绘画方面才艺出众，成为"小神童"。但超前教育对家长的要求极高，带有很大的冒险性，除非孩子智力超常，或家长有一套独到的教育方法，并与特殊的英才教育机构有效衔接，否则只能是昙花一现。

有道是"瓜熟蒂自落"。孩子的心理发展都有一个"成熟度"和"关键期"，在"关键期"教孩子学习效果最佳。1～3岁的孩子对外面的世界充满好奇，有着惊人的学习能力和无穷的探究兴趣，对周围的各种事物都要尝一尝、摸一摸。这是一种可喜的现象，是孩子探究学习的原发动力。

其实，对于学前的孩子，除了知识学习，要学的东西还有很多。作为家长，我们可通过言传身教，有目的、有计划地帮助宝宝认识周围事物。比如，用杯子喝水、用勺子吃东西、穿衣、扣纽扣、戴帽子等；在生活及游戏中，训练孩子手的精细动作，如搭积木、穿珠子、拼版、捏泥塑等，还可通过画画，训练孩子的拿笔方法；教孩子认识物体的形状、颜色，区别大小、方位，发展孩子的思维能力。

1～3 岁是孩子语言发展的关键期，家长可用儿歌、故事等教孩子完整的句子，引导孩子说明事物的特征、用途，如"杯子是喝水的，也可以装东西"等；借助讲故事、看图说话、学诗歌、猜谜语的机会，引导孩子复述故事，或说出故事情节。3 岁是培养创造力的"关键期"。家长可鼓励孩子编故事、画彩笔图、捏泥巴，可以给他讲故事时故意留下结尾，让他自己来编，可以把杂志上好玩的图片剪下来，让他根据图画自己编故事等。

对于入了幼儿园的孩子，家长可按照幼儿园的生活节律，配合幼儿园引导孩子从各种游戏中学习，丰富幼儿园的学习内容，开发孩子的智力。比如，鼓励孩子讲故事、提问题，或让孩子续编、改编故事；鼓励孩子背儿歌、古诗，讲幼儿园发生的趣事；和孩子一起做猜谜语游戏、词语联物游戏、连句游戏；引导孩子观察季节的变化、星辰的变化、天气的变化、气温的变化、风的变化、云的变化、山水的变化、花草树木的变化、鸟兽虫鱼的变化；和孩子一起玩搭积木游戏，引导孩子区分大小、颜色、形状——圆形、长方形、正方形、三角形、锥形、梯形等；有意制造一些错误，如吃鸡蛋不剥蛋壳、盒装酸奶不插管子等，让孩子说错在什么地方；引导孩子说后果，如生鸡蛋、饭碗、杯子掉地上会打烂，手摸刀刃会割伤，手碰到火、开水会烫伤等，既发展孩子的思维能力，又使孩子学到了相关的安全知识。

6 岁以前的孩子，对周围的世界充满好奇，对什么都感兴趣，喜欢涂鸦、听音乐，看到别人干什么，就想模仿。家长要利用孩子兴趣广泛的特点，发展孩子的特长，比如舞蹈、音乐、美术、书法、手工、武术、跆拳道、乒乓球、英语口语等。孩子想学什么，提前跟孩子约定好，让孩子每次选择一到两样，每一样至少坚持 1 年，真正喜欢了再坚持学下去，不想学了再换。我女儿小时候学过舞蹈、绘画、电子琴，舞蹈学了 1 年，电子琴学了 3 年，绘画坚持了 6 年，还得过全国国画比赛二等奖。

在孩子才艺的学习上，家长不要盲目攀比，一味贪多，让孩子什么都学。每次学一两样足矣，最多不超过三样。样样都学，一样也学不好。不要过早给孩子定向。孩子喜欢画画，就想把孩子培养成画家；孩子喜欢钢琴，就想把孩子培养成钢琴家。这是不对的。发展孩子兴趣的目的，是开阔孩子的眼界，丰富孩子的艺术素养。除非孩子对某种才艺特别有天赋、特别喜欢，一般不要急于定型。还有一点需要家长注意，很多情况下，孩子喜欢一样东西，是出于好奇，并非真的感兴趣。家长只有在日常生活中，通过细心观察孩子的行为，才能发现孩子真正的兴趣所在，并有意识地进行培养。

对于将要入学的孩子，家长可依据孩子对小学向往的心境，带孩子参观小学，告诉孩子，要想认更多的字，了解更多的知识，就要上小学，上了学就可以自己看书学习了，让孩子有个思想准备。为了顺利实现与小学的知识衔接，家长可寓孩子知识学习于游戏之中，让孩子在游戏中认字、数数，把枯燥的语数知识，变成吸引孩子的有趣内容，激起孩子的求知欲。家长需要注意的是，千万不要一上来就给孩子灌输系统的知识，更不能强迫孩子一连几个小时伏案做作业。否则，只会适得其反，引起孩子对知识学习的恐惧与反感。

🎧 让学习变得轻松愉快

小学是孩子系统学习文化知识的起始阶段，也是孩子学习的黄金时期。家长对小学孩子课业学习最有效的指导，不是关注孩子的学习成绩，更不是代替孩子写作业，或逼着孩子学习，而是关注孩子的学习过程，注意点燃孩子的学习热情，激发孩子的学习兴趣，培养孩子的学习习惯，让孩子爱学、乐学。

孩子从入小学开始，课内学习便成为其学习的主要方式。需要家长密切配合老师，搞好孩子的学习指导。

现在的一些家长，在指导孩子课业学习上存在误区：有的家长认为，指导孩子学习是老师的事，把责任推给老师，自己不管不问，孩子成绩下降了，又埋怨老师教得不好。有的家长像老母鸡一样，整天陪着孩子。孩子写作业，在旁边看着，孩子稍有疑问，马上讲解；孩子写完作业，亲自检查，有时眼看该睡觉了，孩子作业还没有写完，就帮孩子写。有的家长喜欢攀比，看到孩子成绩下降，或者没有别的孩子优秀，就焦虑万分，比孩子还急。有的家长为了让孩子成绩优异，从一年级起就给孩子报语文、数学、英语、奥数、作文等很多辅导班，搞得孩子身心疲惫，成绩也没提高多少。

这都是对孩子课业学习指导不力的表现。作为家长，我们对孩子学习既不能完全放手不管，也不要代替老师，做无用功，而应在培养孩子的学习兴趣上下功夫。孩子有了兴趣，不会的可以学会，落后的功课可以赶上。

一、二年级孩子的学习动力主要来自好奇心和兴趣，家长可利用孩子爱问、兴趣广泛的特点，通过讲故事、与孩子一起从书上找答案的方法，把孩子的兴趣点转移到学习上来；可利用低年级孩子重学习形式轻学习内容，喜欢在游戏中学习的特点，采取文字游戏、脑筋急转弯、猜谜语、脑力闯关等形式，逐步把兴趣转移到学好各科内容上来。

中、高年级的孩子，学习动力主要来自兴趣和求知欲，家长可带孩子参观，和孩子一起做智力游戏、脑洞大开游戏，鼓励孩子参加学校兴趣小组，从探究与实验中寻找学习的乐趣。

良好的学习习惯是孩子学业优秀的保障。孩子间学习上的差异，主要是由不同的学习习惯造成的。刚上学的孩子，就像一张白纸，如不注意好习惯的培养，就会慢慢养成很多不良习惯，会对今后的学习带来不利影响。

我女儿从小学一年级开始，妈妈给她买了个"娃娃"闹钟，让她自己管理自己的时间，自己的事情自己做。上学前，自己做好各项准备；放学后，自己复习、做作业、活动、读书；晚上，自己听英语录音、记日记、准备第二天的功课，在睡觉之前把当天的事情干完。良好的学习习惯，有效提升了女儿的学习效率。她的学习成绩从小学到大学，一直保持在第一方阵。

小学一、二年级，是孩子形成良好学习习惯的关键时期。家长此时盯紧一些，把孩子习惯培养好，以后就轻松了。家长要做的，是鼓励孩子课前预习、认真听讲、积极发言；放学后就及时复习、做作业，然后出去活动；晚上写作业、读书、准备第二天的功课。如果一、二年级学习习惯没养好，三年级以后再培养也不迟。孩子到了中高年级，随着知识的不断增加和学习要求的提高，家长除了引导孩子保持安排自己学习过程的习惯，还要培养孩子积极思考、勤学好问的习惯。

一般来说，孩子良好学习习惯的养成需要 3 周左右的时间。低年级孩子由于自制力差，刚形成的学习习惯还需要巩固一段，稳定下来才行。

家长要让孩子学习好，还要讲究指导策略。我读大学时的老师，介绍过她辅导上小学孩子学习的经验，至今记忆犹新。她的做法是：

孩子的作业自己做，自己检查。对于孩子考试后拿回来的考试卷子，不是看考试分数，而是关注孩子掌握知识的情况。她把整个卷子看一遍，对孩子做对的题、掌握得比较好的地方、书写认真的地方，给予肯定，鼓励孩子继续保持；对于孩子因不细心做错的题目，指出来，让孩子以后注意；对于孩子知识掌握得不牢固的地方，让孩子再认真复习一遍，题重新做一遍；对于孩子真正不理解、不会的地方，要么让孩子记在"错题本"上，到学校去问老师，要么自己给孩子讲解，然后再出两道类似的题，让孩子举一反三，达到掌握的目的。

由于老师关注孩子的学习过程，并从孩子的实际出发，进行有效指导。孩子没有压力，越学越有劲，越学越想学，养成良好的学习习惯之后，一路优秀。

这启示我们的家长，要当好孩子的靠山，对孩子经过自身努力无法解决的问题，家长要及时伸出援手，帮孩子渡过难关。以数学为例，孩子由于知识水平所限，又没有社会经验，往往会因对题目的条件和要求不理解而出错。比如，小学低年级的孩子不理解"0"也是数字，不明白"除"和"除以"的区别，搞不清"增加 ×× 倍"与"增加到 ×× 倍"有啥不同。所以，遇到远离孩子生活常识的内容，家长要给孩子解释清楚，让孩子少走弯路。

    我觉得，家长指导孩子学习，除了激发兴趣、养好习惯，还要教会孩子科学有效的学习方法，让孩子找到学习的"感觉"。语文、英语学习，要讲究"语感"。家长指导孩子语文学习，可让孩子在熟读、背诵课文的同时，利用课余时间多读课外书。根据孩子阅读先童话故事后文艺作品、科普读物的顺序特点，引导低年级孩子从童话、故事开始阅读，随着孩子年级升高，再引导他读古诗、文学名著和科普读物。指导孩子英语学习，可鼓励孩子多听、多读，坚持每天睡觉前听半个小时的课文或相关听力材料音频，熟读课文，力求熟练地背下来。孩子读得多了、背得多了，有了"语感"，语文、英语自然就学好了。数学要讲究"数感"，家长可指导孩子联系生活实际学数学，比如，让孩子测量、计算家里桌子、门窗的面积，让孩子跟家长一起去菜场买菜算账，借助扑克游戏，让孩子进行花色分类，进行加减乘除或"24点"运算等。孩子有了"数感"，就会觉得数学不难，而且有趣。

    孩子搞好学习贵在思考。家长应鼓励孩子勤于思考，多提问题。孩子放学回家，不是问考了多少分，而要问：举了多少次手，回答了几个问题，提出了几个问题？凡孩子提了问题，家长就要给予肯定。鼓励孩子不断给自己设定"跳一跳"能实现的小目标，每天有进步，天天不停步。家长要把眼睛盯在孩子的优点上，有一点进步就鼓励，完成目标及时给予奖励，让孩子不断从成就激励中，增强自信心。

    此外，家长还可利用孩子争强好胜的特点，让孩子当"小老师"，把学的内容讲给家长听。孩子要"讲好课"，自然认真听讲，把学习的知识弄明白，家长要认真当好"小学生"。对孩子不懂的问题，让孩子查字典或问老师，然后再告诉家长。家长当"小学生"时千万不要三心二意，或故意问一些超越孩子知识水平的问题难为孩子。

🎧 拓宽孩子的学习渠道

童年期的孩子阅历浅，经验缺乏，知识储备少，不仅需要学习课本知识，还需要学习生活知识、自然知识、社会知识。作为家长，我们在指导孩子学习时，要眼界放宽，依据孩子兴趣广泛的特点，拓展孩子的学习领域，不要过早把孩子学习限定在课内知识上。孩子单纯学习书本知识，常常会造成知识面狭窄，后劲不足。

孩子要成就美好人生，先要学会生存。而孩子的生存本领是在生活中学会的。诺贝尔奖获得者朱棣文，小时候就跟妈妈学包馄饨、学做菜，到上中学时，就能单独一个人下厨房做饭，不仅会做中国菜，还会做墨西哥菜，深受同学羡慕。

现在许多家长一门心思让孩子搞好课内学习，对孩子的日常生活全面包办，什么也不让孩子干。这些家长不明白的是，孩子除了课业知识，生活技能、劳动技能同样需要学习。现在有不少二三十岁的年轻人，不会做饭、不会干家务、不愿干家务，就是典型的例证。

家庭是孩子的第一所学校，生活是孩子的第一个课堂，家长是孩子的第一任老师。家长应充分利用这一得天独厚的优势，教会孩子生活的知识。对低年级孩子，家长可指导他自己起床、整理卧具、收拾书包，吃饭时帮家长拿碗筷；对中高年级的孩子，家长可教育他学会安排自己的生活，固定一两样家务，让孩子学会打扫卫生，学会使用电器，学会做饭、洗碗、洗内衣、浇花，学会购买生活用品，养成生活自理和劳动的习惯。

历史上，大凡成才者，其观察能力都是比较强的。法国著名的昆虫学家法布尔，从小就喜欢观察动物。5 岁时的一天晚上，他忽然听到附近的丛林里传来一阵阵美妙的鸣叫声。他想：是小鸟在鸣叫吧？我去看看。于是就勇敢地钻进森林去观察，结果发现：发出鸣叫的不是小鸟，而是一种蚂蚱。从此，他对昆虫产生了浓厚的兴趣，经过持续不断的观察研究，后来成为著名的昆虫学家。

研究自然科学离不开观察，同样，搞文学艺术也离不开观察。唐朝的骆宾王 7 岁能写出"鹅，鹅，鹅，曲项向天歌。白毛浮绿水，红掌拨清波"，与他对鹅的细心观察分不开。观察可以开阔孩子的眼界，丰富孩子的感知储备，提升孩子的观察能力，为写作文、画画积累素材。

家长还可利用孩子喜欢"刨根问底"的特点，利用放学的闲暇、假期，引导孩子在观察中学习：观察家中种植的花草及饲养的小动物，观察家庭成员的长相、语言、行为特点；观察学校的环境、周围的环境，观察老师同学的衣着、长相、语言、行为特点。家长在指导孩子观察时，可适时向孩子提出观察任务，指导孩子写观察记录、观察日记，养成在观察中学习的习惯。

现在，很多孩子害怕写作文，主要是家长整天把孩子关在屋子里，限制了孩子的视野，致使孩子远离生活，缺乏写作素材。有一个从小爱画画的小学生，突然不想再画了。妈妈没有硬"逼"她继续画，而是带她去养鸡场、动物园观察小动物。女儿对小鸡看得很仔细，回来后画了不少新画，其中一幅百鸡图还在小学生绘画比赛中获了奖。

　　常言说"心灵手巧"，爱动手的孩子更聪明。诺贝尔奖获得者卢瑟福小时候，在父亲的支持下，发明了可以发射"远射程炮弹"的玩具炮，后来又学会了维修，把家里多年不用的坏钟表修好了。自己动手制作与维修的本领，对他后来的科学生涯起了很大的促进作用。

　　这对我们的家长指导孩子学习很有启发：除了教孩子从书本上学习，更重要的是教孩子从实践中学习。家长可利用孩子好奇心强的特点，从孩子兴趣爱好出发，支持孩子进行骑车、跳绳、游泳、球类、棋类等学习锻炼，培养孩子的体育技能、体育精神；支持孩子在兴趣班进行绘画、乐器演奏实践，培养孩子的才艺，锻炼孩子表现美、创造美的能力；鼓励孩子在动手实践中学习，支持低年级孩子用纸折叠风车、飞机，用橡皮泥捏制小碗、小锅、小凳子、手枪、小房子，做成熊猫、鸭子、小马、小人等；支持中高年级孩子积极参加兴趣班，进行航模、物理、生物实验。苏州郊区实验小学二年级学生卢旻，通过看图拼装飞机、坦克、军舰等模型，对各个时代、国家生产的不同型号的飞机、坦克、军舰，能很快加以识别，同时也增强了绘画能力。

　　常言道，读万卷书，行万里路。大自然是孩子最好的活教材。家长可根据孩子喜欢旅行、探究的特点，按照学校的研学旅行要求，除了积极动员孩子参加学校组织的研学旅行，还可与孩子一起商定研学课题，提出研学目标，开展研学旅行：利用周末、假期把孩子带进大自然、动物园、科技馆、博物馆，让孩子探究树木花草、动物的习性，探究科技现象背后的原理，了解文物背后的历史；带孩子参观工厂、乡村，让孩子在感受火热生产场景的同时，探究产品是如何生产出来的，了解农作物、认识蔬菜、认识瓜果是如何生长的；带孩子出去旅游，引导孩子在观赏美丽的自然风光的同时，探究大自然的奥秘，比如探寻地名的来历、名人逸事、文人诗文、气候变化、水文特点、潮汐变化等。有一个六七岁的男孩，妈妈带他去湖边玩，儿子忽然问妈妈："沙子比水沉，那为什么风能吹起沙子，而吹不起水呢？"妈妈启发儿子自己寻找答案。后来，儿子在妈妈帮助下找到了答案，收获了真知。

🎧 保持孩子良好的学习状态

孩子进入中学，学习内容、难度增加，升学压力、竞争压力，以及青春期的种种心理矛盾接踵而来，如果引导不当，容易引发心理问题。家长要做的，一是调整好孩子的状态，二是对孩子进行学习方法指导，助力孩子顺利完成中学阶段的学习任务，升入理想的学校。

2023年春节过后，人们热议几个月的胡鑫宇案，尘埃落定，种种猜测也随着案情公布而真相大白：胡鑫宇系自缢死亡。一个15岁的孩子，因学习压力大焦虑抑郁严重，走了绝路。

这警示我们的家长，在指导中学的孩子学习时，一定要调整好孩子的心态，提振孩子的信心。当孩子信心不足时，及时给孩子鼓劲。

一个成绩中下等的初二男生，一次考试有了一点进步。开家

长会时，老师告诉妈妈："按你儿子现在的成绩，考重点高中有点危险。"妈妈出来对儿子说："老师对你的进步很满意。他说，只要你努力，有希望考上重点高中。"从妈妈的话里，儿子获得了前进的力量，经过初三一年的努力，终于考上了心仪的重点高中。

中学时期，是一个充满竞争的时期，如学习成绩排名的竞争、升学的竞争等。竞争催人奋发，给人力量，逼人进步。对于内心强大的孩子来讲，竞争是一种推动力；对于内心脆弱的孩子来讲，竞争则是前进路上的一只拦路虎。所以，做家长的，要让孩子相信自己"行"，不断给孩子送去前进的力量。

现在我们的一些家长，不是给孩子信心，而是给孩子压力。有的家长整天盯着孩子的成绩、名次、弱项、缺点，越看越不顺眼，就强行去"矫正"，结果把孩子搞得越来越不自信，强项也变成了弱项；有的家长看到孩子成绩下降，就唠叨、指责、训斥，埋怨孩子不努力，搞得孩子成绩越来越差。孩子由于心智尚不成熟，内心还不够强大，承受不住学习的压力与考试的失利，尤其是在顺境和溺爱中长大的孩子，内心比较脆弱，一些在大人看来不起眼的困难和挫折，就可能成为压垮孩子的最后一根稻草。这样的例子太多了。

对于中等生，尤其是差生而言，最可怕的敌人是自暴自弃，自己认定自己不行。这是孩子不能从困境中逆袭的最大障碍。家长要善于站在孩子的角度，认真倾听孩子的心声，了解孩子的喜怒哀乐。在倾听的基础上，给予孩子心灵的抚慰和恰如其分的点拨；当孩子考试没考好，家长要适时进行安慰。

有一个初二女生期中考试考砸了，心情很糟。妈妈听说后微微一笑说："没啥子了不起，回头好好总结一下就是了。这次没考好，也许是好事，知道自己哪些知识掌握得不牢，还能及时补救。要是这次没发现，等到中考再出错，就麻烦了，你说是不是？走，帮妈妈择菜，做饭去。"妈妈一席话宽慰了女儿的心，也化解了女儿的心结。

　　家长想要让学习落后的孩子变好，一个有效的方法就是告诫孩子不攀比、不气馁，与孩子一起坐下来，平心静气地认真分析原因，对症施策，让孩子搞清楚自己的目标是什么，不要管别人，别人第一第二跟你没关系，别人倒数第一第二也跟你没关系。学习最重要的不是和别人比做得怎么样，而是和自己的潜能比，做得怎么样。要让孩子鼓足勇气、树立信心。孩子有了进步，或经过苦思冥想，解出一道难题，或写出一篇自鸣得意的作文，家长要及时肯定，分享孩子成功的喜悦。

　　学习是苦中求乐、先苦后甜的事情。一个智力再好的孩子，怕吃苦，经受不了困难和挫折的打击，就无法取得优异的成绩。相反，一个智力水平一般的孩子，具有良好的心理状态和坚韧的毅力，也一定能把学习搞好。

　　人大附中原副校长王金战读中学时，全班有 50 个学生，他的成绩排在 40 名以后。大家都不看好他，他下定死决心，一定要考上大学。每天晚上别人回宿舍了，他就提着煤油灯到菜窖里看书，一看看到半夜，苦读三个月，成为班上唯一考上大学的学生，创造了差生逆袭的奇迹。

　　想想看，能把自己关进地窖里学，不顾一切地学，孩子要是进入这种状态，可以说是无坚不摧。我敢说，每一个进入这种状态的孩子，都可能考进知名高中、名牌大学。家长需要做的，是有意识地培养孩子战胜困难、不怕失败的意志品质，鼓励为实现既定目标而不懈努力。

对中学的孩子来讲，学习的好坏，很多时候取决于学习方法的优劣、学习效率的高低。有的孩子在学习上花了很多时间，成绩提升却不明显，主要是学习方法不对头。

做家长的，要密切配合老师，给孩子以学习方法上的指导。可告诉孩子，当遇到不会做的题目，不要钻牛角尖，不妨先放下，试着去做别的题目。如果磨蹭、拖延，只会耽误宝贵的时间。在写作业时，要尽量做到快速而高效，遇到不会的题或似是而非的题，及时记在错题本上，找时间去问老师。记得我上初中时，有一个笨办法，就是遇到问题或不懂的地方，就去问老师，有时老师备课也去问，不弄明白不罢休。

有的家长为了提升孩子的学习成绩，给孩子报了许多辅导班。我觉得，这不是最佳选择，因为孩子的空闲时间很有限，比较有效的方法是根据孩子最薄弱的学科，找一个真正适合孩子的"一对一"校外辅导。我女儿读高三时，对一些数学知识点理解不透，老师讲时明白，一做作业就错，后来给她选了一个"一对一"校外辅导。辅导老师根据孩子的实际，有针对性地实施辅导，效果不错，女儿高考时数学考了 142 分。我的体会是，校外辅导不在多，贵在精。

"计划列单法"是一个不错的学习方法。家教专家刘称莲说她女儿读高中时，看到爸爸有一个记事本，上面不仅有年工作计划、月工作计划、周工作计划，每做一件事都有详细的计划安排，每个环节都周到细致。女儿觉得这个方法不错，就移植到自己的学习上，把每一门功课的学习，以及每天完成作业需要的时间，都在本子上列一个清单，然后按照清单一件一件落实，大大提高了

学习效率。她把这一做法保持到大学毕业。

家长在指导孩子指定学习计划时，要引导孩子学会交叉安排课余时间，做到文理学科交叉、学习休息交叉，达到时间利用效率最大化。一般而言，早晨、睡觉前是阅读课文、外语、背公式、记定理的最佳时间。下午四五点钟，做题效率最高，可选择综合性比较强、难度较大的题目做；累了，活动活动或看看别的内容，换换脑子。晚自习重点是搞好当天的复习、巩固，做好第二天课程的预习。对于单词、古诗词、文言文、精美语句、公式、定理等，最好在睡觉前过一遍"电影"；对各科内容的学习要做到节节清、章章清，每周小结回顾一次。

提高学习效果最有效的方法是及时复习整理。家长可指导孩子按章节绘制"知识树"，把相关内容串起来，形成一个知识系统，不要遗漏一个知识点；对于易混淆的知识，可用列表比较的方法，突出差异，以便准确记忆；对于老师强调的重点、难点、易考点、易错点，可在透彻理解的基础上，进行归纳总结，经常温习，记住要点；在平时的学习中，要善于积累，注意积累各科知识、各类典型题、重点题、作文素材。这些环节都做好了，孩子提高学习成绩就是迟早的事。

🎧 把阅读融入孩子的生活中

"腹有诗书气自华。"读书是一种提升自我的艺术。对成长中的孩子来说，课外阅读非常重要，每读一本书都会有不同的收获。多读书，不仅能帮助孩子积累各科知识，还有利于孩子阅读理解能力提高及作文水平提升。做家长的，不要把精力过多花在辅导孩子做题上，而要把主要精力花在指导孩子阅读上，让阅读成为孩子的生活方式。

　　要让孩子学习好，家长就要指导孩子多读书。孩子爱不爱读书，主要的不是靠家长逼，而是靠家长的熏陶与引领。对孩子来说，家庭氛围非常重要。孩子在读书的氛围里，喜欢读书；在看电视的氛围里，爱看电视；在玩手机的氛围里，喜欢玩手机、打游戏。我女儿小时候，为了让她喜欢读书，我们特意在她的房间里，放置了书柜、书桌、地球仪，书柜里专门放她自己的课本和她喜欢看的书。女儿一复习完功课、写完作业，就会看一会儿书。礼拜天、节假日我们时常带女儿去书店，任她在书海里徜徉。她总是先看一会儿书，然后买几本自己喜欢的书回家读。

　　一般来说，书香家庭的孩子都爱读书。孩子小时候特别爱模仿大人，尤其是父母。家长想让孩子喜欢读书，自己首先要热爱读书，做孩子的榜样。家教专家刘称莲的先生特别爱看书，影响着女儿也喜欢读书。她在《陪孩子走过小学六年》里写道：

　　先生有个习惯，无论去哪里，身边总是带一本书，车上也时常放一本书，遇到等车或办事等候，都会用看书消磨时间。女儿也有个习惯，喜欢随手拿一本书，连到饭店吃饭或到医院看病，都会在等候的时候见缝插针看一会儿书。每当这个时候，旁边的人都夸奖她刻苦。

　　做家长的，要为孩子做好表率。可在晚饭后，孩子写完作业，一家人坐在一起，读一会儿书，时间不一定很长，低年级的孩子每天10分钟，中、高年级的孩子每天20分钟足矣。有条件的话，周末可举行一个家庭读书会，全家人共读一本书或一篇文章，然后共同讨论，畅谈收获。孩子体会到读书的乐趣，自然就爱读书了；坚持一段形成习惯，家长就不用操心了。这也是许多爱读书孩子父母的经验之谈。

《爸爸哪儿也不去》的作者石榴树，为了培养女儿的阅读习惯，首倡"周末家庭读书会"，每周一期。他从女儿"小石榴"幼儿园大班开始，一直到上小学高年级，几乎是风雨无阻地连开了155 期。他用这种新颖有趣的读书活动，开阔了女儿的视野，使女儿增长了知识，在潜移默化中养成了良好的读书习惯。

著名教育家曼恩说过："习惯就仿佛一条缆绳，我们每日为它缠上一股新索，不要多久就会变得牢不可破。"孩子良好读书习惯的养成说着容易做着难，难就难在"坚持"二字。如果不坚持，就形成不了习惯。

家长除了培养孩子良好的读书习惯，还应激发孩子的阅读兴趣。对于低年级的孩子，可通过讲故事，或借助配有美丽插图、与文字相呼应的"桥梁书"，从亲子共读中，激发孩子的阅读兴趣。美籍华裔物理学家吴健雄小时候，父亲经常将报纸上的科学趣闻讲给她听，还特意给她买了一套百科小丛书，讲上面科学家的故事。吴健雄不仅爱上了读书，而且受到居里夫人的启发，对自然科学产生了浓厚的兴趣。

对于刚开始读书或不太喜欢读书的孩子，家长可进行巧妙引导。我们都知道，犹太人为让孩子从小爱书，会在书上涂一些蜂蜜，让孩子去舔，体验"知识的味道"。家教专家刘称莲为了让女儿爱上读书，在床上、桌上、茶几上到处放的都是女儿喜欢的书，女儿只要一回家，可以随时随地拿起书来读。宋代文学家苏洵引导儿子读书的做法，也很值得借鉴：

苏洵的儿子苏轼、苏辙小时候非常顽皮，对读书没什么兴趣。父亲苏洵是这样做的：每当孩子们玩耍打闹时，他就到书房里去读书，还时不时地发出哈哈大笑的声音。两个孩子非常惊讶：是什么事情能让父亲开怀大笑呢？当他们跑进书房想探个究竟时，苏洵赶紧把手里的书藏起来。两个儿子感到非常好奇，这书里到底有什么魔力啊？等到父亲出门后，苏轼和苏辙就赶紧把书"偷"出来看。渐渐地，兄弟俩爱上了读书，成了两个"小书虫"。

苏洵的"欲擒故纵"的教子法，收到了奇效。只要引导得法，孩子是会爱上读书的。家长可先让孩子从自己最喜欢的书读起，只要是内容健康的书，家长不要限制。对低年级的孩子，可引导其从图文并茂的"桥梁"书、童话、故事书读起，随着年级的升高、识字量的增加和阅读能力的提高，可引导孩子读儿童文学、天文、历史、地理、自然、科普读物，到了高年级可以引导其读名著。读名著最简单的方法就是先看视频，再读原著，相互印证，相得益彰。

古人提倡"不动笔墨不读书"，很有道理。对于一些知识性的书、文字优美的书、名著，家长可在指导孩子阅读的同时，让孩子做好笔记、摘录（好词、好句），写读后感，加深理解。

读书的最大收获，在于学会消化吸收，把书上的内容变成自己的东西。对于中高年级及初中的孩子，家长可引导他在读书的同时学会思考，学会鉴别，知道书（或文章）好在哪里？为什么好？有什么问题？这样就把书读活了，孩子的阅读能力、欣赏水平、鉴别能力自然也就提高了。2020 年 4 月，在网上看到这样一则报道：

一个名叫马思齐的 11 岁女孩，阅读《西游记》时，发现了400 年来没人发现的错误：师徒四人无论是在大唐，还是到西域小国，吃的饭菜都是米饭、蘑菇、香蕈、木耳、豆腐、面筋、芋头、萝卜……几乎没有差别。这怎么可能？马思齐将自己的疑问写进了作文，并进行了具体的分析。很多人看了她的这篇作文，都竖起了大拇指。

懂得在阅读中独立思考的孩子，无论是对当下的学习，还是对未来的学习和工作都大有益处。

🎧 帮孩子顺利渡过作文关

写作文对孩子来说是一道坎，孩子着急，家长更着急。其实，孩子写作文不可能一蹴而就，要经历一个由不会写到会写，再到写好的过程。一般来说，孩子一、二年级开始写片段，三年级开始写作文。只有家长指导到位，让孩子按照"想说→会说→想写→会写"的次序来学习写作，孩子是完全可以写好作文的。

万事开头难。孩子写作文要经历一个由口说到笔写、由片段到成文、由平淡到出彩的过程。所以，家长在指导孩子学写作文时，一开始要求不要太高。一、二年级的孩子识字少，先从孩子熟悉的故事或生活开始，鼓励孩子放开说，家长可以帮助记录下来，这就是起初的作文。家长记完后，读给孩子听。孩子觉得需要修改，家长可与孩子一起，根据孩子的意见，在原文的基础上修改。在这个过程中，家长只是孩子的"助手"，重在激发孩子的想象力、创造力，让孩子"写出"属于自己的真实的作文，不要随意拔高。孩子慢慢识字多了，家长可鼓励孩子把说的内容整理出来，完成由说到写的转变。

家长指导孩子写作文，首先要克服孩子的畏难情绪，激发孩子的写作兴趣，让孩子愿意写。

教育专家魏书生接手一个新班，一个学生说他不会写作文。魏老师问他："会不会写一句话？"学生说："这个行。"魏老师说："那你就写一句话吧。"于是，这个学生的作文只有一句话：今天开学了。第二次写作文时，魏老师对这个学生说："这次能不能写两句话？"学生爽快地答应了。就这样，这个学生从一句话、两句话、三句话、四句话……慢慢学会写作文了。

家长指导孩子写作文也是这样，不要急，慢慢来，鼓励孩子一句话、一句话地写下去。孩子没有了心理负担，自然就愿意写作文了。对孩子的作文，哪怕中间有一两句写得比较好，就应及时鼓励。我女儿的姨家表姐上小学时，有一篇作文的几句话写得很好，我一鼓励，她的写作兴趣大增，后来作文越写越好，常被老师当成范文在班上读。为了保持孩子的写作兴趣、写作热情，家长可鼓励孩子坚持记日记，把学习中、生活上有趣的事，以及自己的所思所感、读书体会写下来。孩子有了兴趣，就会把写作当成一件快乐的事。

"读书破万卷，下笔如有神"，形象地说明了读书与写作的关系。家长在指导孩子写作时，应启发孩子读写结合，在读书的同时，摘抄文中的好词、重点句，畅谈读书（或文章）的体会，把体会、感想写下来，还可利用孩子爱模仿的特点，引导孩子读故事编故事，读童诗写童诗，读笑话编笑话，读日记写日记……孩子看得多，写得多，作文水平自然就提高了。

孩子到了高年级开始学写议论文，家长也引导孩子在读书时，重点积累一些名人名言，以及反映爱国、感恩、勤奋、勇敢、毅力、包容、诚信、责任等方面的典故、事例，有了读书积累，孩子写好议论文就不愁"论据"了，而且到初中以后依然有用。

俗话说："巧妇难为无米之炊。"一些孩子怕写作文的一个重要原因，就是积累的素材少，没东西可写。有一个孩子看过长城之后，写了这样一个作文："长城，长，长，长，真是太长了，实在是太长了！"便没了下文。解决这个问题的关键，是家长有意识地引导孩子注意观察事物，积累素材。孩子头脑中有了东西，再写作文就不感到畏难了。

可利用低年级孩子喜欢看图的特点，先引导孩子统观全图，让他对画面有一个总体上的认识，再引导孩子观察图中人物和背景，尤其要观察人物的表情和动作等细节。孩子学会看图，明白了图画所表达的意思，写看图作文就不难了。

对于中高年级的孩子，家长可告诉他注意观察家人、老师、同学、路人的容貌、神态、姿态、服饰等外貌特点，以及语言特点。一个人的语言，是他思想感情最直接的流露。不同个性、职业、年龄的人，说出的话也不完全相同。孩子有了这方面素材，再了解一些事例，写人就不难了。引导孩子留意学校及社会上发生的趣事，以及有意义的事，了解事情发生的时间、地点、人物、起因、发展和结果。孩子通过观察，积累一些"事件"素材，就不怕写记事作文了。引导孩子采用视、听、触、嗅等方式来感知事物，学会从生活中观察物体的外形特点，以及组成部分的特点，有利于写好状物作文。利用节假日带孩子外出参观、旅游的机会，引导孩子多角度观察景物：按景物的空间顺序来观察，如前、后、左、右，上、下、远、近等；按时间顺序来观察，如一天之内的早、中、晚，一年内的春、夏、秋、冬等。孩子通过观察、写观察日记，再写游记类的作文就不难了。家长要放飞孩子的想象，帮助孩子拓展思维空间。喜欢幻想是小学孩子的特点，他们心中有着无数的奇思妙想，有些虽然远离现实，却是孩子智慧的火花，家长要细心呵护，并通过脑筋急转弯、开放性问题、畅谈未来等形式，好好加以培养。孩子的想象力丰富了，思路打开了，再写想象类的作文，如《20 年后的我》等，就不难了。

孩子写作文，一开始不生动，不要紧，关键是引导孩子打开思路，有东西写。随着年级升高，孩子看的书多了，积累的好词、成语、好句多了，再学习掌握一定的修辞手法，作文自然就生动了。

方法09

实践锻炼法

现在的孩子，大多生活在单纯而优渥的环境中，从家门到校门，很少与社会接触，缺乏锻炼。家长希望孩子未来有良好的发展，就要通过实践锻炼法，让孩子经受锻炼。

生活不只是柴米油盐，还是实践的平台，孩子在这个平台上可以增强体质，学到生存与生活的本领；生活不只是酸甜苦辣，还是人生的学校，孩子通过生活的历练，可以促进心智成熟，感悟到生活的真谛，成为生活的强者。我国知名教育家陶行知说得好："要解放孩子的头脑、双手、脚、空间、时间，使他们充分得到自由的生活，从自由的生活中得到真正的教育。"家长欲让孩子的未来幸福美好，就要借助实践锻炼法，让孩子通过生活实践锻炼，学到生活技能、生存本领。

意大利幼儿教育家蒙台梭利说过："我听了，就忘记了；我看了，就记得了；我做了，就理解了。"足见学习实践对孩子的成长非常重要。家长欲提升孩子的学习能力，就要实施好实践锻炼法，让孩子在学习实践中，扩大知识面，丰富知识储备。

《吕氏春秋》有言："始生之者，天也；养成之者，人也。"意思是说，人的自然性是天生的，而人的社会性，包括能力素质、道德品质、言谈举止等，离不开后天的实践养成。家长欲让孩子适应社会，将来顺利在社会上立足，就要通过实践锻炼法，让孩子从小进行社会实践锻炼。否则，孩子一味追求安逸，与社会脱节，将无法适应未来复杂多变、充满竞争的社会。

🎧 孩子锻炼好处多

对孩子的成长来说，重要的实践是身体锻炼。锻炼可以强健孩子的体魄，提升孩子的反应能力，磨炼孩子的意志，使孩子精神饱满。家长可从家庭实际出发，积极创造条件，教育引导孩子从小开始，进行身体锻炼，让身体"棒"起来。

家庭教育高级指导师刘称莲，非常重视孩子的身体锻炼。在《陪孩子走过小学六年》中，她多次提到支持女儿进行身体锻炼，带女儿爬山，鼓励女儿学滑冰，给女儿带来诸多益处。尤其是 2003 年"非典"期间，学校停课，她就让女儿每天和其他孩子一起，尽情地参与活动。

女儿和小朋友经常活跃在清华大学的西大操场上、工字厅外的草坪上、礼堂前的小广场上……打羽毛球、追逐打闹、滑轮滑，孩子们度过了异常快乐的两个月。每天晚上，孩子们都会组成一个轮滑队，绕着礼堂转圈。有时候，孩子们也会脱掉轮滑鞋，"抢"来家长们的球拍，打一会儿球，或者玩一会儿单杠、双杠；跳橡皮筋则是女孩们经常做的运动之一。两个月后，家长们都发现，孩子们的身体都强壮了不少，而且每天都精神饱满。

体育运动可以锻炼孩子与人协作的能力。比如，孩子通过参加篮球、足球、手球项目可以明白，只有队员密切协作，才能发挥最佳水平，打败对方。女孩组队玩的跳大绳、跳皮筋等活动，也会在无形中增强孩子的协作意识。

我觉得，孩子的身体锻炼可从幼儿时期开始，因为活泼好动是孩子的天性，家长若能巧妙利用孩子的这一特点，采用灵活多样的形式，引导孩子进行身体锻炼，孩子是乐意接受的，而且会在自然而然中形成锻炼的习惯，受益终生。

喜欢户外活动，是孩子的一大特点。户外运动，可以促进孩子睡眠，促进孩子发育。家长可利用孩子的这一特点，时常带着孩子到户外晒晒太阳，增强孩子适应外界环境的能力，提升孩子的免疫力；利用孩子喜欢玩水的特点，从夏天开始，让孩子用冷水洗手、洗脸，促进血液循环，增强孩子对温度变化的适应力，预防感冒，锻炼孩子的意志。

体育游戏，是孩子的最爱。家长可利用孩子的这一特点，在保证安全的前提下，对孩子进行走、跑、跳、攀、平衡等方面的锻炼；利用孩子好胜心强的特点，鼓励孩子积极参加家庭体育比赛，如家长与孩子进行跑步比赛，跳高、跳远比赛，拍球比赛，跳绳比赛，滑轮滑比赛等；利用孩子爱交往的特点，鼓励孩子参加各种游戏和体育活动；利用孩子爱郊游的特点，借助节假日或休息时间，带孩子到户外开展有趣有益的体育活动，如爬山、爬树、游泳、打球等。通过这些锻炼，增强孩子的体质，提升孩子的身体协调能力，促进孩子大脑的发育及快速反应能力。

孩子上学之后，家长千万不要只抓孩子的学习，把身体锻炼放弃了。一定要密切配合学校，教育引导孩子坚持进行身体锻炼，养成锻炼的习惯。一方面，要求孩子在学校上好体育课，练好规定的体育项目。另一方面，鼓励孩子按照自己的兴趣，参加一些体育活动小组，比如田径、球类、体操、游泳、攀岩等；鼓励孩子按照中考体育要求，及早着手，下午放学后进行跑步、跳绳、打球等体育锻炼；鼓励孩子积极参加社会组织的青少年体育活动，利用节假日，通过旅游进行远足、爬山等有氧运动。

我女儿上小学的时候，是学校的体育积极分子，田径、篮球、羽毛球、航模、跳绳等样样积极参加。参加学校运动会，多次获奖，60米短跑最好成绩是第二名；学校羽毛球比赛，获得第三名；2008年，参加河南省第二届青少年定向越野锦标赛，取得了第三名的好成绩。中考时，女儿体育取得了满分的成绩。因为喜爱体育，孩子身体健康，很少生病，也带动了其他方面的发展。

通过多方面的体能锻炼，不仅会增强孩子的免疫力，促进孩子健康成长，还可以发现孩子的体育特长，有希望成为某一方面的体育人才，有许多运动员，都是从小发现，培养起来的。

身体锻炼贵在坚持。孩子上了中学，尤其是上了高中，学习时间延长，学习强度加大，自由时间减少，学校体育课、体育活动压缩，如果家长再不重视，孩子的体育锻炼很可能流于形式，造成孩子体质下降，大脑活力降低，易于疲劳、失眠，学习效率下降。所以，即便孩子学习再忙，家长也要劝说孩子每天拿出一定的时间坚持锻炼，不仅有利于强健体质，还可以调节学习节奏，减轻大脑疲劳，提高学习效率。

🎧 自己的事情自己干

　　曾在网上看到一个词"装死式育儿"，说的是妈妈在孩子的成长过程中学会"装死"——装聋，装瞎，装蒙，装傻，装失忆，装无力。孩子让给他倒杯水，装聋，让孩子自己倒；孩子摔倒了，装瞎，让他自己爬起来……没想到的是，妈妈偷懒，孩子倒变得勤快起来，自己学会了照顾自己，自理能力显著提升。这启示我们的家长，欲提升孩子的自理能力，就要指导孩子多动手、多实践。

　　动画片《狮子王》给人印象深刻。狮子王的成长，经历了各种磨难——生离死别、饥饿、严寒、与土狗战斗……在艰苦的实践历练中，学会了各种生存技能，最终战胜对手，登上王者宝座。

　　孩子的成长也是如此。每个孩子其实都很能干。孩子的快乐、孩子的成功，绝不是花钱买来的，而是靠自己亲身实践获得的，是自己经历挫折、战胜困难之后，从中体会到了"我能行"。

　　一个13岁的女孩到深圳舅舅家过寒假，想见见世面。舅舅跟她说："我除了供你吃以外，你要自己起床，起床以后呢，你要自己做早餐，吃完早餐你要把碗洗干净，还有你的衣服你要自己洗。我会给你一张深圳的地铁卡，你拿去。你先用手机把深圳各个地方了解一下，想去哪里玩，你自己都可以去。"孩子一听就蒙了，她没想到舅舅竟这么"冷酷无情"。接下来的一个月，女孩像施了魔法一样，所有的一切都自己一个人完成。一个月之后，女孩回到自己的家，完全像变了一个人，啥都自己做，对人也很有礼貌。爸爸妈妈看到宝贝女儿的变化，惊呆了，赶紧打电话问舅舅。舅舅的回答非常简单："自己照顾好自己。"

在家庭教育中，家长代替孩子做的事太多，就等于告诉孩子："你不行，我不相信你。"家长给孩子实践的机会少，孩子的自立能力自然无从发展。就像"神童"魏永康，是妈妈用"关爱"之手，生生剥夺了他一次次锻炼的机会，让他在不知不觉中失去了自立能力和"生存"能力。

现在的社会，是一个充满竞争的社会，是一个靠本事吃饭的社会。在孩子成长的道路上，不仅有阳光雨露，还会有许许多多的风风雨雨、坎坷曲折。孩子没有足够的生存能力，未来的生活是不会幸福的。

10 年前，一则 23 岁小伙饿死家中的报道，红遍全国。

小伙名叫杨锁，是堂兄弟 8 个当中长得最英俊、最聪明的一个。父母对他十分疼爱、娇惯。杨锁 8 岁时，父母出门还用担子挑着他，不让他走路。稍大一点，杨锁有时也想试着干点活，父母看见后就说："你到一边玩儿去吧，别累着了。"

杨锁 13 岁那年，父亲去世；18 岁那年，母亲去世。杨锁游手好闲惯了，什么也不会，什么也不干，卖光了家里所有值钱的东西，到村里各家讨饭吃。吃到一顿饱饭后，他就一直睡，饿得实在不行的时候，再出门继续讨饭吃。堂哥和村里人给他介绍工作，他嫌累，不干。他从来不洗衣服。村里人给他的肉、菜，他都挂在屋檐上，一直放臭也不做来吃。终在 2009 年 12 月的一个大雪天，饿死家中，时年 23 岁。

杨锁的不幸虽是个例，却发人深思，值得家长朋友警醒。

现实中这样的例子，还有很多。许多父母一天到晚为孩子忙前忙后，早上催促孩子起床，帮孩子整理书包，接送孩子上学。然而，孩子却不领父母的"情"，依然我行我素。父母太勤劳，反而养成了孩子的惰性，对大人形成依赖。

这从反面启示我们的家长，为了孩子的未来，一定要放开手脚，让孩子在多姿多彩的生活实践中，培养生活技能，提升自理能力，恰如我国知名教育家陈鹤琴先生所说："凡是孩子自己能做的事，让他自己去做。"家长要做的，就是抓大放小，把握好大方向，孩子职责范围内的事情，让孩子自己承担，自己的事情自己做，家长进行必要的教育引导即可。

对孩子的自理实践教育，应从小开始：孩子开始学习走路，就应按照其意愿，让他尝试"独立"；孩子 2 ~ 3 岁，让其自己吃饭、喝水，收拾玩具；孩子 4 ~ 5 岁，让其自己穿脱衣服、叠被子，独立洗手，摆放、整理自己的玩具；孩子 6 ~ 7 岁，让其每天自己整理床铺，准备学习用品，早上听闹钟叫醒起床，饭后上学；孩子 8 ~ 11 岁，让孩子独立负责自己的个人卫生，学会看管自己的个人财物，会独立安排自己的活动。孩子上中学之后，家长更应引导孩子独立安排自己的生活，提高自理能力。

当然了，家长在培养孩子自理能力时，不能完全放手不管，而是慢慢培养，逐步放手，相信孩子"行"。孩子有了信心，才能做好，慢慢就真的"行了"。

一个男孩给《中国少年报》的"知心姐姐"写信说："我想学游泳，我妈妈说，你不行，你从小体弱，下水会淹着的。我想学骑车，我妈妈说，你不行，会摔着的。"这位妈妈看上去十分爱护孩子，实际上老对孩子说"你不行"，是不相信孩子，慢慢地，孩子就真的觉得自己"什么都不行"了。

家长教孩子自理，一开始要指导到位，把每一个步骤说清楚。

比如说，教孩子脱袜子："先把大拇指伸进脚后跟袜子里，然后往下拉就下来了。脱下来的袜子，要放进鞋子里。"指导孩子放自己衣服："裤子叠好，整齐地放在衣柜里；上衣用衣架挂起来，放在衣橱里。"孩子实践几次，就会了。

家长指导孩子自理，要平心静气，不要急。孩子小时候手眼配合还不是很协调，需要在实践中慢慢适应，熟练了就好了。家长千万不要嫌孩子做得不好，直接包办代替，更不要嫌孩子动作不熟练训斥孩子："你怎么这么笨，这么简单都学不会。"如此一来，孩子没了兴趣，就不愿再学了。

🎧 培养家庭小帮手

有远见的父母都十分重视孩子家庭责任感的培养，从不一味地包办代替，啥也不让孩子干，而是把孩子作为一个平等的家庭成员，善于巧妙地调动孩子，让孩子主动参与到家庭事务中来。孩子学会干家务，有助于提升劳动技能、动手能力，对孩子未来的发展非常重要。家长一定要重视。

有一个智慧的妈妈，很善于引导孩子参与家庭事务。凡是孩子为父母做的事，父母都会欣然接受。妈妈下班，儿子给妈妈倒了一杯水，妈妈就真诚地对儿子说："有儿子就是不一样！"女儿帮妈妈洗碗，妈妈就赞美女儿："有个女儿真好！"孩子听了心里美滋滋的，觉得自己有用，更愿意帮父母做事。

晚清名臣曾国藩在家训中，把子孙做不做家务，看作家族兴衰的三大要件之一。美国哈佛有一个著名的格兰特研究，该研究长达 76 年，跟踪研究了 2000 多人，发现成功者的一个相同点：从小做家务，长大后职业更成功。

孩子帮家长做家务，益处多多：可以锻炼身体，增强体质；可以培养抗挫力，收获成就感，提升自信心；可以体谅父母的辛劳，爱惜劳动成果，践行孝道，增强家庭责任感。孩子参与做家务，还可以提升孩子学习新事物的能力。孩子在做家务的过程中，时常要面对、处理各种新的问题。比如说扫地，凹凸不平的地方怎么扫？黏在地上的东西怎么清除？扫帚扫不到的犄角旮旯，怎么清理？甚至有时为了把事情做得更好，还要主动发现问题，创造性地解决问题，不断提升解决问题的能力。

家长培养孩子干家务，应从小开始。一般来说，两三岁的孩子，家长就可以让他把脏衣服放进洗衣机，帮助家长一起去丢垃圾、抹桌子，在家长指导下给宠物喂水喂食。四五岁的孩子，就可以在家长指导下，饭前摆放碗筷、饭后收拾桌子；外出购物时，帮忙提东西；学习清理自己的房间，学习拖地。六七岁的孩子，可在家长指导下，把脏衣服放进洗衣机，把晾干的衣服叠好；开始学习洗碗，知道按大小分类放进橱柜；学会擦桌子、凳子，扫地、拖地；学会择菜、洗菜，和家长一起做饭；到了学校，知道自觉值日，擦桌凳、黑板，打扫教室、走廊卫生。小学中高年级的孩子，可让其参与家里的大部分家务，像择菜、洗菜、扫地、拖地、浇花、喂鸟、洗衣服、晾衣服、购买生活用品等，都可以独自完成。

有些家务，像做饭、切菜、炒菜，使用家用电器，需要在家长帮助下完成，等孩子有了安全防范意识，完全熟练了再放手；孩子到了学校，家长应鼓励其积极参与值日，打扫教室、责任区卫生，完成学校交办的其他事务。

家长安排孩子干家务，要把握两个原则。一是和游戏结合。孩子小时候，对什么都有兴趣，都想试一试。家长可根据孩子的这一特点，把干家务与玩游戏结合起来，比如，通过开展"家务天天做""小鬼当家""我是家庭小主人"活动，让孩子在愉快的实践参与中，体验到快乐，明白劳动的意义，体恤父母的辛劳，升华对父母长辈的孝心。二是符合孩子的年龄特点。家长安排的家务，孩子很轻松地就可以完成，是锻炼。反之，孩子感到很难、很累，怎么努力也完不成，那就是惩罚了，孩子就会失去对干家务的兴趣。所以，家长要选择孩子能承受的家务，让孩子干，如果孩子不能承受，要及时调整。只要家长把握好合适的"度"，孩子一般都能坚持下来。

家长在教育引导孩子做家务时，一定要相信孩子，让孩子放开手脚，大胆地去干，并及时进行鼓励。

有一个小学四年级女生，由于父母上班时间紧，不能按时回家，她自己不会做饭，就胡乱吃些零食算了。妈妈觉得这样胡乱吃，不利于女儿的身体健康，就鼓励她学做一些简单的饭菜。她说"不会用煤气，也不知放多少油、多少盐"，妈妈又鼓励她："做两次就会了，不然你永远不会做。"女儿在妈妈激励、指导下，进行了几次实际操作，终于可以炒几样简单的菜。她很有成就感，在日记中写道："品尝自己的劳动果实，感到很快乐！"

家长只要不断鼓励，长期坚持，就有成效。当孩子取得进步，有了成绩时，家长要适时提出表扬，并给予奖励。比如，可奖励孩子一本喜爱的图书，一个喜欢的玩具，或奖励孩子看一场电影。当孩子已形成干家务的习惯，或进入小学高年级以后，就要减少物质奖励，改用精神激励，让孩子认识到劳动的价值，以及劳动对人生的意义。

事实告诉我们，家长真正爱孩子，就要舍得用孩子。孩子只有在被他人需要和为他人付出时，才能感受到自己的价值。

遗憾的是，现在我们的一些家长，越来越注重孩子的教育，却越来越忽视孩子的劳动技能培养。"只知怜惜孩子，不舍得使用孩子"，这是当今一些父母爱孩子的误区。有的父母总以为不让孩子干活是爱他，其实却间接地害了孩子。

孩子本身对干家务的热情是很高的，而且年龄越小的孩子越高涨。如果家长不注意保护、珍惜孩子的这份热情，那么到了孩子中学以后，干家务的热情就消失了，基本上就不想干，不愿干，叫都叫不动了。孩子不做家务，就不懂珍惜，不懂家长的辛劳，更缺乏为家庭付出的责任感。有许多"白眼狼""啃老族"，都是父母忽视孩子参与家务劳动实践锻炼的结果。因此，家长要及早让孩子参与到家庭事务中来，让孩子在家务劳动实践中，学习劳动技能和生活本领，获得幸福的人生。

🎧 孩子的学习力源于实践

考虑一千次，不如去做一次；犹豫一万次，不如实践一次。孩子是在体验中成长、体验中长大的，实践越多，体验越多，手脑配合就越好，学习力就越强，越有利于未来的发展。对于将来学理工科的孩子来说，更是如此。作为家长，我们要尽可能多地给孩子提供机会，让孩子多动手、多实践，不断增强学习力。

许多家长不明白，为什么有的家长文化程度不高，孩子的学习却很好，有的父母都是高学历，孩子学习成绩却一般般？其中一个重要原因，是孩子的学习力存在强弱差异。孩子的学习力——借助"手脑感官配合"获取知识能力的形成，与家长的文化程度无关，而与家长的教育方式密切相关，主要由实践锻炼而来。孩子学习力生成的关键期在孩子4岁之前，并非孩子上学以后。

心理学上有一个汤匙效应：

孩子很小的时候，喜欢自己使用汤匙吃饭，而且不厌其烦。对幼小的孩子来说，用汤匙吃饭是一个极其复杂的过程。"十指连心"，孩子手指的协调能力受大脑神经支配。孩子从不会拿汤匙到会拿汤匙，从不能控制汤匙到运用自如，手指动得越多，手指协调能力就越强，就越会促进大脑发育、智力的发展。

不仅吃饭如此，孩子穿衣服、整理玩具、做简单的家务、玩游戏、搞小制作、小实验也是如此，都是通过小肌肉的精细动作，促进大脑发育和学习力的提升。这就叫"手巧心灵"。孩子手巧了，心自然就灵了。孩子知识的获得，既来自前人的书本知识，也来自亲身的实践活动，二者不可偏废。

现实中，我们经常看到，家长越来越重视孩子的早期学习，有的家长很早就开始教孩子数数、认字、背唐诗，甚至在孩子三四岁的时候就送去英语班学英语，孩子六七岁的时候送孩子去奥数班学奥数，一味地对孩子进行知识灌输，忽略了孩子学习力的培养。

还有的家长喜欢帮孩子穿衣服，给孩子喂饭，包揽孩子的一切，除了学习什么也不让孩子干。岂不知，这些家长用自己的一片爱心，剥夺了孩子锻炼的机会，同时也延迟了孩子智力发展的速度，甚至连与知识学习密切相关的注意力、意志力、毅力等品质也会受到一定的影响。可以这样说，当下不少孩子专注力不够，精力易分散、缺少耐心、做事浮躁，眼高手低，都与孩子小时候没有经过足够的实践锻炼有关。

我国明末清初理学家陆世仪说过："学问从致知得者较浅，从力行得者较深，所谓躬行心得也。"孩子早期的知识学习固然重要，但对年幼的孩子来说，更重要的是从小进行实践锻炼，提升学习力。

对于学前的孩子，家长要让其在实践中锻炼大脑，丰富感知，激发潜能，就要在保证安全的前提下，引导孩子对家具、餐具、服饰等物品看一看，听一听，摸一摸；对食物、水果、有关调料，闻一闻，尝一尝，通过丰富多彩的实践，发展孩子的感知；带领孩子尽可能多地接触大自然，通过观察实践，认识花草虫鸟、山川河流、日月星辰、车船飞机、各种建筑，丰富孩子对外部世界的认知。

对于小学低年级的孩子，家长可利用其喜欢动手的特点，教孩子借助图纸，进行拼装实践；引导孩子从事小制作、小组装实践，用纸折叠风车、飞机，用橡皮泥捏制小碗、手枪、小房子，做熊猫、小人等。此外，还可以教孩子借助图纸，进行拼装实践。苏州郊区实验小学二年级学生卢旻，通过看图拼装飞机、坦克、军舰等模型，对各个时代、不同国家生产的不同型号的飞机、坦克、军舰，能很快识别，同时也增强了绘画能力。

对于小学中、高年级孩子，家长可利用其求知欲强的特点，支持孩子进行养殖、种植实践，从中学习了解植物生根、发芽、开花、结果的过程，学习了解小动物出生、生长、发育的过程。

支持、鼓励孩子积极参加兴趣班，进行物理、生物实验，在实验中学习了解空气、氧气、水、光的秘密，学习了解大气压、摩擦力、浮力、电磁原理。实验是科学的摇篮，诺贝尔奖获得者阿格·玻尔，小时候特别爱动手做机械拆装实验。一次，他把家里的自行车拆开了，开始无法装好，后在父亲的鼓励下，对每个零件仔细研究，终于装好了。这对他后来做科学实验，帮助很大。

有人把科研能力分为"动手能力"和"应用能力"两种。前者是将自己的思维变成具体成果的能力；后者是将所学的知识，变为实际行动的能力。这两种能力密切联系，不可分割，其提升的途径就是"实践"，尤其是孩子的早期实践。

孩子将来无论是从事科研还是从事专门的技术工作，都需要较强的动手能力。动手能力差，就不能保质保量顺利完成操作任务，从而影响工作的效能。如果能通过早期的实践，受到良好的训练，孩子的动手能力、实际操作能力就会得到有效提升，参加工作后，不仅能很快对设备进行轻松操作，还能巧妙地制造出各种需要的工具和设备来，甚至在技术改造和创造发明方面，表现出特殊的才能。

孩子的动手能力强，还有助于应用能力的发展。动手能力强的孩子，会通过丈量长度、面积等，加深对数学知识的理解；学了养花、养小动物的知识之后，能很快将花和小动物养好；听老师讲了实验的知识和程序后，很快就能把实验做好。而动手能力差的孩子，则常常手足无措，只能跟着别人亦步亦趋。

动手能力强的孩子，善于把"想象"变为现实。爱迪生小时候动手能力强，头脑灵活。他受钟表启发，想象着做一个"太阳钟"，于是找来一块木板，在木板中间钉一颗长钉子，在钉子四周画一些放射形线条，在阳光的照耀下，钉子的阴影停在哪条线上，就可以看出时间是多少了。同学和邻居都夸他聪明、手巧。爱迪生就是凭借灵巧的双手，把"太阳钟"的想象变成了现实。

动手能力强的孩子，应用能力也强，会根据自己的想象，很快画出图案或制作出模型，应用能力差的孩子，虽然心中想得很好，但仅是想想而已，需要动手时常常束手无策，不是成了"书呆子"，就是成了眼高手低的"低能儿"。爱因斯坦的好友米克尔·贝宁一生好学慎思，而且从小就有强烈的好奇心和对科学的爱好，但他的兴趣爱好，仅仅停留在学习理论上，因此，尽管掌握了许多知识，但终因缺乏实际应用能力，一生毫无建树。望我们的家长，都能引以为戒。

🎧 学好才艺多实践

孩子的特长源于兴趣，在实践中形成发展。做家长的，一定要重视孩子的动手实践，让孩子通过实践，加深对所学的专业知识的理解，提升动手能力，掌握技艺，形成特长，为将来的良好发展打好基础。

在 2022 年北京冬奥会上，有一个女孩特别亮眼。她就是夺得"两金一银"的 18 岁女孩谷爱凌。有朋友发来一个小视频，说混血儿谷爱凌 15 岁放弃美国籍，加入中国籍，还说："这个女孩不是人，九天仙女下凡尘。"谷爱凌牛到什么程度呢？她不仅滑雪拿过很多奖牌，还是一个学霸，"SAT"满分 1600 分，她考了 1580 分；加州女子越野跑的第二名、篮球高手、足球高手，会弹钢琴，会射箭，会攀岩，会跳芭蕾舞。

从谷爱凌身上我们可以看到，她不仅学习成绩优异，而且身怀多种"绝技"。正是这些"绝技"，让她光焰四射，而哪一项"绝技"少得了实践学习、实践锻炼呢？

事实上，孩子的特长不仅是体育特长、艺术特长，还有生活特长、表达特长、创新特长等。孩子某一方面的特长，或者说是本领、技能，都不是天生的，而是需要在实践中培养，在苦练中养成。细心观察，就会发现，孩子无论是骑车、滑冰、游泳，还是干家务、做游戏，哪一项都离不开实践。

2021 年 5 月 6 日，教育部召开新闻发布会，要求通过美育课堂，让每一个学生都能掌握 1 ~ 2 项艺术特长，让他们有创造美的能力。这不仅是对学校的要求，也是对家长的要求。家长可根据孩子的兴趣爱好，有重点地培养孩子一些才艺，提升孩子的艺术欣赏力、艺术鉴别力，从而丰富孩子的精神世界。

需要注意的是，发展孩子的艺术特长要遵从孩子的意愿，选孩子真正喜欢的学，贵在精不在多，一次一两项足矣。孩子真正喜欢的坚持学，不喜欢了就换，不要看别的孩子学啥，就让自己的孩子也学啥，也不是给孩子报很多才艺班，让孩子像陀螺一样团团转。

年幼的孩子，热衷于过家家、搭积木、滑滑梯、骑车、攀爬、做游戏，家长要在保证安全的前提下，鼓励孩子多参与，提升孩子的动作技能。有一个"小小工程师"游戏很有意思，通过让孩子以塑料瓶、纸盒、矿泉水盖、雪糕棒、奶粉盒、茶叶罐、卷纸芯为材料，搭建房子、灯塔、堡垒，"制造"飞机、汽车、轮船、火箭等，培养其创造性思维及动手特长。

孩子上学后，家长可鼓励孩子参加课外兴趣小组，比如体育、绘画、音乐、手工、劳动等，培养孩子多方面的技能。家长一定要重视孩子的实践，让孩子通过丰富多彩的实践，加深对所学专业知识的理解，提升动手能力，掌握技艺，形成特长，为创造未来幸福美好的生活，奠定良好的基础。现在有不少家长，只看重孩子的书本知识学习，不重视孩子的实践学习，不注重孩子的技能提升、特长养成，这是短视的表现。

孩子获得技能、形成特长的最佳时机是童年时期，也就是我们常说的"童子功"。尤其是与职业密切相关的专业技能，更是如此。像滑冰、滑雪、跳水、体操、舞蹈、钢琴、绘画、武术等，更需要早期的实践与练习。家长要让孩子在多姿多彩的实践中，发展自己的特长，如果孩子在某一方面既有特长，又有天赋和兴趣，也可以作为孩子未来的职业方向。

也许有家长说，只要孩子学习好，将来读博士、硕士，一样找好工作。但现实是，大学生到处都是，以前金贵的本科生已经不值钱了，就连一些硕士、博士也难以找到工作，回国留学生也没有以前抢手了。

有一个段子说："三千元雇不到农民工，只能雇一个大学生。"网络平台兴起后，城市出现了代驾、育儿保姆、维修工、装修工、管道工，还有通乳师、收纳师、篮球教练、周末活动组织者。这些行业都有很高的技能要求，如果不反复实践，达到熟练化，是绝对不行的。如果孩子空有一些文化知识，没有专业、职业、劳动等方面的技能，很难幸福地生存。因此，家长要转变观念，在关注孩子学习的同时，重视孩子的实践锻炼，让孩子在动手、动脑实践中，掌握技能，增强本领。

当然，孩子小时候的培养目标是全面发展，对孩子"体音美"方面的特长，可引导发展，但不要过早定型。如果孩子没有"体音美"方面的天赋，或兴趣不浓，过早定型不利于孩子以后的发展。

保护孩子的探索热情

喜欢探索未知世界，是孩子的天性。孩子生活在多彩的社会中，每天接触许多事物和现象。一些新奇的事物，一些变化着的现象，都会吸引孩子去探索，想弄清楚是个什么"东东"。这是一个可喜的现象，是孩子探索学习的起点。作为家长，我们一定要保护孩子的探究热情，不要打击孩子探究的积极性。

孩子小时候喜欢爬上爬下、跳上跳下，喜欢挖土、玩沙、涂鸦，喜欢"刨根问底"，对家里的玩具、手机、钟表等喜欢一探究竟，这是孩子获取知识、认识世界的重要方式和途径，家长应在保证安全的前提下予以保护。

孩子上学后，家长可鼓励孩子种植花草、饲养小动物，通过种植、养护实践，了解动物、植物方面的知识；鼓励孩子参加科技活动小组，在老师指导下，进行物理、化学、生物实验，激发孩子的科技兴趣，加深对所学知识的理解。

家教专家刘称莲的女儿，上小学时是个"昆虫迷"，不仅读了法布尔的《昆虫记》，喜欢在野外活动时观察各种昆虫，而且在家里亲自喂养了毛毛虫、蚁狮、蚕等昆虫，遇到问题还喜欢查工具书，积累了大量的昆虫知识，读中学时，生物学得很轻松，而且成绩很好。高中选科时，虽然选了文科，但在参加香港大学"校长报送计划"口语面试时，遇到了学生物的考官，谈的多是生物问题，面试非常顺利，还获得了第二志愿15分、第三志愿20分的加分。

孩子天生喜欢探索周围世界，玩沙、玩水、涂鸦，可以满足孩子探索自然的兴趣，给孩子带来极大的满足感和成就感，对他们的心智发展会有很好的促进作用。遗憾的是，我们的一些家长不明就里，对孩子实践探索，不是打击，就是限制，阻断了孩子探索学习的路径。

有的孩子看到新奇的事情，喜欢摸一摸、试一试。有些家长担心把衣服弄脏了，总是对孩子进行限制。

有一个妈妈很爱干净，把家里收拾得井井有条、一尘不染。女儿两三岁时，喜欢自己用手抓饭吃，妈妈就说："这样吃太脏了，弄得到处都是，来，妈妈喂。"孩子五六岁时，还喂着吃饭。孩子和其他小朋友一起挖土、玩泥、玩水，妈妈不停地告诉她："不要弄脏衣服。小心点，别把土弄到身上了。"在 N 次说教后，女儿挖土时总是小心翼翼，偶尔把土弄到鞋上，也会赶紧用小手把土拍下去。女儿喜欢涂涂画画，妈妈限定女儿只在画纸上画画。如果不小心把颜料弄到了身上，妈妈就会说："小心点，弄脏了很难洗。"渐渐地，女儿对很多事情都不太热情，也不太感兴趣了。

孩子玩沙、玩水、涂鸦虽然"脏"，里面却藏着孩子无尽的探索乐趣，让他们对世界对生活充满希望。家长若因为怕脏而处处限制，让孩子失去主动探索的热情，那就得不偿失了。所以，家长朋友一定要注意，不要因为我们怕脏，而泯灭了孩子的好奇心和探索的愿望，甚至影响到孩子的成长。

还有的孩子，尤其是男孩，好奇心强，喜欢把闹钟、手表、收音机、电脑拆开，想看看里边的"秘密"。由于家长对孩子的这些探究行为不理解，以为孩子"搞破坏"，轻则一顿训斥，重则一顿胖揍，把孩子的探究之火生生浇灭了，令人扼腕。

爱迪生小时候听说摩擦会生电，就用铁丝拴住两只猫，并用力在猫的背上揉搓，猫忍受不了这种折磨，把爱迪生的手抓破了。爱迪生的妈妈知道儿子是在做实验，没有责怪爱迪生，而是鼓励爱迪生注意安全，继续进行探索性实验。在妈妈的鼓励下，爱迪生一步步走上了科学发明的道路。

爱迪生妈妈的做法，值得我们家长借鉴。对于孩子正常的探索活动，家长应当加以鼓励引导。如孩子把家里电器、手表拆开了，家长可以和孩子一起再把它装上。

开国领袖毛泽东说过："读书是学习，使用也是学习，而且是更重要的学习。"家长可利用周末把孩子带进大自然、动物园、科技馆、博物馆，让孩子探究树木花草的习性，比如，为什么有些树冬天落叶，有些树冬天不落叶？在观察动物的外形、动作、神态的基础上，探究动物的生活习性；在观察奇妙的科技现象的基础上，探究科技现象背后的原理；在观察博物馆的文物的基础上，探究了解文物的历史。

旅游是孩子的最爱，家长还可根据孩子喜欢旅行、探究的特点，按照学校的研学旅行要求，与孩子一起商定研学课题，提出研学目标，利用假期带孩子参观工厂、乡村，让孩子在感受火热生产场景的同时，探究工业产品是如何生产出来的；在感受质朴田园生活的同时，探究农作物、蔬菜、瓜果是如何生长的。这些实践探索，轻松愉快，既有利于丰富孩子的知识，还可以培养孩子的探究兴趣，使孩子有所发现，有所发明。许多获得"小发明"奖的孩子，就是在探索实践中完成小发明的。

家长还可利用假期，带孩子出去旅游，引导孩子在观赏美丽的自然风光的同时，探究大自然的奥秘。一个二年级的小女孩，随妈妈到山区春游，看到盛开的桃花，便问妈妈："为什么山里的桃花比平原开得晚呢？"妈妈在肯定女儿"爱思考"的同时，鼓励女儿自己找答案。后来她自己在网上找到了答案，非常高兴。

认识社会靠实践

有句话说得好："家长要真爱孩子，就要早早让孩子去了解社会，认识社会。"孩子的世界是纯洁的，他们天真、懵懂、无知。他们不了解社会生活的丰富，不知道成人世界的复杂，也不知道什么事情是能做的，什么事情是不能做的。这都需要家长引导孩子在丰富多彩的社会实践中，去学习、去体验。

历史上有这样一个典故，说的是晋惠帝时期，有一年碰上饥荒，老百姓没饭吃，只好挖树根，吃观音土，饿死无数人。灾情报到朝廷，晋惠帝司马衷大为不解，说老百姓没米吃，都饿死了，他们怎么不吃肉！这一具有讽刺意义的典故说明，一个人，哪怕是皇帝，没有经历社会实践，没有切身体验，就无从了解社会。

时下，有不少家长，一方面高度关心孩子的学习，只要是对孩子学习有利的事，不惜花费巨大财力和精力，也尽可能多地满足孩子，不让孩子"丢份子"；另一方面，又武断地剥夺了孩子锻炼体验的机会，除了学习，什么也不让孩子管，什么也不让孩子干。结果是孩子从幼儿到大学生、研究生，学习了不少知识，而对社会的认知、对自身责任义务的认知则十分肤浅，不少人到社会上难以适应。

这启示我们的家长，许多孩子虽然生活在社会上，但对社会并没有概念，需要家长引导孩子去感知、体验。家长要教育引导孩子从小参加社会实践，在实践中了解社会、认识社会。孩子只有认识了社会，才能适应社会，在社会上找到自己的位置。

家长可利用带孩子去公园、参加游戏、看电影、乘车的机会，告诉孩子，社会是由人群组成的，只要有人群的地方，就是一个"小社会"，每一个人都是一个社会成员，还可有意识地带孩子走出家庭，去幼儿园、学校、医院、商场、车站等地，告诉孩子，社会是由一个个单位组成的，每一个单位就是一个"小社会"，我们生活的"大社会"，都是由一个个"小社会"组合而成的。

孩子只要置身于多姿多彩的社会环境，境界就会提升，格局就会放大。著名作家龙应台说过这样一句话："与其上一百堂美学课，不如带孩子到大自然里去走一走，与其教一百堂建筑课，不如让孩子去触摸几个古老的城市。"

家长不仅要引导孩子在实践中了解人文环境，还要引导孩子在实践中了解自然环境。可利用节假日，多带孩子走出去，不管是去山清水秀的地方游玩，了解自然风光，还是到乡村去了解田园风光，都会开阔眼界，丰富对社会的认知。反之，孩子足不出户，爱宅在家里，就会像井底之蛙一样，眼前只有巴掌大一片小小的天空，久而久之，眼界就会变得很窄，自然难以了解社会。

孩子将来要在社会上生存，就要学会交往，了解社会关系——人与人之间的关系。人际关系除了家庭关系，还有社会关系，像伙伴关系、同学关系、朋友关系、师生关系等。处理好人际关系，会拓展孩子的人缘，愉悦孩子的心境。如果孩子不善人际交往，就缺少朋友，将难以融入人群。

教孩子处理好人际关系，靠说教作用不大，主要靠实践体验。有道是，给孩子金山银山，不如带他多见见世面，多了解不同的人或事，让孩子的心灵层次得到提升。孩子只有在不断的实践体验中，才会慢慢成熟，明白"成人世界是怎么回事"。

孩子小时候了解社会的有效方式，除了走出家门，了解外面的世界，还可和孩子一起做游戏，让孩子扮演爸爸妈妈、警察、军人、快递员、教师、医生、护士等各种社会角色，了解这些角色的工作生活方式。

孩子懂事后，可让孩子亲身参与社会生活，从实践中体悟社会生活。孩子参与了解社会生活的方式有很多，像和家长一起到菜场买菜，到商场买东西，以及参观、做志愿者、参与校园"跳蚤市场"等，都是很好的方式。我女儿上初二时，想感受一下挣钱的滋味，便在情人节，和一个同学合伙批发了100块钱的玫瑰花，在路边卖。没有经验加上不会吆喝，半天下来，一半也没卖出去，最后都送人了。这次赔本买卖，让女儿体会到了赚钱的不易。

现在，许多孩子都是富里生富里养，缺乏社会生活的锻炼与体验，一心想着自己，不知道承担对家庭、社会的责任，和父母的关系成了"债权人"和"债务人"的关系，要钱时想起了父母，不要钱时把父母抛在脑后；到了社会上，处理不好人际关系，缺乏生存技能，不利于未来的发展。有不少优秀的孩子在娇生惯养中长大，不了解风土人情、人情世故，进入社会后格格不入，四处碰壁。

🎧 不实践难以适应社会

不知何时，我们国人创造了一个非常有趣的词："混。"人们评价一个人过得怎么样，就说这个人会不会"混"，对过得好的人，会说"混得不错"；对没钱、没地位的人，就会说"混得不咋的"。一个"混"字，反映出一个人要在社会上立足，光有本事还不行，还要积极融入社会，主动适应社会。家长教孩子适应社会，就像教孩子学游泳一样，光说不行，还要多练，让孩子在社会的舞台上经受锻炼，经受考验。

现在很多家长怕孩子吃苦，怕有危险，于是把孩子放在一个舒适的环境里。孩子会因为缺少社会实践体验，对未来多变的社会环境难以适应。有不少年轻人，虽然是名牌大学，或研究生毕业，但到了社会上，总是怀才不遇，处处碰壁，若干年后社会地位还不如没有文凭的人。

适应社会不是一个嘴说的过程，而是一个实践养成的过程。很多孩子说起做人的道理，是一套一套的，但做起来就不是那么回事了，主要是缺乏实践历练。

有人说"挤公交，是适应社会的第一步"。家长想把孩子培养成能适应未来社会的人，就不能"圈养"，让孩子老宅在家里，要"放养"，舍得放手，从小给孩子提供锻炼、实践的机会。

提升孩子的社会适应能力，家长应从小经常带孩子到儿童乐园、公园、书店等人员密集的场所，利用假期带孩子出去旅游，让孩子了解周围环境，接触方方面面的人，逐步提升孩子对环境的适应能力，再经过幼儿园、学校的生活、学习实践锻炼，加深孩子对社会环境的了解，从而自觉融入其中。家长可多让自己的孩子与不同年龄的孩子交往，多带孩子走出家门，广泛结交伙伴，让孩子成为一个乐于交往和善于交往的人。

一个人的成功，80% 靠人际关系。所以，应从小教育引导孩子在实践中处理好人际关系，让孩子从点点滴滴做起：知道长幼有序、上下有序，孝顺父母，尊敬长辈、老师；平等对待平辈、同学、同伴、朋友，知道谦虚礼让，诚实守信，不蛮横无理，以大欺小；礼貌待人，友好合作。近年来，由于一些家长教育引导不当，不少孩子目无家长、老师、领导，不知尊卑，对人没礼貌，自私霸道，不善合作，对成长不利。

孩子的社会责任感，也需要从小在实践中培养。家庭是社会的细胞、职场的雏形，家长要从小明确孩子在家庭中的责任，学会自我服务，学会自己照顾自己，学会承担相应的家务。当孩子从小参与到家务中时，他就能明白，自己是家庭平等的一员，而不是高高在上的"小皇帝""小公主"，每个人在家里都有自己的责任，相信通过自己的努力可以使家庭变得更好。这就是同理心。孩子有了同理心，无论是在学校，还是将来到了社会上，都会明确自己在学习、值日、工作中的责任，从而在实践中学习并掌握各种本领，努力履行职责，完成目标任务。

社会规则是规范人们行为的道德、法纪规范。凡有人群的地方，都有规则，违背了，就要付出代价。孩子的社会规则意识，需要从小在实践中逐步养成。家长要想让孩子顺利地成长，就要按照道德、法纪的要求，教育孩子在实践中适应社会规则。

可从幼儿园开始，引导孩子在吃饭、游戏、睡觉等各项活动中，遵守活动规则，遵守纪律；孩子上学后，一言一行都要符合学校、班级的纪律、制度规定。

卢梭说过："你知道用什么方法可以使你的孩子不幸吗？这个方法就是百依百顺。"现在，一些家长对孩子的溺爱娇纵、百依百顺，造成孩子的我行我素，不懂规矩，不守规矩。在家里以我为中心，蹬鼻子上脸；在学校横行霸道，打架斗殴，啥坏事都干；在社会上违法乱纪，无法无天；到头来，受到了法纪的惩处，悔之晚矣。作为家长，我们要引以为戒。

几年前，看过一个根据真实故事改编的电影《盲山》，讲述了一个女大学生被拐卖到大山里的故事。近两年，媒体上也不断爆出大学生、研究生被拐卖的案件。尤其是 2021 年以来，媒体报道的"铁链女""铁笼女"更是触目惊心！还有前些年的传销、校园贷、网络诈骗，令人震惊。此外，从央视《今日说法》上也看到，一些刚走上社会的大学生，不自觉地成了诈骗团伙的主播、程序员、业务员，令人唏嘘。这说明社会并非美好的童话世界，到处都有陷阱，一不小心，就会掉进去。同时也说明，许多孩子缺乏防范意识，法纪意识淡薄，容易轻信盲从。

做家长的，从孩子懂事起，除了告诉孩子什么是真实的世界，还要通过让孩子看展览、听讲座、参加活动的形式，让孩子亲自感知复杂的社会环境，增强防范意识，掌握防范的方法：不贪小便宜，不轻信别人，不随便与陌生人搭讪；晚上不走僻静的小道，尤其是女孩，一定不要随意跟人走；遇到危险，要沉着冷静，机智脱身。孩子只有时刻绷紧安全之弦，才能在纷繁复杂的社会环境里，减少风险。

因势利导法

　　我们知道，大禹治水的秘诀不是"堵"，而是"疏"，即顺势而为，巧妙疏导。家庭教育亦然。家长每天面对的，是有头脑、有思想、有个性的活生生的孩子，而不是任人随意摆布的物件。每个孩子都是独一无二的个体，都有自己的成长表和觉醒图。所以，家长在教育孩子的过程中，不能当"驯兽师"，一味地说教、训斥，而应做"引导师"，善于从实际出发，尊重规律，因势利导，因材施教，循循善诱。唯有如此，才能收到理想的教育效果。

　　孩子身心发展，有其内在的程序和规则，有道是"三日不见，当刮目相看"。实施因势利导法，需要家长学会用发展的眼光看待孩子，从实际出发，用不同的方式方法教育引导孩子，增强教育的针对性，做到因龄施引，因情施导，千万不能"十年教子一条计，对牛弹琴两不知"。

　　兵法云，兵无常势，水无常形。教育孩子也是如此，随时会遇到不同的情况。现在的生活条件、家庭条件、教育条件，与过去不同。今天的孩子也不是以前的孩子，不能不分时间、场合，随心所欲，率性而为，更不能"一条道走到黑"。"打蛇捏棍赶火候，过渡撑篙察风头"。实施因势利导法，需要家长在教育孩子时，静观情势，善于在发展变化中捕捉"战机"，因势利导，对症"施策"，巧妙引导，化解危机，引导孩子向上向善，健康成长。

🎧 注意因龄施引

俗话说："不见孩子长，只见衣服短。"殊不知，孩子每天都在悄悄地成长着、变化着，不知不觉间，出现新的表现，呈现新的特点。作为家长，我们要做有心人，密切关注孩子的成长，关注孩子的内心变化，对孩子每个发展阶段的身心发展特点和教育重点，做到心中有数，然后有的放矢地搞好教育引导，保证教育的大方向不出偏差。

对成长中的孩子来说，学前期是一个充满快乐的最需要安全感的时期。这个时期的孩子，对外面的世界充满好奇，兴趣广泛，求知欲极强，有着惊人的学习能力和无穷的探究兴趣。对孩子的教育引导要以呵护为主，但不要溺爱孩子。

学前期孩子的一大特点，就是模仿能力极强。家长的一举一动，哪怕是再细微的言行举止他也会留意、模仿。这是一种可喜的现象，是孩子探究学习的原发动力，为家庭教育提供了良机。每一个做家长的，都要做一面"模板"，当好孩子的榜样，注重身教，顺势而为。

游泳池里，爸爸和儿子一起游泳。游着游着，爸爸变换花样，一会儿学鱼的样子，一会儿学青蛙的样子，一会儿学蝴蝶的样子，一会儿学鳄鱼的样子，儿子觉得有趣，也跟着学，很快学会了仰泳、蛙泳、蝶泳、自由泳，还和爸爸相互追逐，异常开心。

对学前期孩子的教育，重点是养成教育，即引导孩子养成良好的品行及生活习惯。家长要保障孩子的饮食和睡眠，保护好孩子的安全，以及好奇心、求知欲，让孩子快乐地成长。孩子的知识学习可以游戏的形式，寓教于乐地进行，不要过早地对孩子进行专业化的知识教育。过早逼着孩子认字、做题，容易使孩子形成心理压力而害怕上学。

孩子上了小学，也就从童年期步入了少年期，身体和心智发展比较快，精力充沛。小学阶段是孩子系统学习知识的起始阶段，也是孩子品德形成的关键期、情绪发展的关键期，需要家长密切配合老师，有针对性地搞好教育引导：有意识地引导孩子搞好体育锻炼，增强体质，强健体魄；通过家长自身的示范和名人故事，提升孩子的道德认知，丰富孩子的道德情感，锻炼孩子的道德意志，养成孩子的道德行为。

小学的孩子以课业学习为主，兼学别样。家长的中心任务不是关注孩子的成绩，而是激发孩子的学习兴趣，引导孩子养成良好的学习习惯。家长要做的是率先垂范，下班回家后读书看报，陪伴孩子学习。可通过适当奖励，诱导孩子学习，激发孩子的学习兴趣和求知欲；通过训练引导，帮助孩子养成预习的习惯、听讲的习惯、复习的习惯、认真作业的习惯。良好的学习习惯对孩子以后的学习影响极大，孩子之间的差别，很大程度上是学习习惯的差别。学习习惯养好了，提高成绩就是水到渠成的事。

家长还可利用孩子的探索与探究热情，鼓励孩子多体验生活，鼓励孩子勇敢尝试，善于观察新事物，有意识地让孩子经历一些磨炼。比如参加军训、到农村体验等，可以磨炼孩子的意志。只有经过挫折和磨炼中成长起来的孩子，未来才更具有生存竞争力和发展后劲。

需要注意的是，家长不要攀比，不要把自己的期待强加给孩子，要求孩子考多少多少分，不管孩子是否愿意，给孩子报很多辅导班。强迫孩子学习，只会导致孩子厌学。只有引导孩子自由快乐地成长，孩子觉得学习有趣，才能更好地发挥潜力。

小学的孩子，虽然随着自我意识的增强，也在不断谋求独立，但总体上仍处在对妈妈的"心理依恋期"，情绪常常起伏不定。家长，尤其是妈妈，多陪伴孩子，和孩子一起做家务、游戏、聊天、读书，一起分享孩子的梦想、体会、感悟。

中学生跟小学生又有不同。中学阶段是孩子由少年向青年的转变阶段，也叫青年前期。这个阶段的孩子，身体发育成熟，第二性征出现，心理矛盾加剧，情绪变化无常，喜欢标新立异，开始谋求独立。所以，中学阶段也叫青春期、逆反期、"心理断乳期"。

作为家长，我们对中学阶段孩子的教育，主要是疏导，及时沟通，巧妙点拨。中学生多数情况下，喜欢"独善其身"，不愿与家长沟通交流。这就需要家长在仔细观察孩子的同时，多与班主任沟通，及时了解孩子的身心变化、思想动态，在引导方式上"顺毛捋"，多听少说，发现孩子诸如厌学、早恋之类的问题，要坦然面对，通过书信、留言、微信等形式，巧妙化解，减轻孩子的逆反心理；要相信孩子，给孩子留下"醒悟"的时间和空间，千万不要硬来，更不要无中生有，冤枉孩子。

中学生的学习任务繁重，家长要在生活上关心到位，保障孩子的营养跟上。孩子在学校面临着学习的压力、竞争的压力、升学的压力，心理负担很重，家长千万不要火上浇油，再行加压，而应多体谅孩子，多理解孩子，给孩子减压。在孩子心情好的时候，陪孩子散散步，或陪孩子听段音乐，看场电影，让孩子放松一下绷紧的神经。

家长要密切关注孩子的动向，当孩子愿意与你交流时，可引导孩子改进学习方法：确定学习目标，制订学习计划，关注学习过程，把每一次考试作为对自己前段学习情况的总结与检验，不要太在意名次和结果，也不要和别人攀比；注意学思结合，及时复习总结，及时订正错题，实在不明白的，可以多问老师；激励孩子向名人学习，不怕困难，迎难而上，从攻克难关中体验学习的快乐。

🎧 善于因情施导

常言说得好，人一上百，形形色色。就是说，每个孩子都是一个独立的生命个体，各有千秋，各有特色。就像没有两个完全相同的树叶一样，也没有两个完全一样的孩子。这就需要家长从孩子的实际出发，有针对性地进行教育引导，切忌盲目攀比，用统一的模式去套孩子。

现在的家长，为培养孩子舍得投资。可许多家长不理解的是，为什么投入那么多，而收效却不尽如人意呢？我觉得，主要原因是家长没有根据孩子的兴趣爱好进行教育引导。一些家长喜欢用统一的"模子"去要求孩子，认为孩子只要学习好，就有了一切。还有一些家长喜欢盲目攀比效仿，不管孩子喜不喜欢，看人家报才艺班，就给自己的孩子报。心想孩子将来什么都能干，既可以成为科学家，也可以成为老板；既可以成为音乐家，也可以成为画家……不从孩子的实际出发，抹杀了孩子的兴趣爱好，挫伤了孩子的积极性。

2008 年，广西考生周浩高考考了 660 多分。他想报考北京航空航天大学，但家人和老师都觉得"屈才"，让他报考北大。周浩最终众望所归进入北大。但周浩从小就喜欢机械操作和动手，对纯理性专业没有兴趣，北大的学习生活令他痛不欲生。后来，周浩毅然放弃在北大的学习，转学到一所普通高校——北京工业技师学院。在这里，他如鱼得水，拿到了不少专业奖项。毕业后留校任教，成为一名优秀的专业教师。2014 年，周浩在全国数控技能大赛中，以优异的成绩摘得了冠军。

这启示我们的家长，外表光鲜的，未必是最好的，适合孩子的，才是最好的。我们在教育引导孩子时，不光要关心孩子的课内学习，还要多观察孩子，了解孩子的兴趣爱好，引领孩子的兴趣爱好。如果孩子真心喜欢画画、跳舞，或弹奏乐器，家长就应支持，有意识地让孩子接触、参与。

需要注意的是，孩子学艺术需要天赋。如果孩子有兴趣，也确实有某一方面的艺术天赋和潜能，可引导孩子进一步向专业的方向发展；如果孩子光有兴趣，没有这方面的天赋，可让孩子作为一个爱好、一个特长，不要刻意要求孩子达到什么样的水平；如果孩子既无天赋，又无兴趣，那就别让孩子活受罪。我女儿上幼儿园时，开始喜欢舞蹈，跳了一个学期，发现她不是真心喜欢，就不让她继续学了。现在一些家长在孩子的才艺学习上，喜欢攀比，看到别的孩子学什么，自己的孩子也要跟着学，完全不考虑孩子的实际。这对孩子的成长不利。

每个孩子都有不同的秉性、不同的脾气。有的孩子性格外向，活泼好动；有的孩子性格内向，少言寡语；有的孩子正直诚实、谦虚忍让，富有同情心；有的孩子自私自利，嫉妒心强，爱耍性子、闹矛盾；有的孩子自高自大，目中无人；有的孩子胆小怕事，懦弱无能……

这就需要家长根据孩子的特点，对症施策。比如，孩子同样是"执拗、任性"，家长对不同性格的孩子，要采取不同的引导方式：对自尊心强的孩子，要注意照顾其面子，通过私下谈心、启发引导的方式解决；对好胜自负的孩子，要指出问题，明确规则，让孩子知道，自信没有问题，自信过了头，就是问题了；对待感情容易冲动的孩子，可以先放一放，等孩子冷静下来了，再讲道理，陈述利害。

家长同样是"希望孩子变好"，对待脾气急躁的孩子，要引导他注意克制自己，凡事要三思而行，不可冒冒失失行事；对待活跃调皮的孩子，要引导他养成认真踏实的作风，无论是学习，还是干其他的事，都要有恒心、有毅力，坚持到底；对于胆小怕事的孩子，要鼓励他勇于进取，敢于创新，防止疲沓懒散，畏缩不前；对于心理脆弱、惧怕失败的孩子，要帮他树立信心和战胜困难的勇气。

贾宝玉说："女人是水做的，男人是泥做的。"曹雪芹在《红楼梦》里，假借男主人公之口，说出了男女之别。的确，男孩和女孩不同，家长在对男孩、女孩引导的重点上，也要有所区别。对男孩，要注重"阳光教育"，重在培养"男子气"，重点引导孩子吃苦耐劳、不怕困难、有韧性、顽强的品质，如带他去爬山、踢球、游泳，锻炼其坚韧性，让孩子具备勇敢精神，学会面对挫折、学会独立自主。对女孩，要注重"底线教育"，重在涵养"淑女气质"，让她精神上富有，温文尔雅，有书卷气，知书达理，知道关心别人、帮助别人；知道坚守身体的底线，学会自我保护。

教育孩子就像中医看病，需要对症施策、辩证施教，从孩子的实际出发，有针对性地搞好教育引导。有时间需要"一策一用"。比如，孩子学习成绩落后，不能简单地归咎于"不努力"，而应具体分析背后的原因，对症施策。有的孩子可能是基础差，缺乏必要的知识储备。对这样的孩子，家长可配合老师进行辅导帮助，先补基础，再谋提升。有的孩子可能很聪明，就是学习习惯没养好，上课注意力不集中，思想老外掣，不认真听讲，不认真做作业。对这样的孩子，单纯补课作用不大，莫如从激发兴趣入手，培养孩子的学习习惯，习惯养好了，成绩自然就上去了。

有时，家长为了培养孩子某一方面的品质，需要"多策一用"，采取多种方法。比如，培养孩子的"家庭责任感"，家长可以和孩子一起孝敬老人，一起收拾房间，打扫卫生，做饭洗衣；可以"扮弱"，向孩子"求助"，孩子通过帮助家长，会变成懂事的"小大人"；可以放手让孩子去尝试，学会独立生活，增强责任感；可以让孩子经受一点锻炼，比如研学旅行，到农村、厂矿体验等，增强孩子的责任意识。

有的教育方法，具有普适性，家长可以"一策多用"。比如鼓励法，就可以广泛采用：发现孩子有了优点，或成绩提高了，可以夸奖激励；看到孩子勤于思考，勇于尝试，或善于观察新事物，富有创新精神，可以表扬奖励；发现孩子信心不足，或考试没考好，可以安慰激励；看到孩子知道自我反省、改正缺点，或克服困难、战胜了挫折，可以肯定鼓励。家长只要因情施导，引导到位，孩子就会不断进步。

🎧 讲究因状施策

　　孩子的成长、孩子的教育，不只是吃喝拉撒、读书学习，情况有时比我们想象的要复杂得多。孩子的身心在一定的情境中成长，同样的问题，表现在不同年龄的孩子身上，性质会有所不同。这就需要家长结合具体情境，有策略地搞好教育引导，因状施策。

　　孩子在成长的过程中，小到系鞋带、过马路，大到品德养成、学习成绩提升、心理矛盾化解，每一次发展，每一个进步，都是迈向独立、成熟的里程碑。但童年期孩子，毕竟年龄小、不成熟，需要家长"扶上马送一程"。也就是说，孩子的成长离不开家长的指导，在遇到困难时，需要家长给予帮助。

　　现实中有一些家长，一看孩子"笨手笨脚"，就先是唠叨一番："怎么这么笨，这点小事都不会做。"然后直接包办代替，结果孩子该不会还是不会，该"笨"还是笨。所以，做家长的，要有耐心，不能急。培养孩子的生活技能、劳动技能，需要在家长的示范带动下，鼓励孩子多动手、多实践。假以时日，孩子也就由不会到会，由不熟练到熟练了。

　　还有的家长，一看到孩子作业不会写或成绩下降，不分青红皂白就是一顿训斥，然后告诉孩子应该怎么做，不应该怎么做。这样做，只会让孩子觉得学习是一件痛苦的事，从而丧失信心，不再有学习的积极性。

　　正确的做法是，家长静下心来，针对实际情况，先安慰孩子，听听孩子的心声，肯定孩子的努力，再从实际出发，有针对性地启发引导孩子。比如，有些题目，孩子不太明白，家长不要急于告诉孩子答案，而是告诉孩子思路，让孩子自己思考，自己查字典解决，然后再结合具体情况，有针对性地讲解；对于孩子实在不会做的题目，家长可重点讲解，或让孩子去学校问老师。要让孩子明白，学习是"学思结合、学问结合"的过程，只有勤思考，多钻研，善问问题，才能学好。

　　每个孩子都有自己特有的天赋。家长希望孩子优秀，就要给孩子展示的舞台、展示的机会，让孩子好好展示一下。看到孩子喜欢听故事，喜欢讲故事，家长就要鼓励孩子多讲故事给你听。如果孩子对数字敏感，又有兴趣，家长不妨带着他去逛商店，让孩子帮你挑选价格便宜的东西。在切身体验中，激发孩子的兴趣，发展孩子的特长。当孩子感到家长欣赏自己的才能，并表现出极大的热情时，自然会增强自信心，乐此不疲地坚持下去。想让孩子明白"红灯停、绿灯行"的交通规则，就带孩子到红绿灯路口，看到红灯自觉停下来，告诉孩子"红灯停"。这远比正儿八经地专门给孩子讲交通规则，效果要好得多。

　　只要稍稍留意，我们就会发现一个有趣的现象：当孩子表现很好时，家长免不了要赞扬一下。有的家长习惯说"很好""很棒"，孩子却不清楚自己"好"在哪里，"棒"在何处。所以，家长的赞美，要突出情境性，要有创意。比如说，孩子早饭后出门，见了门卫叔叔主动打招呼，家长就可结合具体场景，赞美孩子："你今天主动跟门卫叔叔打招呼，很有礼貌。"情境性赞美会让孩子印象深刻，暗下决心下次表现更好。再如，孩子考试取得了好成绩，家长孩子都高兴。家长可结合具体试卷，首先肯定孩子学习努力，比上次有了进步，或肯定孩子善于思考，连难题也做出来了，或肯定孩子学习态度端正，卷面整洁，字迹工整，其次告诉孩子应注意的问题，以及下一步努力的方向。孩子心情愉快，自然乐意接受家长的建议，继续努力，保持良好的势头。

随着赏识教育的普及，有的家长以为夸奖、鼓励可以解决一切问题。其实不然，对不同年龄的孩子，奖励的效果是不同的。5岁的孩子，一心一意想做个好孩子，喜欢听好听的，爱讨妈妈欢心，夸奖、鼓励有效；8岁的孩子处于对母亲的"心理依恋期"，喜欢察言观色，曲意逢迎母亲，对孩子夸奖、鼓励，也有效。但对六七岁的孩子就不行，6岁的孩子处于"反抗"期，喜欢跟大人对着干；7岁的孩子喜欢独处，不喜欢与人交往，开始有"心事"，所以对六七岁的孩子，夸奖、鼓励效果都不明显，需要家长耐心引导，急则没用。

现实中有些家长，看到孩子学习有了进步，喜欢用礼物或金钱奖赏孩子。殊不知，物质奖励虽有激励作用，但容易产生误导，使孩子把关注的重点放在获得什么样的报酬上，而不是放在努力学习所带来的满足感与成就感上。时间长了，孩子会养成对物质奖励的期待，没有奖励便不再努力。所以家长要把激励的重点放在精神鼓励上。

孩子在不同的年龄阶段，有不同的特点。这就给家长提出了新的要求：同一种引导方式，未必适合各个年龄段的孩子；孩子同样的表现，可能需要不同的引导方式。这就需要家长因状施策，根据孩子的"实际状况"，有的放矢地搞好引导。

针对同样的问题，对不同年龄的孩子，在教育引导的方法上应有所区别。比如，私拿别人的东西。4岁以下的孩子，对"自己的东西"和"别人的东西"，还区分不出来，只有喜欢不喜欢，只要是他喜欢的东西（如玩具），不管是谁的，顺手就拿。所以，随意拿走别人的东西，和同伴抢玩具，都是惯常现象。这种"问题"，其实不算问题，是孩子"无知"的表现。家长只要细心引导，让孩子明白，别人的玩具，要经过别人同意，才能玩，玩过之后，要及时还给人家，还要说"谢谢"。慢慢地，孩子建立起了归属的概念，问题自然就解决了。

同样的问题，如果发生在 8 岁以上的孩子身上，比如，私拿别人的学习用品、图书、钱物等，这就是"品行问题"了，需要家长认真对待，及时纠正。当然，孩子偶尔有一两次这样的行为，家长大可不必大惊小怪，因为这时的孩子也知道私拿别人的东西不对，但只是认识不到行为本身的性质和危害。家长要做的，是通过引导，让孩子认识到问题的严重性，保证下不为例，可告诉孩子"改正了就是好孩子"，也可私下与班主任老师沟通，暗自将孩子拿的东西还给人家，就说找到了，不要过于张扬，免得四处扩散，给孩子心灵蒙上阴影。

遗憾的是，现在有些家长，特别护短，明知孩子私拿别人的东西，也不管不问，甚至默许支持；孩子被老师批评了，还到学校闹，说老师败坏孩子的名誉。殊不知，孩子的品行问题，如不及时纠正，任其发展，就会酿成大错。有许多失足的青少年，就是从违纪开始，一步步沉沦，最后堕入了犯罪的深渊。

🎧 学会嵌入式引导

现实中，许多家长不考虑孩子的兴奋点，不管孩子是否愿意，随时随地让孩子背古诗、做数学题，或者不考虑孩子的接受实际，喜欢给孩子讲大道理，效果往往不佳。倒不如改变策略，把需要孩子学习的知识，需要孩子明白的道理，镶嵌在讲故事、做游戏等孩子喜欢的活动中，常常可以收到理想的教育效果。

小孩和大人不同，他的学习、活动，与兴趣密切相关。凡是喜欢的事，不用家长催，他都会乐此不疲，甚至会达到痴迷的程度；没兴趣的事，干一会儿就烦了。有的家长不明就里，不管孩子是否愿意，硬逼着孩子学习，或者不考虑孩子的接受实际，喜欢给孩子讲大道理，效果往往不佳。这就需要家长转变思路，另辟蹊径。家长紧紧抓住孩子爱听故事、爱玩游戏的兴奋点，巧妙地把有关的学习内容、教育内容，镶嵌于故事或游戏里，引导孩子积极参与，学习知识、接受教育。

有一位妈妈，善于运用嵌入式引导，取得了显著的教育效果。

妈妈听说孩子多读多背唐诗有好处，没有像别的家长那样逼迫孩子背唐诗，而是利用孩子爱听故事的特点，巧妙地把唐诗融入故事之中，或者讲诗人写诗的背景故事，在讲故事的过程中，很自然地把唐诗教给了孩子；或者通过一些文人雅士的故事，把唐诗、对联镶嵌其中，孩子在听故事的过程中，轻松愉快地记住了唐诗，再通过孩子复述故事，毫不费劲地把唐诗记牢了，而且学到了与唐诗有关的知识，可谓一举多得。

还有一位父亲，为了训练二年级儿子的快速计算能力，就利用儿子逞强好胜的特点，与儿子玩扑克游戏。他拿出一副扑克，去掉"王、J、Q、K"等花牌，把剩下的 40 张扑克打乱，告诉孩子随机翻牌"加点数"，限时 10 分钟，低于规定时间完成，且计算准确，发红包，儿子参与的积极性很高，开始慢，越来越快，最后 40 张扑克不到 5 分钟就加完了。经过这场游戏训练，儿子的数学运算的速度大大提高，反应能力也提升不少。其实，家长开发孩子智力、训练孩子思维的方式很多，像智力游戏、成语接龙、歇后语比赛、玩积木、转魔方、拼图等，都是寓教于乐的好形式，孩子学得轻松愉快，学习的积极性自然会大大提高。

对孩子的品行教育，也是如此，一味说教，效果常常不好。如果能通过一个孩子乐于接受的媒介，让孩子自然而然地受到启迪，明白道理，则效果要好得多。两年前，朋友曾发来一个小视频，很有意思。

一个小男孩，天天被爷爷奶奶当小祖宗一样惯着，变得没大没小，不尊敬爷爷奶奶，有一点不顺心就撒泼，还动手打爷爷奶奶。爸爸妈妈意识到了问题的严重性，如果不抓紧教育，发展下去，后果会很严重。开始妈妈给儿子讲道理，让儿子做个孝顺的好孩子。儿子嘴上答应，可一转脸就忘了。爸爸批评教育，效果也不明显。后来，爸爸发现儿子特别爱听故事，又喜欢表演。就跟儿子说："爸爸给你讲个孔融让梨的故事，然后咱们把故事的内容表演出来，好不好？"儿子爽快地答应了。全家人经过精心准备，爸爸去市场上买了大小不等的梨，妈妈给儿子化了妆，还做了一个汉代小孩的发式。表演开始后，爷爷奶奶、爸爸妈妈都按剧中的角色坐好，小男孩学着孔融让梨的样子，从大到小，把梨依次分给爷爷奶奶、爸爸妈妈，自己留了最小的。游戏后，爸爸鼓励儿子像孔融那样，做一个孝敬爷爷奶奶的好孩子，又说服爷爷奶奶以后别再惯孩子。在爸爸的鼓励引导下，儿子学会了给爷爷奶奶揉肩、拿拖鞋，变得懂事了。

还有一位妈妈，教育引导儿子的做法，也不同凡响。她自己喜欢读书，也引导儿子读书，尤其是通过讲名人的故事，引导孩子读名人传记，引导儿子学习名人的优秀品质。儿子通过读居里夫人的童年故事，明白了居里夫人从小就要做一个"值得波兰人民自豪的、爸爸的好女儿"；通过读诺贝尔的故事，儿子明白了诺贝尔的青年志向是"做一个和爸爸一样的科学家"；通过阅读钱学森报效祖国的故事，明白了"科学无国界，科学家有祖国"；通过阅读元代画家王冕的故事，儿子明白了"妙手并非天成，天才出自勤奋"；通过阅读林巧稚的故事，儿子明白了什么是"医德高尚，救死扶伤"……这个妈妈以读书明理的方式，让儿子懂得了许多做人的道理。

🎧 巧用迂回式引导

孩子在生活中，时常会出现一些突发情况，需要家长随机应变，善用教育机智，迅速而正确地做出判断，及时采取恰当而有效的教育方法解决问题。家长若能用一两句话、一两个动作，化解"危机"，就会变不利为有利，收到"四两拨千斤"的奇妙效果，甚至会给孩子留下终生难忘的印象。

著名央视主持人倪萍有一个了不起的姥姥。倪萍特意为姥姥写过一本书《姥姥语录》，里面记录了99岁姥姥一生的智慧。其中，倪萍回忆的一件育儿小事，很值得我们的家长学习借鉴。

我儿子小时候特别调皮，有一回跑进屋子就撞在了桌角上，顿时疼得哇哇大哭。我妈妈当即拍打着桌角，一边打一边说："让你不听话，撞到孩子！"孩子见桌子被打，就不哭了。这时我姥姥悄悄走到桌子的面前，对着桌子左看右看，儿子问："太姥姥在看什么？"太姥姥就对孩子说："我看这个桌子有没有眼睛？"儿子天真，大声说："桌子怎么会有眼睛？"姥姥又问："桌子会不会走？"儿子回答："不会走。"姥姥就笑了："孩子啊，桌子没有眼睛也不会走，它怎么会撞到你？"孩子这时才知道，他刚才错怪桌子了，说道："不是它撞我，是我撞了它。"姥姥又说："你错怪它了，应该给它赔不是啊！"

倪萍姥姥几句话就让孩子认识到了自己的问题。这真是教育的智慧，也就是一种迂回式的引导。

按照惯例，孩子碰了桌子，父母或者爷爷奶奶、姥姥姥爷的第一反应，就是怪桌子，为孩子开脱。殊不知这样的教育是错误的。也许家长打桌子是为孩子好，但带来的直接后果是教孩子推脱责任。孩子会在以后的生活中，把所有的错误都归结在别人身上，而看不到自己的问题，看不见自己的错误。这是不利于孩子健康成长的。

小学低年级的孩子，常常对空间方位不敏感，分不清前、后、左、右，老师、家长常常一遍又一遍地教，但效果不明显，该分不清依然分不清。有一个妈妈的做法，不同凡响。

妈妈收完洗好的衣服叠好后，对小学二年级的女儿说："你帮妈妈把叠好的衣服，放到衣柜里吧。妈妈让你放哪里，你就放哪里，好不好？"女儿平时就喜欢帮妈妈干活，立马愉快地答应了。妈妈把衣柜打开，告诉女儿："你的袜子，放在下层左边抽屉里。"女儿想了一下，把袜子放到了指定的地方，妈妈鼓励女儿"能干"。接着，让女儿把内衣放到倒数第二层左边，女儿开始放到了右边，妈妈说"不对"，女儿把内衣放到了左边。随即，妈妈让女儿把外套放在上层右边，女儿很快就放对了。妈妈夸女儿"聪明"。接着，妈妈又和女儿一起做了个辨方向游戏，女儿终于可以准确地辨别方向了。

现在中学生谈恋爱，处理起来也是一件很麻烦的事情，考验着家长的智慧和水平。家庭教育专家卢勤在《把孩子培养成财富》里，介绍了河南一位教育局局长巧妙化解儿子早恋的故事。

局长的儿子是中学生。一天，儿子对父亲说："爸，本人看上了一个女生，漂亮、智慧、好学，我能跟她结婚吗？"父亲说："好啊，她看上你了吗？"儿子自豪地说："她也看上我了。""那很好，你能被一个女生看中，说明你很了不起；你能看中一个女生，说明你的眼界开阔了。"爸爸接着说，"如果你将来想在县里发展，你就跟她继续交往；如果你想在市里发展，你将来应该在市里解决这个问题；如果你想到省里发展，你应该在省里解决这个问题；如果你想到北京发展，你应该在北京解决这个问题；如果你想在世界发展，你应该出国解决这个问题。"儿子听了，说："那就等等再说吧。"

这位父亲用幽默的方式，巧妙地化解了一场暗流涌动的危机，值得我们的家长朋友学习、借鉴。

家长在教育引导孩子的过程中，只要善于变通，善于创新，就会找到切实有效的方法。

🎧 注重体验式引导

有的孩子，尤其是青春期的孩子，总觉得学习是苦差事，就是不爱学习。家长常常干着急也没招，就像"豆腐掉进灰窝里，吹不得，打不得"。有时家长磨破嘴皮，苦口婆心地讲道理、夸奖、奖励，甚至斥责、打骂，作用也不大。这是由于孩子缺乏生活体验，心智不成熟，尚认识不到学习对他人生的意义。此时家长若能改变思路，采用实践体验的方式，则可收到奇异的效果。

2023 年春节过后，我在《书报文摘》上，看到一篇文章。讲的是江苏连云港的一位父亲老唐，带着 15 岁的厌学儿子，骑行九千公里的故事，很受启发。

老唐有了儿子后，为了事业的发展，把儿子小唐留在了爷爷奶奶身边。爷爷特别宠孙子，小唐整天抱着手机玩游戏，学习成绩一落千丈。小唐读初中后，老唐把儿子接到身边抚养。小唐不愿学习，在学校老惹事。父母与他谈话，他虽然嘴上认错，但过不了半天，又忘得干干净净。老唐每月都被老师叫到学校两三次，有时气急了，会把儿子打一顿，但越是如此，儿子的叛逆心越重。后来，老唐在短视频上看到骑行的故事，就跟妻子商量，让儿子休学一段时间。他把父子骑行的想法告诉儿子，儿子毫不犹豫地答应了。于是，父子俩载着重物，上坡、爬山，夜宿晨起，一路骑行；骑行路上，老唐特意给儿子买了一些课外书。7 个多月下来，父子俩骑行九千公里，足迹遍布江苏、安徽、湖北、陕西、四川、西藏、青海、甘肃、贵州等地，小唐改掉了挑食的毛病，长高了，身体壮实了。他感到自己改变很多：体会到了爸爸的不易，爱上了读书，看到了世界之大，领悟了很多书本上学不到的东西，变得更加开朗了。

这启示我们的家长，教育孩子不能"一条道走到黑"，时常需要智慧，需要转弯。在常规教育方法无效的情况下，需要调整思路，尊重孩子的天赋秉性、成长步调，学会尊重孩子、理解孩子，允许孩子有自己的想法，给予孩子觉悟的机会，并积极创造条件，让他自己去尝试、去体验、去觉醒。孩子经过尝试、体验，气顺了，思想通了，认识到了自己的问题，明白了家长的苦心，自然愿意跟家长合作。

很多时候家庭教育效果不佳的原因，是家长和孩子不在一个"频道"上，家长和孩子各有各的道理。孩子没有生活体验，自然认识不到学习的意义。这就需要家长借助现实生活，搭建一个平台，让孩子在生活体悟中实现平等对话。有一位父亲是个农民，虽然文化不高，但他对两个儿子的体验式引导，很值得称道。

大儿子高中上了一年，就不想去上学了。父亲没有像其他家长那样说教，或"威逼利诱"，而是尊重他的选择，让他辍学回家，第二天就带着他下地干活，而且要求他每天起早贪黑，不许偷懒。父亲明确告诉儿子："不上学，就得像我一样，一天到晚干这个。庄稼人一辈子都是这样过来的。"大儿子在地里干了一年农活，体验到了风吹日晒的辛劳，就跟父亲商量，愿意"继续上学"，父亲自然支持。大儿子经过一番努力，考上了医学院校，毕业后当了一名医生。

二儿子喜欢捣鼓农具、自行车，还喜欢自己动手做些小玩意儿。初中毕业后，也表示不想继续读书了。父亲没有强行要求他继续上学，而是尊重他的想法，跟他商量接下来去学个什么技术，并让他"出去看看"，想清楚自己到底要做什么。二儿子在街上看到修车的师傅、建房子的农民工，一个个冒着酷暑，汗流浃背，浑身脏兮兮的。还从在外地工厂打工的亲戚那里得知，每天像个机器人一样，工作 10 个小时以上，累得腰酸背痛，还挣不了多少钱。二儿子想来想去，觉得这都不是自己想要的，就向父亲表达了继续上学的愿望。父亲告诉他："既然还想读书，那就好好学。"二儿子高中毕业时考上了大学，选择了自己喜欢的机械专业，毕业后成了一名工程师。

家长在教育引导孩子时，有时需要"等一等"，这是一种很有用的方法。这就好比被蚊子叮一下，不管它，很快就会没事；若总去挠，则需要很长时间才能好。人体有一定的自愈功能，施加外力只会适得其反。教育孩子也是如此，家长频繁地去矫正孩子的行为，孩子的问题会越来越严重，倒不如给孩子自我尝试、自我体验、自我醒悟的机会，让孩子自己去学习和消化。

孩子的成长需要不断打磨，不断体验，不断修正自己的想法，不断矫正自己的行为，一步步成长，一步步成熟。孩子心智成熟了，明白道理了，再进行引导就是顺理成章的事了。

方法 **11**

激励督导法

家长欲教育好孩子，需要将激励与督导有机融合，相得益彰。此乃激励督导法之核心要义。

激励是激发孩子内在动力的过程，恰当而有效的鼓励，可以激发孩子的潜力，带给孩子向上、向善的力量，甚至会激励孩子创造一个又一个奇迹。作为家长，我们要善于用欣赏的眼光看待孩子，用温暖的话语、恰当的方式鼓励孩子，提振孩子的信心。

需要注意的是，激励孩子不是无原则、无底线地乱夸一气，一定要讲究策略，方式、方法要正确。如果夸得不准确，孩子就会产生被骗的感觉，起不到激励作用；如果夸得太过分，孩子容易产生骄傲的情绪。

对于成长中的孩子而言，身上都有惰性和一些不良习惯，光靠激励是不够的，还需要督导，只有将二者有机结合起来，才能收到理想的教育效果。

当然，家长督导孩子，要讲究方式方法，讲究艺术，不能眼睛一直盯着孩子，一刻不停地提醒孩子，一个劲地讲道理，更不能无休止地唠叨、抱怨、批评、指责，甚至打骂孩子。

激发孩子的潜能

心理学家威廉·杰姆士说过："人性最深层的需要就是渴望被别人欣赏和赞美。"孩子具有敏感的心灵，赏识和激励对其成长非常重要。家长一句话、一举手、一个眼神、一个微笑，都能给孩子传递积极的信号，激发孩子的潜能。

潜能，就是身体、心理素质等方面存在的发展可能性，是孩子还没有开发出来的能力。冰山理论告诉我们，孩子已经拥有的能力就像冰山一角，只占能力的30%，还有70%的能力隐藏在冰山之下，未被发掘。孩子的潜能时常隐藏在内心深处，不易表现出来，但是它一旦被激发，就会产生意想不到的能量。看过这样一个故事：

一个小女孩，因为掌握不住颤音而被老师排除在合唱团之外。小女孩躲在公园里伤心地流泪。她想：我为什么不能去唱歌呢？想着想着，小女孩就低声唱了起来。"唱得真好！"这时旁边座位上传来说话的声音，"谢谢你，小姑娘，你让我度过了一个愉快的下午。"小姑娘惊呆了！说话的是一个满头白发的老人，他说完后站起来独自走了。小女孩第二天再去时，老人还坐在原来的位置上，小女孩又唱起来，老人聚精会神地听着，一副陶醉其中的表情。就这样，过了许多年，小女孩成了有名的歌星！

老人的鼓励，激发了孩子的唱歌潜能。孩子从出生到成人的长跑中，需要不断激励。好的家庭教育，就是不断激励的教育。做家长的，千万不要吝啬对孩子的赞扬，要坚信孩子"行"。有一位父亲的做法值得称道。

儿子考了全班第 29 名，父亲看到了儿子的试卷，兴奋地说："太好了儿子，你比上回前进了 20 多名！"第二次，儿子考到了全班第 10 名，父亲激动地说："太好了儿子，你真了不起！离第一名只差 9 名了。"就这样，父亲坚持正面激励，从不训斥责骂，使孩子的学习成绩发生了意想不到的变化。

孩子的潜能就像一双隐形的翅膀。家长的任务就是激励孩子舞动隐形的翅膀，让孩子张开双翼，自由飞翔。家长想要孩子"行"，就要珍惜孩子每一次成长的机会，欣赏他的成绩，鼓励他的进步。

在人的一生中，时时需要人的鼓励和支持，它是一个人走向成功的催化剂。家长学会用欣赏的眼光看待孩子，用温暖的话语鼓励孩子。激励不仅能激发孩子的潜能，给孩子信心，还会引领孩子创造奇迹。

一个黑人男孩，出生于纽约布鲁克林贫民区，家庭生活艰难，总是看不到生活的希望，情绪很低落。男孩 13 岁那年的一天，父亲突然递给他一件旧衣服，问他："这件衣服能值多少钱？""大概一美元。"男孩回答。"你能把它卖到两美元吗？"父亲用探询的目光看着他。"傻子才会买！"他赌气说。"你为什么不试一试呢？"父亲的目光真诚中透着渴求，"你知道的，家里日子并不好过，要是你卖掉了，也算帮了我和你妈妈。"男孩这才点头同意。

他很小心地把衣服洗净，用刷子把衣服刷平，铺在一块平板上阴干。第二天，他带着这件衣服来到一个人流密集的地铁站，经过6个多小时的叫卖，他终于卖出了这件衣服。父亲告诉他："一件只值一美元的旧衣服，都有办法高贵起来，更何况我们这些活着的人呢？我们有什么理由对生活丧失信心呢？""是的，"男孩说，"连一件旧衣服都有办法高贵，我还有什么理由妄自菲薄呢！"男孩从此振作起来了。20年后，他的名字传遍了世界的每一个角落。他就是迈克尔·乔丹。

激励导致成功，抱怨导致失败。任何孩子身上都有闪光点。作为家长，我们戴着"放大镜"，尽量去挖掘孩子身上的闪光点，鼓励孩子树立信心，肯定孩子的点滴进步。即便孩子真的不行，哪怕孩子有缺陷，别人都看不起他，家长也不要抱怨、指责，一定要为生命的奇迹、为孩子独具的特点感到自豪。

孩子身上的闪光点，兴许就是他将来打开成功之门的钥匙。当孩子的闪光点不断放大、不断增多时，他的潜能就被激发出来了。教育专家周弘就是通过不断赏识、不断激励，使失聪的女儿逆袭成才。

🎧 点燃孩子的激情

"教育不是灌满，而是点燃。"家庭教育的目的不仅是提高成绩，更重要的是唤醒和激励。激情与一个人的成功密不可分。如果孩子没有积极乐观的情绪，没有激情，就难以发挥出自己的潜能，难以取得进步和成功。家长的任务就是通过不断激励，点燃孩子的激情。孩子有了激情，就会更热情、更投入、更自信，就会不断进步。

激励，就是以肯定、鼓励为诱因，满足孩子内在心理需要，激发孩子内驱力，促使孩子把外部刺激内化为个体自觉行为的过程。激励能使孩子产生新的更高的成就动机，将全部精力集中在学习等必要的活动上。"知心姐姐"卢勤在家庭教育讲座里，讲了这样一个故事：

一个女孩晚上正在弹琴，一回头发现爸爸眼含泪水，忙问："爸，您怎么啦？我哪儿做错了？"爸爸笑了："不，你弹得太好了！爸爸妈妈一天中最高兴的时刻就是听女儿弹琴。"女儿大为惊异："真没想到，我的琴声有这么大的力量！"有一次家里来了客人，爸爸叫客人坐下来听女儿弹琴，轻声对客人说："瞧，我女儿弹得多好！"客人听了一会儿也称赞道："真没想到，21世纪的音乐家就出在你们家！"女儿一听感觉好极了，愈加沉醉于音乐的世界里。

这启示我们的家长，赏识、激励是激发孩子兴趣，点燃孩子激情的营养剂、助燃剂。当孩子对音乐、美术、运动等活动萌发兴趣时，家长应该当啦啦队、激励者，而不是挑剔者。

泰国有一个很暖心又颇具正能量的短片，讲述的是一个喜欢踢足球的小男孩，可是他基础不好，跑得不快，跳得不高，头球技术基本为零。为此，小男孩感到很沮丧。幸运的是，他的妈妈一直鼓励他，总是对他讲，再努力一点点，就可以了。小男孩重新拾起信心，一次次地练习，一次次地奔跑，跳得一次比一次高。

最后在比赛中用自己之前最不擅长的头球，帮助球队打进一球，拯救了球队。

对大多数孩子来说，发展兴趣不是为了搞专业，而是为了培养特长，提高素质。与其逼迫孩子学习某种技艺，还不如让孩子自己去选择。挑剔、训斥、打骂也许能培养出画匠和琴师，但难以培育出艺术家。每个孩子都是一个独特的存在，家长要为孩子的长处而自豪，不要为孩子的短处而遗憾。

家长不仅要关注孩子的兴趣、爱好、特长，还要关注孩子的成长、进步，不断从激励中激发孩子积极向上的正能量。当孩子通过自己的努力，在学习或者比赛中取得了好成绩，家长应及时给予热情的赞扬。当看到孩子自觉打扫房间时，应及时称赞他："你真能干，家里干净多了。"当孩子给家长端饭倒水时，应肯定他"有孝心"；当孩子见到老人问好时，应表扬孩子"有礼貌"。相信这些及时的赞扬会让孩子更加快乐和自信，更能激发孩子向善进取的热情。

心理学研究表明，人的行为遵循这样一个规律：需要→动机→行为→目标，然后再产生新的需要，如此循环往复，不断提高。因此，需要是孩子积极性的源泉，激励是孩子产生新需要的条件，通过家长激励，引发需要，产生心理动力，改变孩子的行为模式，把"要我做"变成"我要做"，从而最大限度地调动起孩子的积极性。

有一个男孩，上初中刚开始学物理的时候，成绩很差，只考了8分。物理老师找他谈话，他说："我不喜欢就是学不好。"老师告诉他："别的同学都是60分及格，你下次只要考到9分就算及格。"他一想我随便画个勾就能及格，很容易，于是就答应了，结果第二次考了 28 分。老师让全班同学把上次考试的成绩和这次的成绩做一个减法，并把所有同学两次考试的分数差写在黑板上。结果只有他一个人进步了 20 分，受到老师表扬。老师的做法不但没有侮辱的成分，而且有很大的激励色彩。这个孩子一下就兴奋起来，他想无论我下次考到 48、68、88 都是全班进步最大的，我有很大的进步空间。慢慢地，他喜欢上了物理，最终成为著名的物理学家。

　　激励者心怀善意，能成人之美，成就人生。一句欣赏的话语，一个激励的行动，可以改变一个孩子的命运。这启示我们的家长，要学会激励，善用激励，对孩子的一生负责。当孩子在生活和学习中取得哪怕一点微小的成绩时，都应及时肯定："这次干得真不错，我真为你高兴，下次继续努力！"当孩子主动向父母展示自己取得的成绩时，父母一定要及时给予关注，真诚地给孩子一些赞美和鼓励："让我来看看，嗯，确实有进步！"

　　需要注意的是，孩子的成长是一辈子的事情，家长绝不能因为孩子一时分数低，就认为孩子没出息，因为一次考试只有一个第一名。分数对于孩子来说是很重要，是孩子优秀的标准之一，但并不决定孩子的未来，而且孩子成功绝对不是在小学、中学所得的分数决定的。

　　家长一定要改变判断孩子成功的标准，千万不要把分数当作唯一的标准。如果家长眼睛只盯着第一名，对孩子的进步置之不理，孩子的心灵就会受到伤害。"激励"体现了父母教育孩子的最大奥秘——承认差异；而"成功"则体现了家长激励孩子的最大奥秘——允许失败。孩子没有了心理负担，才能轻装上阵，步履坚实地走向成功。

　　现实中，一些父母常常在孩子不需要关心的时候，给了孩子过分的呵护，而当孩子需要父母赞扬和鼓励的时候，却因为怕孩子骄傲而故作冷淡，这是不利于孩子成长进步的。激励助力成功。家长想要孩子"行"，就要珍爱孩子每一次成长的机会，给予他更多的激励。

🎧 遵从希望法则

家长要让孩子优秀，就要不断让孩子看到希望。每一位家长，对孩子都是寄予很大希望的，但能否让孩子也看到希望，考验着家长的智慧。如果家长常夸奖孩子"做得好""又进步了"，孩子的眼前就会呈现出希望的曙光。相反，如果家长总是对孩子喊"你怎么这么笨""你这么没出息"，孩子怎会看到希望？因此，家长在激励孩子时，一定要遵循希望法则。

点燃孩子的希望，从激励孩子的梦想开始。

孩子的心中，不仅有无穷无尽的稀奇事，还有各种各样的梦想。尤其幼儿园、小学的孩子更是如此。梦想是孩子的指路明灯。孩子心中有了梦想，也就有了希望，有了前进的动力。家长的任务，就是肯定孩子的梦想，激励孩子好好努力，不断进取，争取实现自己的梦想。

现在有不少家长不明白这一点，听到孩子的梦想有些荒唐或异想天开，就批评孩子胡思乱想，把孩子的梦想之火生生浇灭了。孩子没有了梦想，也就失去了希望。因此，当孩子说出自己的梦想时，不管是否幼稚可笑，不管是否符合实际，家长都要及时鼓励，让孩子看到希望。

信心是激励孩子前行的内生动力。孩子有了信心，也就看到了希望；孩子失去信心，就看不到希望。

有一个男孩，语文是强项，表达能力很强，是非对错判断得很清楚，综合排名学习成绩中游。爸爸对他的表现很不满意，挖苦他："你不好好学习，长大就是捡破烂的料！"孩子由于得不到爸爸的肯定，缺少激励，虽然每天做作业，但满足现状，既不想得第一，也不想当倒数第一。后来演讲比赛得了奖，受到老师表扬，觉得自己"并不差"，自信心大增，学习也有了起色。

这启示我们的家长，不要老是打击孩子的自信心，而应在不断激励中增强孩子的自信心。当孩子相信自己"行"时，就会觉得自己是最棒的，就会对未来充满希望，就会尽最大努力把自己的能力展示出来。

孩子的自信心不是天生的，是家长激励出来的。家长不断说孩子"行"，孩子就会产生"行"的感觉。有的家长总爱找差距、挑毛病，孩子考了95分，非要追究为什么丢了5分。这种"高标准、严要求"，只会适得其反，扼杀孩子的希望，让孩子灰心丧气。

"激励用得好，白痴变天才。"这就是心理学上说的"正向强化"效应。一般来说，孩子为了达到某个目的会采取一定的行动。如果行动的结果对他有利，他就会不断地重复这种行为；如果行为的后果对他不利，他就会减少或者停止这种行为。家长的鼓励，会延续"对孩子有利"的行为，终止"对孩子不利"的行为。每个孩子都需要认可和鼓励，而且越亲近的人的话对他影响越大。激励能让孩子看到自己的优势，并发掘自己的优势。

一个穷困潦倒的青年，流浪到巴黎，期望父亲的朋友帮自己找一份谋生的差事。父亲的朋友问他："数学精通吗？"青年羞涩地摇头。"历史、地理怎么样？"青年还是不好意思地摇头。"那法律呢？"青年窘迫地垂下头。父亲朋友接连地发问，青年都只能用摇头告诉对方：自己似乎一无所长，连丝毫优点也找不出来。"那你把自己的住址写下来吧，我总得帮你找一份事做呀！"父亲的朋友说。青年羞愧地写下了自己的住址，正转身要走，却被父亲的朋友叫住了："年轻人，你的名字写得很漂亮嘛，这就是你的优点啊！"把名字写好也算一个优点？满脸疑惑的青年在父亲朋友赏识的眼睛里看到了肯定的答案。数年后，这个青年写出了享誉世界的经典作品。他就是家喻户晓的法国18世纪著名作家大仲马。

事实告诉我们，那些身处逆境、身体残疾、自卑、成绩差、无特长的孩子，容易丧失信心，悲观失望，破罐子破摔。他们常常受人白眼，早早感受到了世态炎凉，看不到任何希望。这样的孩子，尤其需要家长的安慰、鼓励，在孩子的心灵深处投射一缕希望的阳光。

现实中许多平凡之辈，都拥有许多诸如"能把名字写好"这类小小的优点，常常被家长有意无意地忽略，更不要说一点点地放大了。其实，每个孩子平淡无奇的生命中，都蕴藏着一座金矿，只要家长肯挖掘，就会发现令人惊讶的宝藏。

家长要做的，就是放大孩子的优点，点燃孩子的希望：对学习差的孩子，要通过激励，让他看到自己的特长，发挥自己的特长；对家境贫寒、身体残疾、身处逆境的孩子，要通过鼓励，让他学会坚强，坚信"天无绝人之路"，只要奋起抗争，不向命运低头，就有成功的希望；对自卑的孩子，要通过激励，让他觉得自己不比别人差，别人能做到的，自己通过努力一样可以做到，从而树立起自信心，升腾起前行的希望。

🎧 **注意激励方法**

　　一次恰当的表扬、鼓励，胜过十次泛泛的夸奖。家长对孩子的激励，除激励的内容恰当、正确之外，激励方式本身也大有学问。运用得好，会收到神奇的效果；运用不当，激励的效果就会大打折扣。所以，家长一定要讲究激励的方式，掌握激励的艺术，注意激励方式的多样化。

　　孩子因年龄、性别、个性不同，对孩子激励的方式也应该多样化。

　　家长对孩子的进步，可以提出口头表扬。比如，"你在公交车上给老爷爷让座，做得好""你独立解开了难题，了不起""你很努力，又进步了""你能改正错误，做得对"等。家长还可尝试采用"问句式的表扬"，有时候家长体贴的问话比单纯表扬，更能透露出对孩子的喜欢和对他所做事情的重视。比如，"你这次考得比较好，你觉得最主要的原因是什么？""在你的画里面，你最喜欢的颜色是什么？"

　　对比家长激励孩子的方式，口头不如书面，书面不如肢体，肢体不如眼神。摸摸头，拍拍肩膀，拉拉手，大拇指，拥抱一下，都是对孩子的激励。眼睛是心灵的窗户。如果家长对孩子的眼神是温和的、饱含深情的，就会产生良好的激励效果；如果家长态度不真诚，对孩子不屑一顾，激励也就不会有多大的效果。

家长在激励孩子时，态度一定要真诚，要尊重孩子，与孩子保持人格上的平等，不要高高在上。有道是"理解万岁"。家长应站在孩子的角度看问题，学会换位思考，看到孩子哪怕是取得了一点点进步，都要发自内心地鼓励他、耐心引导他，并用语言和实际行动支持她，激励孩子把自己的优点发扬光大。尤其在孩子遇到困难时，更需要家长抚慰，家长应耐心鼓励开导，积极帮助孩子战胜困难。

孩子，尤其是幼儿园、小学中低年级的孩子，尚比较幼稚，单纯的表扬、肯定，有时不能充分激发起他的热情，这就需要家长在表扬、鼓励他取得进步的同时，按照事先约定，适当给孩子一定的物质奖励，比如孩子需要的文具、玩具、零花钱，一起去旅行等。

需要注意的是，家长在奖励孩子时，要说话算数。有一个父亲承诺儿子："这次你考 20 分，下次你考 30 分，我就奖励你。"结果儿子真的考了 30 分，家长却没有兑现奖励，儿子说爸爸"说话不算数"。家长如果只是嘴上说说，不兑现承诺，孩子就会觉得家长不可信赖，以后家长再承诺什么，孩子就不相信了，再激励孩子，也不会有好的效果。

此外，物质奖励也不要过多使用，长期的、经常性的物质奖励，会诱导孩子离开物质奖励就不努力，容易误导孩子一味地追求物质，产生攀比心理、拜金心理。所以，家长对孩子的激励，应以精神鼓励为主，物质奖励为辅，保持孩子精神上的富足，避免孩子单纯地将物质奖励视为自己学习努力、表现好的动力。

家长对孩子的表扬、鼓励，应包含对孩子未来变得更好的期许。就像"皮格马利翁效应"中所讲的，你期望孩子优秀，他最终会展示给你看。为了激励孩子进步，家长表扬的目的要明确，不单是肯定孩子的表面成绩，也应肯定孩子的进步。比如："你背书这么认真，作业写得这么工整，下次考试肯定会有进步哦！"

家长千万注意，不能让孩子将受表扬"归因"为考试成绩比其他同学好，或让老师很满意等，这样会将孩子的关注点引向恶意竞争，或讨老师喜欢的方面去。正确的表扬方式，是肯定孩子的进步和优点，将孩子的注意力引向能力、品行、态度和创新意识等方面。而且，家长的鼓励，不要添加主观判断。比如，"你画的鸟像是要从纸上飞出来了"比"我喜欢你画的鸟"更好。要让孩子对自己做的事情本身感觉良好，而不是对家长的表扬、称赞感觉良好。

家长对孩子的表扬，不只是简单的称赞和夸奖，更应突出孩子行为的效果，让孩子感到家长真的重视他的进步。孩子做了好事，家长可用形象的描述把结果展示给他，让孩子明白自己行为的价值。比如："你把垃圾扔进垃圾桶，很好！""你帮了小明同学，我很高兴！"家长要从对孩子的肯定中，加深孩子的印象，强化巩固孩子好的行为。

在表扬的方式上，要简练直接、语调自然、真诚坦率，比如，"孩子给妈妈倒水，知道心疼妈妈了""孩子今天知道自己按时起床了，妈妈真高兴"等。同时，要注意表扬形式的多样化，不要老用单一重复的词语。有些家长之所以表扬孩子效果不好，是因为家长日复一日地用固定的词语，来表扬孩子所做的各种事情。比如，"你真棒""你真了不起""真是好孩子""你真聪明"等。这种笼统的、夸张的、表演式的表扬，不容易让孩子接受。

家长对孩子表扬、鼓励要讲求时效。孩子的好行为一出现，应尽快给予表扬；对年幼的孩子，表扬还可以在好行为发生的过程中进行，不一定要等到行为完成以后。如果不及时表扬，孩子就会淡忘，也就失去了表扬的意义。为突出表扬的时效，家长可当着别人的面表扬孩子，让孩子充分感觉到家长对他的重视和欣赏，从而产生成功感和荣誉感，增强他对学习和做事的信心。对于平时比较调皮捣蛋、学习差的孩子，家长若能抓住其身上闪光点，"出乎意料"地进行表扬，往往会收到神奇的效果。

家长表扬孩子，还要贯彻希望法则，在教育孩子时先"识"后"赏"，"赏""识"结合，"赏"中有"识"，"识"中有"赏"。不能一味地奖赏。家长每一次对孩子的夸奖、肯定、表扬，都需要建立在客观的事实之上。根据孩子的特点，了解孩子完成学习任务或参与活动的难度，以及他在完成任务过程中是怎么想、怎么做的，在想法上是否新颖。然后，发自内心对孩子进行赞赏，而不是随意地敷衍和轻率地附和。对孩子进步、成绩的判断，应作纵向比较，即同他的"过去"作比较，孩子的确有了进步和成绩，才给予赞扬、鼓励；对孩子的进步、成绩，是什么就肯定什么，是多少就肯定多少，话要说得明明白白，突出重点。

现在的问题是，一些家长在表扬孩子的过程中过多地强调了"赏"，而忽略了"识"，喜欢对孩子说"你真棒"，甚至对犯了错误的孩子，也要竖着大拇指对他说："孩子，你是最棒的！"不知家长说这些话时，是否问过自己的内心，这些连我们自己都觉得虚伪的夸奖，是孩子需要的吗？无原则的夸奖、奖赏，无助于孩子的进步。

孩子的成长离不开督导

家长教育孩子的目的，是让孩子"德智体美劳"全面发展，将来成为对社会有用的人才，而不是成为一个无用的废品，或危险品。未成年的孩子，心智尚不成熟，仅有激励是不够的，还需要家长科学而有序地督导，不能一味地放纵，不加约束，让孩子像野草一样疯长。

孩子的成长不光需要激励，还需要督导。无论是塑造孩子的品格、开发孩子的智力、增强孩子的体质，还是提升孩子的审美品位、培养孩子的劳动技能，都需要从实际出发，依据孩子的个性，有的放矢地进行科学有效的疏导、引导、督导。科学合理的督导，会增强孩子的信任感、安全感和被支持感，保证孩子沿着正确的路径，健康有序地发展。

反之，如果家长一味地宠爱、放纵孩子，不对孩子进行督导，或者不尊重孩子的人格，不顾及孩子的兴趣、爱好、个性，仅凭自己的主观好恶，盲目地管教，就不可能顺利实现教育的目标，不利于孩子的健康成长。所以，家长对成长中的孩子不仅需要督导，而且需要科学地督导。

为什么有些孩子会很好地照顾自己的生活，上课独立思考、积极发言、认真听讲，放学及时复习、写作业，把事情安排得井井有条，而另一些孩子，丢三落四、拖拖拉拉，上课捣乱，回到家不做作业，不是看电视，就是玩手机？习惯使然。习惯对孩子的成长影响很大，从某种意义上说，关系到孩子的前途和未来。孩子的习惯主要包括生活习惯、学习习惯和文明礼仪习惯三大方面。好习惯对孩子的成长、进步会起到促进作用，坏习惯则对孩子的成长进步起着阻碍的作用。

一般来说，培养孩子一个好习惯，比如课前预习，及时复习，认真做作业的习惯，需要孩子每天坚持预习、复习，认真写作业，坚持一个月左右；矫正一个坏习惯，如玩手机、打游戏的习惯，同样需要孩子每天克制自己，坚持一个月左右。"三分钟热度"或"三天打鱼两天晒网"都是不成的。

家长的任务之一，就是培养孩子良好的习惯，矫正孩子不良的习惯。孩子好习惯的养成与坏习惯的矫正，都是一个实践的过程，耐心坚持的过程，不是靠说教、夸奖就能实现的，需要家长进行督导。

　　孩子养成好习惯的过程与矫正坏习惯的过程，是相生相伴的，有时可以说是一个痛苦的蜕变过程，需要孩子付出极大的毅力，如果没有家长的帮助和督导，孩子很难做到。

　　有一个初一学生，迷上了"王者荣耀"，影响了学习，成绩下降很厉害。妈妈苦口婆心地劝说、开导，还不停地对孩子实施奖励、鼓励，成效不大。孩子也想改，就是改不掉。后来在爸爸的建议下，全家人吃过晚饭，一起坐在餐桌边看书学习，经过一段时间的努力，孩子终于从痛苦中挣脱出来，戒掉了"网瘾"。

　　每个孩子都是在试错和改错中成长的。在一些孩子的眼中，只有愿意不愿意，喜欢不喜欢，高兴不高兴，脑子里没有是非对错的概念，这就需要家长进行科学有效引导、督导。尤其是孩子品行方面的问题，比如，不尊重家长、见人没礼貌、蛮横无理、欺负弱小、没有规矩、不守纪律、不经允许随便拿别人的东西等，更需要家长进行教育督导，及时进行矫正。如果家长听之任之，或者错误地进行鼓励，孩子就会慢慢偏离正道，走向歧途。现实中这样的例子不胜枚举。

　　家长对孩子的督导，宜早不宜迟。孩子小时候性格尚未形成，且信任家长、依赖家长，一些诸如品行方面的小问题，不难矫正，等孩子长大了，木已成舟，再矫正就难了，像李天一那样任性妄为，目无法纪，不知敬畏，最后等待他的，只能是法律的制裁。所以，家长千万不要以为督导会限制孩子的个性，就任孩子我行我素，毫无节制地自由发展。

对孩子正确的督导，应该充满亲情、人性化，是科学理性、讲究方式方法的，而不是把孩子当作私有财产来任意摆布，更不是简单粗暴的命令，甚至不尊重孩子的体罚。家长在对孩子的缺点错误进行督导时，可根据孩子不同的错误类型，采用不同的督导方式：对孩子好心办坏事，即在学习探索中犯的"错误"，比如把电脑、收音机拆开了，可进行保护性督导，在肯定孩子探究尝试的同时，告诉孩子正确的路径与方法，指导孩子看清里边结构的同时，重新装好，不做惩罚；对孩子的一些习惯类的小问题，可进行引导性督导，指导孩子用好习惯战胜坏习惯，不要没完没了地说教、指责；对孩子品行方面的错误，要进行限制性的矫正性督导，要求孩子做到下不为例，不再重犯。

🎧 讲究督导艺术

督导不是眼睛一直盯着孩子，不是一刻不停地提醒孩子，一个劲地讲道理，更不是无休止的唠叨、抱怨，甚至打骂孩子，而是对孩子春风化雨般的心灵慰藉，巧妙地沟通，及时地提点，合理地引导，耐心地指导，适时地帮助，恰如其分地惩戒。

"以身作则，言传身教"，是放之四海而皆准的督导方式。孩子的教养、兴趣、爱好等，多半来自生长环境的耳濡目染，来自家庭成员的示范引领。父母、兄姊、亲友、师长等都对孩子产生影响，但最为重要的是母亲对女孩、父亲对男孩的影响。

北大心理学博士奕戈，曾作为嘉宾上过央视的《开学第一课》。他讲自己读初中时，一度沉迷网络，成绩一落千丈。父亲为了他以身作则，放下手机。每天他在屋里写作业，父亲就坐在屋外看书，而且父亲一有时间就会学习与教育有关的知识，认真做笔记，睡前和他分享。父亲的一言一行，都被他看在眼里。在父亲的影响下，他逐渐回到了正轨。

家长先管好自己，才能管好孩子。当孩子考试没考好，或无意中犯了错误，一般的家长不是训斥，就是唠叨，这样做往往适得其反。智慧的家长是先保持冷静，弄清状况，然后有针对性地进行引导。

有一个女生放学回到家情绪不高，妈妈一问，原来是数学没考好。妈妈一方面肯定女儿的上进心，一方面与女儿一起分析总结没考好的原因：既有粗心的因素，也有没理解题意的因素，接着针对女儿理解错误的地方，进行了讲解。妈妈最后告诉女儿："考试只是对前段学习的一次检验，分数不能代表全部，问题提前暴露出来好，及时发现问题，改正问题，才能不断进步。下一步重点要理解题意，掌握解题方法。"在妈妈理解式的引导下，女儿从考砸了的阴影中解脱出来，慢慢恢复了快乐与活泼。

孩子在学习的过程中，遇到困难是很正常的事情。父母应相信孩子，耐心引导。遇到不会做的题，不要直接告诉他答案，而是耐心引导他自己开动脑筋，实在不会的，可告诉他该到哪里去查找资料。比如，孩子遇到一个生词，不知道什么意思，为了图省事，会直接问家长，家长可以让他自己查字典。为了提高孩子查字典的效率，家长可跟孩子玩查字典比赛游戏，列出生字，看谁查得快。孩子，尤其是男孩，喜欢挑战，玩上几次，孩子查字典的速度会大大提高。

经验告诉我们，在辅导孩子的学习上，家长应区分不同情况，对孩子能做的，可放手让孩子独立思考；对孩子能力达不到的，可适时予以帮助。家长既不要管得过细，使孩子产生依赖心理，也不要完全放手不管，给孩子过多的心理压力。要让孩子明白，学习是自己的事情，要善于独立思考，自己解决问题。自己实在解决不了的，可以问同学、查字典、问家长、问老师。

有的家长为督促孩子学习，一天到晚像麻雀一样，唠叨个没完没了。殊不知，唠叨的话孩子听多了，反而不当回事，倒不如采取迂回式督导。一个妈妈的做法值得称道。

她经常给儿子灌输做人做事要守信用的意识。周末，儿子打游戏打了很久，作业也没做，妈妈就问儿子："你准备打到几点？"儿子看看钟，说："再打 10 分钟。""好，说话算数。"10 分钟过去了，儿子还在打，妈妈便平静地说："你不是说要说话算数吗？"儿子不好意思了，歉意地一笑，马上关掉电脑。

一些家长总希望孩子能从一种状态迅速进入另一种状态，尤其是从玩手机转到学习上，效果往往不佳。最好的做法是给孩子一个仪式感的缓冲期。比如，"你先把书桌收拾整齐，再去写作业。"有了仪式感的缓冲，孩子反而易于接受，比直来直去要求孩子效果好得多。

孩子，尤其是年龄小的孩子，自主意识差，对家长依赖性强。家长可根据孩子的这一特点，有效地参与到孩子的活动中去。比如，与孩子一起读书，一起参加诸如弹琴、画画、跳绳等活动，一起收拾房间、干家务。家长还可和孩子比赛他擅长的项目，像下棋、拼图、搭积木等，目的是激励督导孩子，家长可有意让孩子多赢一些，不可采用与孩子赌气、硬比等方式去刺激孩子。对心智尚不成熟的孩子来说，家长的合理参与，会对孩子起到有效的督导作用。

许多孩子对自己的行为，会自觉不自觉地进行"归因"，即归结为某种原因。比如，学习好，有的孩子会认为自己学习努力，注意方法，有的孩子则"归因"为自己聪明。同样，学习不好，有的孩子会认为自己努力不够，学习方法不科学，有的孩子则认为自己脑子笨，天生不是学习的材料。

作为家长，我们要观察孩子，正确认识孩子行为背后的原因，有针对性地进行正确"归因指导"。如果孩子学习好，多肯定孩子的努力，鼓励孩子再接再厉，千万不要经常夸孩子聪明，如果总夸孩子聪明，孩子就会放弃努力。一些聪明的孩子，学习成绩之所以不佳，就是不当夸奖的结果。同样，对于学习不好的孩子，家长千万不要说孩子能力不行，而要引导孩子多从努力程度和学习方法上找原因。许多孩子自暴自弃，破罐子破摔，与家长经常骂孩子"笨蛋""傻瓜"，不无关系。

人生在世，做人是第一位的。孩子品行方面的问题，绝不能听之任之，更不能姑息迁就，一定要进行惩戒，让孩子明确自己的行为边界。知道做人要"守德"，违背家庭伦理、社会道德的事不能做；知道做人要"遵纪守法"，违反法纪的事坚决不能做。

现在的问题是，一些家长督导的方向偏了，对孩子的学习管得过多过细，限制了孩子兴趣爱好的发展，对孩子品行方面的问题反而失之过宽，常常是睁只眼闭只眼。这是不利于孩子健康发展的，许多问题少年的教训值得吸取。

家长对孩子的督导，说到底是一种外力约束。随着孩子年龄的增长，尤其是进入中学之后，家长督导的效能越来越低，甚至会出现孩子跟家长对着干，你说东他偏往西。所以，对家长而言，最好的督导是变家长要求为孩子自律，让孩子自己管理自己，自己约束自己。

家长要做的，不是不断催促、不断加压，而是把自己的要求、自己的督导，转化为孩子的自律。许多学霸都有很强的自控能力，他们先选定目标，制订计划，然后倒逼自己严格落实计划，不达目的誓不罢休。家长要让孩子明白，前进的路上需要自我管理、自我约束，千万不要对自己说"不可能"；自己的方向自己把控，若安于现状不思进取，将逐步被淘汰。只有自己逼自己一把，不断突破自我，才能在人生的道路上走得更远。

🎧 寓督导于激励之中

适当地表扬、鼓励孩子，增强孩子的自信心，这是对的，但不能过度。孩子如果只是在表扬、夸奖、奖励的环境下长大，没有品尝过人生的酸甜苦辣，没有感受过世间的人情冷暖，将来走向社会，一定很难适应。所以，家长在激励孩子的同时，要进行督导，巧妙地将督导寓于激励之中。

每个家长都希望孩子变好，都希望孩子优秀。对容易自卑、成绩差的孩子而言，常规性的要求、说教往往难以奏效。家长可在口头激励的同时，为孩子建立一个"优点银行"。具体做法是：准备一个笔记本，只要孩子在学习、人际交往、行为习惯、参加活动等方面有了进步，就及时记录在笔记本上，并拿给孩子看。

经过日积月累，孩子就会发生改变。家长的每一次肯定与赞美，都会生长出一个小奇迹。无数的小奇迹汇集在一起，或许就可以创造一个大奇迹。

孩子对新奇的活动都有很强的尝试欲，而一旦学会就不再感兴趣了。以家务劳动为例，家长可通过激励，让孩子在劳动中获得乐趣和成就感，承担一定的家庭劳动，并激励孩子在坚持中养成热爱劳动、珍惜劳动果实的好习惯。

台湾有一个多胎家庭，妈妈不溺爱孩子，告诉孩子的零花钱需要自己挣。妈妈在冰箱上贴了一张表格，上面写着每个孩子的名字，"洗碗、拖地画一个圈圈，两个圈圈可以变成一个勾勾，一个勾勾可以换5块钱"。孩子想多挣钱就要多付出劳动。孩子们从小就知道挣钱不易，从不乱花钱，小小年纪就养成了合理的消费习惯。

作为家长，我们要明白，不能让孩子太安逸，也不能让孩子一味追求享受，而要通过激励让孩子积极参与家务劳动。比如"你参与做的饭，是不是特别好吃？""你跟爸爸妈妈一起干家务，我们非常开心。"家长要在激励中让孩子明白，只有勤于劳动的人、不断努力进取的人，才会得到家长肯定。

有时候孩子遇到该干而不愿干的事情，可能会产生抵触情绪。家长可事先夸夸孩子，用鼓励来打"预防针"，常常会有意想不到的"疗效"。演员宋丹丹在新书《幸福深处》中就讲了这样一段故事：

有一次儿子巴图生病，我对小阿姨说："我发现巴图和别的小孩儿不一样，别的小孩儿吃药都哭，可他从来不哭，也不怕吃药。

这一点他和别的小孩儿真的不同。"然后我把中药端给他。他捧着碗，烧得红红的小脸一副紧张的表情，闭着眼睛一口气就把药喝下去了。我们大家都赞不绝口。从那次起，多么苦的药他都不怕。

这就是激励的力量。孩子的成功，离不开自立自强的品格。培养孩子不软弱、不撒娇、不畏难的品格，需要家长不断地激励。当孩子遇到困难信心不足时，家长可鼓励孩子"你大胆去尝试一下，不是很好吗？""跌倒了，不要怕，自己站起来。""你看你自己完成得很棒！""拿出你的勇气来。"家长要学会在激励中慢慢放手，让孩子从战胜自我中，学会顽强拼搏，不惧困难挫折。

现实中我们发现，孩子常常会在兴致十足时，不分场合，不经意间犯错，家长硬性阻止或批评，远不如激励效果明显。

在一次家庭聚会上，调皮的睿睿和威威在客厅里拿着水枪打水仗，还往大人身上、屋子里四处喷水。睿睿妈妈厉声呵斥："睿睿！快停下，怎么这么没有规矩？"两个孩子正玩得刹不住车，就像没听见一样，继续"打水仗"。这时，威威的妈妈拍了拍手，说："我知道睿睿和威威都是好孩子，知道不能在屋里乱喷水，看看谁是好孩子，先停下来。"睿睿犹豫了一下，还想喷，结果威威先放下水枪，大叫："耶，我胜了，我是好孩子了。"睿睿也赶紧放下水枪。威威妈妈马上鼓励："都是懂事的好孩子，来，阿姨领你们出去玩，好吗？"两个孩子高高兴兴地跟着上了电梯，客厅里顿时安静了下来。

你看，一场"危机"就这么被巧妙地化解了。激励的力量永远比惩戒的力量大。所以，做家长的，面对孩子，要不吝鼓励和赞美，这会在孩子的教育上收到"四两拨千斤"的效果。

有时，单纯的鼓励会使孩子忘乎所以，对错不分；单纯的要求、限制、立规矩又容易让孩子产生反感，或缩手缩脚。家长不妨在鼓励的同时，给孩子定规矩。有一位父亲的做法值得借鉴：

儿子特别喜欢吃冰激凌，把牙齿都吃坏了。我看这样下去不是办法，给他冰激凌的同时，告诉他一天只能吃两个冰激凌，而且必须吃完晚饭半小时以后才能吃。4 岁多的儿子不知道半小时是多长。我就告诉他钟表上分针走到什么地方就是半个小时。儿子一会儿看一下钟，一会儿看一下钟，半小时看了 100 多次。总算熬到半小时了，儿子迫不及待地吃到了冰激凌，我也及时表扬儿子有毅力。第二天，儿子看表就变成十几次了，到了第三天就变成看两三次了，到第四天他知道反正一时半会儿也不能吃，就玩去了，等到他想起来吃的时候，半小时已经过去了。

这位父亲巧妙地利用鼓励，给孩子立了规矩。只要是对孩子成长有益，而孩子又不乐意做的事情，家长都可在鼓励的同时，给孩子定规矩。立了规矩以后，父母一定要和孩子共同遵守，不能随便更改。随便更改，再立规矩就不灵了。

心理暗示法

有一位科学家曾调查 5 年，得出了一个结论：人是唯一能够接受暗示的动物。每一位家长在教育孩子时，都会有意无意地对孩子进行心理暗示，对孩子产生潜移默化的影响。

家长对孩子的心理暗示，既有积极的暗示，又有消极的暗示。积极暗示有助于孩子的成长进步，消极暗示不利于孩子的成长进步。基于此，我在这里提出心理暗示法，其核心要义就是家长在教育孩子的过程中，借助孩子潜意识的力量，尽可能用积极心理暗示影响孩子，淡化甚至杜绝对孩子的消极心理暗示。

暗示，是"润物细无声"的教育，积极的心理暗示往往比其他教育方式更有效。实施心理暗示法，要求家长在教育孩子时，尽量少用那些让孩子不愉快的"要求、命令、必须"等方式，而应多采用"启发、商量、激励、暗示"等形式，让孩子时时看到希望，激发起向上向善的力量。

从心理学的角度来看，如果家长觉得孩子这也不行，那也不行，总是说些负面的话，贬低孩子，打击孩子，孩子就很可能会朝着"坏"的方向发展。所以，为了不让孩子变"差"，家长对孩子应少一些不满、少一些抱怨、少一些责怪，远离不良的心理暗示。这也是有效实施心理暗示法的基本要求。

🎧 心理暗示很神奇

"潜意识决定一个人的命运。"弗洛伊德的这句话告诉我们，家长，尤其是父母的一言一行、一点一滴，全部会进入孩子（哪怕是婴儿）的潜意识，进而影响孩子的一生。作为家长，我们要做的，就是重视心理暗示对孩子的影响，善用心理暗示，即有利于孩子"向好"的方式，启迪孩子，引导孩子。

著名的心理学家罗森塔尔，有一次到一个学校，随便挑了十几个孩子，说他们是天才。结果8个月后，学校的校长和老师们真的发现这些孩子进步明显，慢慢变成了"天才"。这就是著名的"罗森塔尔效应"，也叫"期待效应"。"期待效应"是心理暗示的结果。心理暗示的作用不可小视。

心理学上有一个著名的"滴血实验"：将人眼睛蒙上，在手腕拉一道"口子"，实际上并没有流血，但参与者都会出现失血的症状。我还在书上看到过这样一个例证：

两个患者的化验单出错，一个是真的癌症患者，看到化验单上不是癌症，登时精神振奋，后来癌症好了；另一个本来没有癌症，从化验单上看到"癌症"二字，精神顿时垮了，后来真的患了癌症。

这就是潜意识的作用。孩子之所以会受到心理暗示的影响，是因为孩子的潜意识在发挥作用。

在孩子的内心，存在着两套意识系统：一套是显系统，是在孩子清醒的状态下，以孩子可以感受到的形式独立存在，比如吃饭、学习、参与活动等，孩子可以感受得到；另一套是潜系统，以孩子感受不到的潜意识方式存在，比如孩子的习惯、做梦等。

孩子的潜意识与家长的潜意识被一条神秘的通道连着。家长的愿望、想法、评价，会悄悄进入孩子的潜意识，悄悄发挥作用。我们常说母女（子）连心、父子（女）连心，就是这个道理。孩子的潜意识，不仅在孩子无意识的状态下独立发挥作用，而且与家庭成员的潜意识系统连通，暗暗发挥作用。这就是家庭发生大事，像亲人去世、重大灾难等，孩子会有某种"预感"，从而心神不宁的原因。这也是家长真心期待、口中念叨孩子"行"，孩子真的就"行"了，家长老担心，口中说孩子"不行"，孩子真的就"不行"了的原因。

孩子的潜意识系统，会全盘接收来自家长，尤其是父母心理暗示的信息，并不会对信息的优劣、好坏、对错进行选择。所以，孩子从家长那里接收的心理暗示，既可能是积极的，也可能是消极的。心理学告诉我们，对孩子性格影响最深的人是父母，孩子总是不断往父母内心所"期望的形象"、所"描述的形象"上去靠拢，孩子年龄越小，效果越明显。

如果家长，尤其是父母，总是给孩子正面的评价，总是以积极的态度对待孩子、暗示孩子，就等于向孩子暗示：他"是一个很棒的孩子"，从而不断增强孩子的自信心，使孩子逐渐"棒"起来，不断朝着积极的方向前进。相反，如果父母对孩子存有偏见，总是打击孩子，或者总是说些负面的话，就可能让孩子受到"自己不行"的负面暗示，从而自觉不自觉地向父母所描述的负面形象上去靠拢，朝着与父母期望相反的方向发展，慢慢地真的"不行"了。

孩子的潜力是不可估量的。现代科学的研究早已证明，正常人身上的能量只用了 25% 左右，另 75% 以潜能的形式存在着。曾看到这样一个事例：

一个 9 岁的孩子随父亲驾车出去旅游。路上汽车爆胎了，父子二人下车，开始换车胎。忽然，千斤顶坏了，一下把父亲的腿压在车下。情急之中，这 9 岁的孩子居然用双手把车抬了起来。事后，人们又让孩子抬汽车，他却怎么也抬不起来了。

这个故事似乎有点离奇，但还有不离奇的：残疾人周舟，不是成为很棒的乐队指挥了吗？失聪女孩周婷婷，不是成为美国著名大学的博士生吗？周婷婷的成长与成功，正是其父周弘在赏识教育下，心理暗示的杰作。作为家长，我们要相信孩子的潜能，并通过积极的心理暗示，激发孩子的潜能。

成功的潜能每个孩子身上都有，关键是唤醒。孩子成长的过程，就是潜能不断"苏醒"的过程。心理学家马斯洛说过："心若改变，态度跟着改变；态度改变，习惯跟着改变；习惯改变，性格跟着改变；性格改变，人生跟着改变。"孩子生存与发展的机会，其实就掌握在家长的手里，需要家长给孩子创造各种机会，通过积极心理暗示的帮助与唤醒，激发其不断向上的信心与勇气。

爱泼斯坦博士在他的回忆录《我曾是智障者》一文里，讲述了自己求学的经历。

由于生理原因，爱泼斯坦遭遇了严重的学习障碍，尽管他尽了最大的努力，可仍不断遭受挫折和失败。他认为自己比别人"笨"，开始消沉，并装病逃学。赫伯特·默菲老师没有因爱泼斯坦的"笨"而轻视他，相反，总是满腔热情地鼓励他。

有一天课后，老师把爱泼斯坦叫到一边，将他的一张考卷递给他，挨个提问考卷上的原题让爱泼斯坦回答。爱泼斯坦每答完一道题，老师都微笑着说："答得对！你很聪明，我知道其实你懂得这些题目。我相信你的成绩会好起来的。"老师还一边说一边把每一道题都打上对钩。老师的赞扬和鼓励，激发了爱泼斯坦的自信心。他不再消沉，倔强地与命运抗争，不认输，不懈怠，终于完成了正常人也难以完成的学业，成了医学博士。爱泼斯坦后来成为纽约大学医疗中心儿童神经外科主任，世界一流的脑外科权威之一。

爱泼斯坦的经历告诉我们，成功的教育，不仅能成就孩子的幸福，更能激活孩子的心灵。孩子只有在有了深度的"内心觉醒"之后，才会主动地成长，慢慢地成长，不断地超越自我，越来越优秀。换句话说，只有当孩子意识到"优秀"是内在的需要，才可能自发地行动，不断地超越自己。

孩子的弱点是，经常放大自己的不足，变得自卑、丧失信心。做家长的，要通过积极的心理暗示，挖掘孩子的潜能，淡化孩子的不足，助力孩子战胜自己，不断进步。

🎧 谨防戏言成真

一些家长很爱自己的孩子，也希望孩子变好，可总是有意无意地给孩子施加不良的心理暗示，觉着孩子这也不行，那也不行，一无是处，或者总是说一些负面的话，贬低孩子，打击孩子。不良的心理暗示，会给孩子带来负面的影响，搞不好还可能弄假成真，"诱导"孩子朝着"坏"的方向发展，逐步变"坏"、变差。

现实中我们经常看到，当孩子尿床时，有的父母总是为孩子辩护，说孩子憋不住尿，结果孩子真的憋不住尿了；当孩子学习成绩不好时，有的父母总是斥责说"你笨死了"，孩子就可能以为自己"笨"，真的变笨了；有不少家长在孩子考试前，总是叮咛说"千万不要紧张"，结果孩子考试时，反而更加紧张。有一个实例，很说明问题。

读小学三年级的小玲放学回到家，妈妈让她帮忙擦地板，小玲很认真地擦，但似乎总是擦不干净，妈妈便过来说道："你真笨，还是我来吧！"小玲惊呆了，放下了扫帚，默默回房间。晚饭后，爸爸让小玲到书柜找一本书，小玲咚咚咚小跑着去拿，正当她信心满满地将书交给爸爸时，爸爸埋怨了一句："哎呀，你真笨，一本书都拿错！"小玲脸上的笑容没了。渐渐地，小玲发现自己真的"很笨"，刷牙总是弄脏衣服，钥匙经常忘记带，总记不住爸妈的电话。她放学后也不再帮妈妈擦地板，晚饭后也不再给爸爸拿书，变得越来越"笨"了。

小玲上了初中，老师奇怪地问小玲："你为什么总是不举手回答问题？"小玲说："我很笨，什么也不会。"老师鼓励说："在我眼里没有笨孩子，只有不够勤奋的孩子。举手越多的孩子成绩会越好。"小玲相信了老师的话，渐渐地举手也积极了，到期末结束时，成绩一下飙升到了全班第三名，结束了小学连续4年倒数第一的耻辱。

未成年的孩子，大脑还没有建立起成熟的认知模式，尚处在学习、模仿的阶段。他对外界的反应就像镜子一样，你对着他笑，他就对着你笑；你告诉他"不是好孩子"，他就真的认为自己"不是好孩子"，甚至自暴自弃。许多"差生"就是由老师、家长片面，甚至错误的评价造成的。

有个男孩脑子很聪明，就是调皮不爱学习。妈妈就说："你看我的孩子整天乱动，上课也不专心，肯定是多动症。"结果孩子也认为自己患上了多动症，更加不安分了。

还有一个小学生学习成绩差，妈妈总是当着孩子的面对别人讲："我孩子出生时难产，医生说孩子可能有智力问题。这不孩子现在9岁了，脑子反应慢，学习也很差。"结果孩子也认为自己成绩差是天生脑子有问题，成绩越来越差。后经医院鉴定：孩子虽然成绩差，但智力正常。

这就警示我们的家长，消极暗示、抱怨其实是诅咒。当家长不满意孩子的表现，不满意孩子成绩的时候，很难不焦虑、不抱怨、不生气，而这些负面心态孩子是能感受到的，因为孩子天生就会观颜、察色、听音、读心，像雷达一样接收父母内心真实的信息。家长的焦虑、抱怨和生气，随时会转化为一种不被信任、不被欣赏、不被肯定的负面信息，给孩子带来心理压力。所以，家长对孩子说话时一定要注意，不能随口乱说，因为家长口中有

"毒"，搞不好就会弄假成真。一旦孩子形成思维定式，再矫正就非常困难了。

著名教育家苏霍姆林斯基说过："任何一种教育现象，孩子在其中越少感觉到教育者的意图，它的教育效果越大。"就是说，家长在教育孩子时，尽量少用那些让孩子不愉快的"要求、命令、必须"等方式，而应多采用"启发、商量、激励、暗示"等形式，对孩子应少一些不满、少一些抱怨、少一些责怪，远离不良的心理暗示，孩子才会逐步由差变好，慢慢优秀起来。

掌握暗示的技巧

家长对孩子的心理暗示，不能随心所欲，要讲究方式方法。只有方法得当，对症下药，相信孩子的独特，相信孩子的能力，相信孩子的努力，毫不怀疑自己的孩子是一个"好孩子"，并不断强化孩子好的品行，肯定孩子的优点、兴趣、爱好、特长，无条件地接纳孩子，发自肺腑地祝福孩子，才能收到预期的暗示效果。

心智尚未发育成熟的孩子，很容易受到周围人行为的暗示。家长，尤其是父母，是孩子最好的老师。父母的言行举止都会对孩子产生最直接的暗示影响。所以，父母要从自身做起，做好表率。比如，在等车时，父母以身作则，主动排队；乘车时，父母主动将座位让给老人或行动不便的人。家长做的这些看似平常的好事，都会对孩子产生积极的暗示影响，助力孩子成长、进步。

家长想让孩子优秀，就要无条件地接纳孩子，像虔诚的佛教徒一样，丝毫不怀疑自己的孩子是一个"好孩子"，是"可造之才"，相信孩子的独特，相信孩子的能力，相信孩子的努力，并发自肺腑地祝福孩子。由于家人之间潜意识的连通作用，家长对孩子信任、期待的信息，会以神态、言语、表情等形式，传递给孩子，孩子会在有意无意间受到心理暗示，悄无声息地向着父母期待的方向变化。

现实中我们会发现，有好多"心大"的家长，很少要求孩子，孩子却越来越优秀，原因正在于此。

浙江绍兴的朱科航，爸爸从不逼他去做自己不喜欢的事情。上小学时，其他孩子都忙着上辅导班、兴趣班，只有朱科航在"玩"：玩溜冰、玩滑板、玩魔方……爸爸不但不阻止，还允许他邀请一大堆朋友来家一起玩；朱科航成绩不突出，但爱看课外书，爸爸默默支持，并未指责过孩子一句"不干正事"。

朱科航爸爸"心大"的背后是信任，相信孩子"行"。玩溜冰、玩滑板、玩魔方锻炼了朱科航的身体，发展了朱科航的智力，提升了朱科航的反应能力，使他储备了强劲的后发优势。朱科航没有辜负爸爸的期望，考入了中科大，大一结束后，就加入了被称为"科学家摇篮"的严济慈英才班。随后，更是成为物理学院设立"严济慈奖学金"后的第一位获奖者，连夺多项顶级奖学金，还拿到 9 所名校的全奖直博"offer"。

相反，有许多父母为孩子操碎了心，孩子并不领情，没有成为父母希望中的孩子，原因是父母老是对孩子不放心、不信任，干扰太多，使孩子不自觉地受了负面暗示，逐渐朝着父母担心的方向发展。

著名心理学家阿尔弗雷德说过："鼓励表扬，在养育孩子的过程中，比任何方面都重要。"对于年龄小的孩子而言，家长的表扬激励，就是他行为的风向标。比如，孩子第一次收拾整理自己的玩具，妈妈要给予适当的表扬："宝宝好棒！会自己整理玩具，比妈妈收拾得还好！"孩子受到表扬，当玩具再乱时，就会想到妈妈的表扬，主动去收拾玩具。

家长心理暗示的重点有以下几个：一是激励孩子良好的品行。孩子学历再高，掌握的知识再多，如果品行不端，不懂做人的道理，不会做人，未来也很难收获幸福的人生。二是激励孩子的优点、兴趣、爱好、特长。每个孩子都有自己的特点、优点，孩子可能学习成绩不理想，也许他打篮球很棒，或者在音乐方面很有天赋。家长要尊重孩子的爱好，鼓励孩子去做自己喜欢的事情。孩子受到家长的鼓励，也许会在某一方面有惊人的表现。三是激励孩子的自信心。孩子是脆弱的，有时可能会因考试失败、成绩下降、技不如人，导致自信心受挫，需要家长去点燃其内心自信的火种。四是激励孩子自立自强。孩子的成功离不开自立自强的品格。家长要通过激励，让孩子坚强起来，不软弱、不撒娇，知道自己的事情自己做。五是激励孩子热爱劳动。孩子需要在劳动中学会生活技能，这对其今后的生存发展有着重要的作用。家长千万不要仅仅把眼光只盯在孩子的学习成绩上，要从小就重视对孩子进行劳动观念的教育和劳动能力的培养。六是激励孩子学会与人交往。

家长对孩子的暗示，除了言语，还有神态、表情、行动等多种形式。

眼神是一种无声的语言，比语言能更细腻清晰地表达感情。家长可借助眼神暗示，用眼睛把要说的话、要表示的态度，巧妙地表达出来。

表情比眼神表达的意义更加明确，家长的表情能向孩子传达多种信息：孩子做了好事，家长对他赞许地点点头，孩子经过努力，解开了一道题，家长对他会心地笑笑，都是最好的表情暗示。

动作暗示是家长用体态语言，把自己的想法表露出来，从而影响孩子。比如，父母辅导孩子做作业时，发现孩子坐姿不正，家长可以面对孩子做几个挺胸的动作，孩子接收到这种暗示，就会学着做出反应。父母在口头上肯定孩子的同时，若能亲亲他、拍拍他、搂搂他，可以增强暗示的效果。

对于孩子的缺点和不足，家长可采取一种迂回的暗示方法，采用讲故事、打比喻、作比较等方法，把孩子的问题巧妙地"点"出来，让孩子心领神会，在一种温和的气氛中接受教育，改正缺点。

🎧 汇聚起心理暗示的正能量

积极的心理暗示，是促进孩子成长、进步的巨大精神力量。家长要重视孩子潜意识的力量，运用积极的心理暗示，用自己的意识和孩子的潜意识进行"沟通"，汇集其心理暗示的正能量，多侧面多角度地影响孩子。

家长要想对孩子的心理暗示发挥作用，仅仅靠单一的暗示是不够的，需要多管齐下，协调一致，发挥期望、榜样、语言、行动等多种心理暗示的集成效应。尤其是对成绩差、自卑、自信心不足的孩子，更需要家长用自己暗含的期望，来点燃孩子的希望；

需要家长抱着真诚的信任，"剔除"孩子心灵的"杂草"；需要家长通过肯定、赞扬、鼓励、支持等多种方式，不断强化孩子积极向上的力量，让孩子慢慢变得自尊、自爱、自信、自强。家长看到孩子的进步，及时送上赞许和肯定，兑现奖励的承诺；看到孩子有了解决不了的困难，及时帮孩子一把，孩子感受到家长是自己的坚强后盾，也就消除了心理负担，慢慢振作起来。

家长对孩子进行心理暗示，最忌讳的就是"表里不一"。有的家长尽管内心希望孩子变好，希望孩子优秀，但眼睛总是盯着孩子的缺点和不足，尤其是看到孩子成绩下降时，自己首先失去信心，满脸不安、忧愁、焦虑。当孩子接收到家长失望、焦虑、不安的信息时，很自然地就会对自己失去信心，向着家长潜意识中"差孩子"的方向发展。

有的家长虽然也表扬、鼓励孩子，但不是真心的，或表扬的不是地方，都无法收到预期的心理暗示效果。最典型的就是被溺爱宠坏的孩子，他们总是被父母夸奖聪明伶俐、身体棒，各方面都比别人强，一旦受到挫折，或者得不到预期的表扬，自信心就会破灭。也有的家长，看到孩子做对一道难度不大的题，马上夸孩子"很聪明"，孩子就会觉得家长的表扬是虚情假意，也就敷衍应付。还有的家长，看到孩子成绩下降不是抱怨指责，就是训斥，甚至打骂。家长的"否定"，只会强化孩子"不行"意识，变得越来越差。

孩子都渴望得到长辈、老师的认可。孩子在成长的过程中，单个家庭成员的肯定、鼓励，虽然也会产生激励效应，但暗示的效果要小很多。如果能同时得到家长、老师、亲朋的肯定、鼓励，就会产生综合心理暗示效应。

我国古代的神童甘罗、曹冲、王勃、李贺、房玄龄、司马光等，他们的成长不仅得到了家长的鼓励支持，还得到了亲戚、邻居及社会各界的嘉许。所以，对孩子来说，肯定赞扬的人越多，心理暗示的作用就越大。最起码，全体家庭成员步调一致，方可形成心理暗示合力。

孩子良好品质、行为形成的秘密是：先定为，再装为，后变为。家长不妨利用这一点，来对年龄小的孩子进行心理暗示。

以希望孩子是个"爱学习的好孩子"为例。可先"定为"。家长可利用各种机会对孩子说他是爱学习的，对别人也说他是爱学习的孩子。家庭成员都要把他当作爱学习的好孩子来对待。

再"装为"。孩子刚开始的时候，可能对家长说的话感觉莫名其妙，但当他经常听到别人都把他当作爱学习的孩子宣传时，他就可能会去尝试一下"爱学习"的感觉。一旦孩子有了"爱学习"的表现，家长要及时肯定。这时，孩子就会在别人面前表现得爱学习，即使不是真的爱学习，也会装成爱学习的样子。周围说他爱学习的人越多，说的时间越长，孩子就越会坚持学习，不断学习，慢慢体会到学习的乐趣。

后"变为"。当孩子经常装成"爱学习"的样子，慢慢地形成了学习的习惯，"爱学习"也就由"装样子"变成了真实状态，真的变成"爱学习的孩子"了。孩子学习是这样，其他诸如品行养成、身体锻炼、劳动技能培养也是如此。

俗话说，谎言说一千遍也会变成真理。如果所有人都相信孩子是什么人，那孩子一定会变成什么人。心理学家曾经研究得出结论：想让别人变成什么样的人，就要以他是什么样的人来对待他。家长心理暗示常犯的毛病是，家庭成员意见不一，"一人一个号，各吹各的调"。比如，对孩子学才艺，有的说应该这样，有的说应该那样；对孩子干家务，有的赞成，有的反对。孩子无所适从，自然收不到预期的心理暗示效果。

🎧 变"外在暗示"为"自我暗示"

家长的心理暗示是外暗示，孩子年龄越小，效果越明显。随着孩子年龄的增长，尤其是到了小学高年级以后，家长外在心理暗示的作用会不断变小，而孩子自我暗示的作用会日益增强。家长要积极适应孩子的这一心理变化，引导孩子把外在心理暗示转化为自我暗示，让自我暗示成为持久推动孩子发展进步的力量。

对于成长中的孩子来说，光有信心还不够，还需要变信心为自信，变自信为信念。当孩子内心形成坚定信念的时候，就会产生巨大的自我暗示力量。日本有名的医学改革家德田虎雄，上中学时成绩不好，但他坚信自己一定能够成为一名好医生。他每天早晨照镜子，想象着镜子里的"我"不是今天的"我"，而是一个成为早稻田大学医学院学生的"我"，成为医生的"我"。经过几年不懈努力，他终于考上了早稻田大学医学院，后来成为著名的医生。

当孩子有了信念的时候，他会把理想的世界想象成现实的世界，从而努力把理想的自己变成现实的自己。这就是为什么会出现差生"逆袭"为学霸，坏孩子"浪子回头"变成好孩子的内在动因所在。

相反，当孩子拘泥于真实世界，活在自己真实的小世界中，过分在意自己的现实表现，那么不管潜意识再怎么努力也是徒劳，因为孩子的现实表现与潜意识处在不同的世界中，没有信念的桥梁就无法接通。

家长的任务，一方面是鼓励孩子相信自己"行"，坚信自己"行"，就像王金战当年坚信自己一定能考上大学一样。孩子只要专注于自己想要的东西，且一直想着它，那么信念就会牢牢地占据他的潜意识，调动起自身的各方面的能量，达到心仪的目标。另一方面要鼓励孩子敢于尝试，不怕失败。勇敢是孩子利用潜意识启动信念的第一步，也是孩子自我暗示发挥作用的关键。如果孩子害怕失败、害怕犯错、害怕面对问题，那么他的潜意识就会接收到害怕的信息，从而淡化信念的力量，也就阻断了通向成功的路径。

为什么许多孩子小时候有无穷无尽的梦想，最后都没有实现呢？原因是空泛的梦想无法完全进入潜意识，潜意识就不会全力发挥引领作用。只有孩子把梦想化为追求，为自己设定一个个目标，这样梦想才会进入潜意识，变为巨大的自我暗示力量，潜意识也会"拼尽全力"，助自己达成之前想都不敢想的目标。许多名人成功的秘密正在于此。

做家长的，当孩子说出自己的梦想时，应及时予以肯定，并引导孩子想办法实现目标。如果孩子的梦想与兴趣、爱好、特长一致，家长可鼓励引导孩子制订计划，把梦想分解成一个个行动目标。孩子如果光有梦想，没有计划，潜意识就不会"相信"，就会一直处于"蓄能休眠"状态，只有把梦想具体化，变为行动计划，变为一个个可以实现的目标时，潜意识才会被"唤醒"，成为激励孩子、推动孩子不断向前的自我暗示力量。同时，想要最大限度地激发潜意识的能量，还需要孩子更多技能和能力的加入，积极行动起来。这样潜意识的暗示作用才会最大限度地发挥出来。

孩子小时候，对周围的事物充满好奇，兴趣广泛，这是孩子自我暗示的源泉。在兴趣的引领下，孩子会不知疲倦地从事各种活动。但随着年龄的增长，孩子的兴趣开始分化，有些兴趣渐渐淡化，有些兴趣不断强化，发展成中心兴趣。如果引导得好，孩子中心兴趣的指向，可能会成为未来事业的方向。如果孩子的兴趣和志向结合，就变成了志趣。志趣具有很强的稳定性，是孩子成长、成才的催化剂，具有很强的"自我暗示"作用。

作为家长，我们要多观察了解孩子，像梁启超那样，尊重孩子的兴趣，保护孩子的兴趣，激励孩子向感兴趣的领域发展。同时，鼓励孩子将中心兴趣和志向结合，形成志趣。1913 年诺贝尔物理学奖获得者昂尼斯，小时候对数理化、天文都感兴趣，但最喜欢做物理实验，父亲就全力支持他，热情鼓励他。后来昂尼斯选择物理作为终身事业。兴趣和志向的完美结合，产生了巨大的自我暗示效应，成就了昂尼斯的事业。

孩子的某些行为，比如积极干家务、读书、上课认真听讲、看到老人礼貌地打招呼等，一旦经过强化，形成了习惯——劳动习惯、读书习惯、学习习惯、文明礼貌习惯等，就会变成自动化的行为方式，成为自我暗示的力量，自发地促进孩子不断进取、不断进步。全国政协副主席朱永新，从 5 岁开始，便形成了早上 5 点起床的习惯，保持了几十年，从不改变；坚持每天读书、每天写作 1000 字，多年一贯，雷打不动，堪称楷模。正是多年形成的良好习惯，化为了强大的"自我暗示"力量，成就了他不凡的事业与人生。

作为家长，我们要注意激励孩子不断强化良好的行为，养成良好的学习习惯、读书习惯、生活习惯、劳动习惯、文明礼貌习惯，让习惯持续发挥"自我暗示"作用，引导孩子一步步走向成功。

🎧 杜绝给孩子"贴标签"

有人说，毁掉一个孩子很容易，给他贴上"负面标签"就够了。心理学上有一个"标签效应"。说的是，一个人一旦被贴上某种标签，无论好坏，都会带来无形的心理压力，影响这个人的自我意识和自我评价。对孩子，尤其对幼儿园、小学时期的孩子而言，他们对家长、老师的"负面标签"，反应尤其明显，很容易陷入"自证预言"陷阱。作为家长，我们一定要讲"口德"，不要随便给孩子贴"负面标签"。

常言说："打人不打脸，揭人不揭短。"孩子先天的缺陷，以及身高、长相、体形上的不足，是孩子内心最脆弱的部分，最忌讳别人提起，也最怕被丑化。家长"丑化暗示"对孩子的影响虽然觉察不到，但是会于无形中左右孩子的一生。曾在网上看到这样一个实例：

有一个女孩，脸上有一块红色胎记，妈妈经常看着她的脸唉声叹气："这块胎记长哪儿不好，怎么偏偏就长在脸上？""一个女孩子，脸上长一块胎记多难看，真是愁死人了！""要是这个胎记一辈子治不好，以后怎么嫁得出去！"这个女孩由此变得孤僻自卑，不管走路还是听课，总是将头埋得低低的。她喜欢把头发留得又厚又长，将半边脸紧紧遮住。后来，女孩做了整形手术，脸上的胎记去了七八分，加上化妆，基本上看不出来了，但她还是很自卑，走路依然习惯性地低着头。

这个女孩从出生的那一刻，家人就一直暗示她，脸上有胎记很丑，如果治不好，将来没有人会喜欢她。这种"丑化暗示"一直深深扎根于她的心底，即使后来脸上的胎记去掉了，但是心理的"胎记"却永远烙在了心底。作为家长，我们要清楚，"丑化暗示"会给孩子带来极大的内心伤害，一定要淡化孩子的不足，学习周弘等家长的做法，鼓励孩子勇敢面对不足，像正常人一样学习生活。

负面暗示，也是家长教育孩子经常犯的错误。有的家长总是说："这孩子挺聪明的，就是太粗心了。"结果孩子就会受到心理暗示影响，经常因为"粗心"而丢掉一两分。还有的家长老是说"我家孩子胆小""我家孩子经常丢三落四"，时间一长，孩子就真的像家长说的那样，变得胆小、马虎、丢三落四了。这是因为，在小孩子心中，家长和老师的话就是"真理"。家长的负面暗示多了，孩子会真的以为家长说的毛病，是自己改不了的毛病。

这警示我们的家长，负面暗示不仅无法真正解决问题，还使问题更加严重。孩子需要的，不是强化他的不足，而是家长帮助他从中吸取教训。对孩子的小瑕疵，采取激励式的正面暗示，效果要好得多。有一个父亲的做法值得效仿。孩子考试没考好，他没有指责孩子，而是安慰孩子："我知道你现在有点沮丧。不过没关系，不要灰心。你看，这次考试卷面很整洁，有两道难题也做出来了。就让我们一起来找找到底是什么原因造成的，下次注意就行了。"

现实中，我们经常看到一些家长着急上火时，伤害孩子自尊的话会脱口而出："这道题这么简单都不会做，你怎么这样笨！""跟你说多少回了，你就是不改，你是木头人吗？"诸如此类的例子不胜枚举。

心理学研究发现，一个人被别人下了某种结论，就像商品被贴上了某种标签，渐渐地，他就会使自己的行为与所贴的标签内容相一致。家长每一次否定孩子，都会损伤孩子的自尊心、自信心，给孩子心理蒙上阴影。孩子如果经常听到父母的责备，被贴上"否定标签"，就会认为自己的能力有问题，再努力也没用，就会经常暗示自己："我是一个差生""我没有用"。久而久之，就真成了一个差生。一个没有主见、没有自信、呆头呆脑的"笨孩子"，可能真的由此诞生。

家长、老师给孩子贴"负面标签"，除了打击、否定，用静止的思维看待孩子，还有起外号、变相侮辱孩子。西安的一所小学就发生过这样的事情。让学习不好、表现不好的孩子戴绿领巾，意在"激励差生上进，争取早日戴上红领巾。"殊不知"绿领巾"变相给孩子降低了等级，很容易让孩子幼小的心灵产生自卑感，丧失信心，破罐子破摔，变得越来越差。

孩子几乎所有的不当行为，都是负面暗示造成的；许多孩子行为不当，都是被贴了"负面标签"的结果。做家长的，要用发展思维、成长思维看待孩子，帮助孩子摆脱"负面标签"的危害。可明确地告诉孩子，问题是暂时的，一切都是可以改变的，劣势也是可以弥补的，只要你愿意学好，知道用正确的方式去努力，勇于挑战自我，善于取长补短，一定能够逆袭成功，变成优秀的孩子。

有的家长也许会说，给孩子贴"负面标签"不好，贴"正面标签"肯定有利于孩子的成长进步。殊不知，"正面标签"使用不当，同样会伤害孩子。孩子表现好的时候，应该表扬，但是随意的表扬、夸大其词的表扬，会让孩子觉得言过其实，从而陷入失望、迷茫。而且，不切实际的表扬，会让孩子过于自信，变得自负，爱慕虚荣，遇到困难和挫折，又过于沮丧、自卑，不能实事求是地去面对问题和挫折。因此，家长给孩子贴"正面标签"也需要技巧，既要实事求是，恰如其分，又要让孩子客观认识自己，看到自己的不足和努力方向，能正确面对前进道路上的困难和挫折。

🎧 学会运用"精神疗法"

奥地利有一位医生做过一个实验，通过在患者身上放置磁铁的方式，为患者治疗疾病。运用此种磁性"精神疗法"，不仅是患者的小伤口，就连某些癌症也会出现转好。从这个实验可以看到，"精神疗法"背后隐含着的巨大暗示能量。同理，家长在教育孩子、矫正孩子不良行为的过程中，只要巧用"精神疗法"，就可以收到事半功倍的暗示效果。

"精神疗法"，其实就是潜意识的力量。对待学习落后或自卑的孩子，家长要睁大眼睛去看孩子的优点、长处和潜力，对孩子的缺点、不足和问题，则闭起眼睛，尽量缩小缺点、不足和问题。让孩子在正向暗示中，走上成功之路。

诺贝尔化学奖获得者奥托·瓦拉赫刚读中学时，父母为他选择了文学之路，一个学期下来，老师给出的评语是："瓦拉赫很用功，但过分拘泥，难以造就文学之才。"随后，父母又让他改学油画，可瓦拉赫既不善于构图，又不会润色，成绩在班上倒数第一。面对如此"笨拙"的学生，大部分老师认为他成才无望，只有化学老师认为他做事一丝不苟，具备做好化学实验应有的素质，建议他学化学。他和父母接受了化学老师的建议。这下瓦拉赫智慧的火花一下子被点燃了，终于走上了成功之路。

每个孩子都有自己独特的天赋，智能发展也是不均衡的。家长要帮助孩子发现他的优势智能，让孩子的潜能得到充分发挥。当孩子在某一方面表现不佳时，家长千万不要跟别的孩子比较，而要有足够的耐心和信心，给孩子尝试的机会。

一位学生语文只考了 12 分，老师问他为什么考不好，他说对语文不感兴趣，上课没认真听。老师对他说："你不感兴趣，没认真听都能考 12 分，说明你太厉害了。如果稍微花一点时间的话，一定会更好的。"第二次，这个孩子考了 20 分，老师又说他很聪明，稍微用点力就进步这么多。这个孩子在老师的"暗示"下，一直不断用力，最后成绩越来越好。

人们都有这样的体会，对于身患绝症的人，告诉他真相是残酷的，只会加速他的死亡进程，而善意的欺骗反而会延缓他的生命。对"差孩子"的教育也是如此，如果把别人真实的评价告诉孩子，会把孩子推向绝望的深渊。孩子的思维是直线式的，家长、老师说什么话，反映到他脑子里的就是什么话。所以，有时反话正说，会收到意想不到的暗示效果。

一个妈妈去开家长会，老师告诉她，你的孩子全班最差，最多坐三分钟就会分心。这位妈妈出来"骗"孩子说："老师表扬你了，说你现在能坐三分钟呢，进步很大。"孩子非常兴奋。他慢慢能坐住五分钟、十分钟了。这位妈妈就用这种"骗"的方法一直把孩子"骗"进了清华大学。

罗森塔尔效应就是成功"欺骗"的范例。有些家长可能会说，那不是自欺欺人吗？这些家长也许不知道，善意的"欺骗"有时是教育的最高境界。当你常对"差孩子"说正面鼓励的话时，往往更容易推动他朝好的方向转化。

一个优秀老师接到一个差班，对学生说，我只要看一下你们眼睛，就知道谁聪明，谁不聪明。当他一个一个看过去的时候，每个孩子脸上都洋溢着幸福的微笑。这时，孩子的眼中流露出的是期待，坐得也特别端正。这个老师用这个方法，让每个学生都认为自己是最聪明的。经过一年的教育，他的班里就不再有一个后进生，每次考试都是全市第一名，遥遥领先于其他学校。

对于"差生"来说，有时实话实说等于消极暗示；抱怨就是诅咒，等于给孩子贴了"标签"。当家长不满意孩子的表现，不满意孩子的分数和成绩的时候，很难不焦虑、不抱怨、不生气，而这些负面情绪带给孩子的，是一种"没有希望"的压力。此时，如果家长反其道而行之，变否定为肯定，变不满为期待，则会收到积极的暗示效果。

"试错教育"法

孩子的成长从来都不是一帆风顺的，都是在不断探索、不断尝试、不断"试错""改错"的过程中，慢慢长大，走向成熟的，所以，孩子"犯错误"是正常的，也是难免的，是孩子成长过程中的"必修课"。不犯错误的孩子是没有的。

现在一些家长面对的调皮捣蛋，面对孩子的"破坏行为"，面对孩子的"一意孤行"，常采用的方法，不是唠叨、说教，就是打骂、体罚，不仅效果不好，甚至会限制孩子的潜能发展，引发孩子的逆反心理，倒不如转换方式，在保证安全的前提下，放手让孩子自己去"试错"，说不定会收到理想的教育效果。

"试错教育"法正是基于这一理念提出的，意即面对孩子的错误，家长不要刻意靠外力去强行"矫正"，而应引导孩子把"试错"变成"创造"，从实践体验中学到知识技能，或把"试错"变为"自省"，让孩子在"试错"中去体验、去感悟、去纠错、去成长。恰如著名教育家苏霍姆林斯基所说："没有自我教育，就没有真正的教育。"

从"试错"中学习技能

孩子来到世间，面对的是一个全新的世界，对周围的一切都充满好奇。他们有着惊人的模仿能力和无穷的探究兴趣，对周围的各种事物都要尝一尝、摸一摸、拆一拆，想搞清楚"是什么东西"。这是一种可喜的现象，是孩子探究学习的原发动力。但由于孩子的探索，基本上都是漫无目的地"摸着石头过河"，所以难免会犯错。家长不妨采用"试错"法，引导孩子不断从"试错"中，学习各种技能。

孩子的各种"本领"，像骑车、跳绳、溜冰等，都不是天生的，都是在不断"试错"中习得的。家长们都清楚，孩子2个月抬头，3个月翻身，6个月独坐，8～9个月学会爬，10个月从扶着站到扶着走，1岁左右独立行走，哪一样都不是一下子完成的，都是在反复练习、反复"试错"中，慢慢学会的。

曾看过一个1岁左右的小男孩学吃饭的视频，很有意思：

宝宝坐在小餐桌上，自己拿个小汤勺吃米糊糊，开始不会吃，不是糊到脸上、鼻子上，就是糊到衣服上，就是吃不到嘴里，弄得小餐桌上也满是糊糊。宝宝旁边的妈妈，没有包办、干预，而是鼓励宝宝自己吃。宝宝乐此不疲，一次一次地尝试着，慢慢调整动作，终于把糊糊吃到了嘴里，高兴得不得了。经过几次"试误",孩子出错的次数不断减少,成功的次数不断增加,后来虽然偶有"失误",但基本上学会了吃饭。剩下的,就是在以后的"失误"锻炼中,慢慢熟练的问题了。

有道是"十指连心"。孩子手指的协调能力受大脑神经支配,从不会拿汤匙到会拿汤匙,从不能控制汤匙到运用自如,手指动得越多,手指协调能力就越强,就越"能干"。孩子在 1 ~ 2 岁具有超强的学习能力,他们会在"试错"练习中,学会自己走路、说话、吃饭、攀爬。记得我女儿 11 个月大的时候,刚会站,还不会走。一次姥姥带她去小表姐的幼儿园接小表姐,她看到小表姐和别的小朋友滑滑梯,觉得好玩,也要滑。开始上不去,姥姥扶着她上去,"试错"了几次,就会滑了。她也学着其他小朋友,小手抓住栏杆,慢慢爬上去,然后坐着滑下来。其他小朋友的家长看到我女儿不会走路就会滑滑梯,觉得很有趣。

相反,如果家长限制孩子,不给孩子"试错"的机会,将不利于孩子身体的协调、技能的掌握。

我有一个熟人的儿子,上小学高年级了,不管是跑、跳,还是打球、跳绳、骑车,动作总是很笨拙,不协调、不美观。原来是他八九个月学爬的时候,妈妈嫌地上脏,不让他爬,在家就把他固定在儿童椅里,出门就抱着他,不让他下地爬。后来,他会走了,就是不会爬。

其实,孩子的成长,不但手指的协调受大脑神经支配,上下肢的配合同样受到大脑神经支配。孩子只有经过不断练习"试错",大脑才会在一次次调整中,让上下肢的动作协调起来、完美起来。缺少必要的"试错"练习,孩子的大脑便不会进行"动作调整"，身体的动作自然不会协调、美观了。没学过舞蹈的孩子，舞姿肯定没有学过舞蹈的孩子优美，道理就在这里。

孩子小时候是这样，大一点了，学骑车、学跳绳、学溜冰、学整理内务、学做饭、学乐器、学绘画、学手工、学做实验……无论学哪一样，都不会一蹴而就，都需要经过一次次"试错"，才能慢慢学会。作为家长，我们要给孩子"试错"的机会、锻炼的机会。孩子锻炼越多，"试错"越多，学习的技能越多，掌握的"才艺"越多，发展的后劲就越大。

🎧 从"试错"中提高成绩

"试错教育"不仅有利于孩子学习技能，还可以帮助孩子提高学习效能。家长在指导孩子学习时，如能巧妙利用"试错教育"法，时常可以收到意想不到的效果。

每个孩子，包括十分优秀的孩子，在学习上都存在薄弱环节，存在知识盲区。有知识盲区，就难免出现差错。

我女儿刚上小学一年级学习汉语拼音时，不能很好区分"四声"，第一次月考有差不多20分的错误，几乎全部出在声调上，孩子很着急。我和孩子她妈同样把握不准声调，没法辅导。于是我们就去书店，买了一个学拼音光碟，让女儿跟着"DVD"学习练习。经过一次次跟读，一次次"试错"，一次次调整，女儿终于学会了区分"四声"，后来很少再出现"四声"方面的差错。

家教专家刘称莲也是用"试错教育"法，解决了孩子上小学时作业中常出现的"类似错题"。她在《陪伴孩子走过小学六年》中，介绍了自己巧妙帮助女儿纠正错误的经验。

我发现女儿总是重复犯同样的错误。上一次作业中某一道题做错了，过后她也改过来了，但是下一次再有类似的题目出现，她依然会在同样的地方做错，而且自己浑然不觉。当我指出来这个错误并提起上次的问题时，她才会恍然大悟，觉得自己本来应该会的，这次是粗心大意了。其实，孩子重复在同一类问题上犯同样的错误，是基础知识学得不扎实的典型表现，而并不是所谓的粗心和马虎。

我印象最深的是，她在小学六年级结束的那个暑假，要准备初中的分班考试，我便在网上找了一些小升初的练习题打印下来让她做。每次她做完，我都会为她批阅，发现她的英语作业几乎每次都犯同一个错，就是当遇到一个句子的时态为一般现在时、主语为第三人称单数时，她都忘记在动词原形后面加"s"或者"es"。发现了几次以后，我就想了个办法，在网上搜了一套类似的试卷，把她错过并改正的题目加进试卷中再让她来做。一开始，一模一样的题目她依然会出错，我就只让她接着改错，并不告诉她这个题目之前已经做过了。然后我会再出一套卷子，还是把这个题目加进去。三番两次过后，她才发现卷子中有同样的题目，且是她曾经做错的。她也会问我："这套卷子里怎么有同样的题目呀？"她并没有发现那是我特意加在里面的。神奇的是，这样反复"试错"，训练了几次，她就真正记住了这个知识点，从而彻底把类似的问题解决了。

刘称莲采用的"有心而无痕"的"试错教育"法。把女儿做错的题目加在新的试卷里，孩子起初并无觉察，因而没有抵触心理，而且也会毫无戒备地按照自己的思路去解题，从而最终暴露出知识漏洞，同时又在一次次"试错"中，认识错误，订正错误。

现在我们的许多家长，一看到孩子做错题，就批评孩子不细心，学习不认真，或者学着一些老师的样子，要求孩子把一个错题做数遍，比如一个错字抄写50遍。但随后，孩子该出错照样出错，这是因为，一味批评孩子，或让孩子把一道错题做许多遍，一方面不能达到查漏补缺的最佳效果，只会在短时间内对一道题形成思维定式，一段时间之后再来做类似题目，可能还会犯错；另一方面，更重要的是，这会让孩子有被惩罚的感觉，容易引起他的抵触情绪，也许孩子以后不会再犯同样的错误，但是自尊心却受到了打击。这种伤害表面看不到，却在孩子心里埋下了负面的种子，对孩子的成长是非常不利的。

孩子在小学阶段，由于注意的分辨度、精心度低，理解力差，对相近的知识容易发生混淆。比如，汉字的"戍"与"戎"、"丐"与"丏"、"茶"与"荼"、"拨"与"拔"等，英文字母、汉语拼音的"p"与"q"、"b"与"d"、"w"与"m"，数学的"增加2倍"与"增加到2倍"等，稍不注意就会出错。家长若巧妙运用"试误教育"法，可以让孩子在一次次"试误"中，提高警觉，避免再犯类似错误。

这样做，比起孩子做错一道题后，让他反复写许多遍的做法，效果要好得多。我一个朋友的儿子，由于不理解乘法口诀的意义，把"四八三十二"背成了"四八三十六"，在作业中也错了几次。他爸爸想出一个妙招：从厨房拿来一袋大枣，让孩子一行排8个，排4行，再数数总数。孩子一下子明白了为什么是"四八三十二"，不是"四八三十六"了。爸爸又让他把所有乘法口诀演示一遍，与自己背的进行印证。此后，儿子再没有犯过乘法口诀方面的错误。

孩子上了中学，可以让孩子各科准备一个错题本，把错题集中记在一起，不定期地做做，到了考试前夕，再集中做做，不断从"试错"中搞清出错原因，有效订正错误。这是教育专家的建议，也是许多考入名校的"学霸"的经验。

鼓励孩子的"试错"探究

儿童时期的孩子，都有着强烈的好奇心，需要了解周围的一切。对他们来说，一切事物都是新奇的，都要通过眼看、手摸、嘴尝，甚至模仿搞清楚。但孩子终究是孩子，他们缺乏社会经验，分不清利害，搞不清轻重缓急，不了解物品的价值，在他们心中，只有喜欢不喜欢，没有是非对错，认识不到"什么该做，什么不该做"。所以经常犯各种各样的"错误"，甚至是严重的错误。如何应对孩子有益探索中的"试错"，考验着家长的智慧。

孩子，尤其是婴幼儿时期的孩子，一方面是精力充沛的"探险家"，喜欢搜索各个角落、每一条裂缝，将手指伸进去掏掏看，里面是什么；喜欢拿刀具，摸热水壶、电源插座，会把药片当糖果吃掉；喜欢模仿动画片、影视剧中的人物，做一些冒险动作，从很高的地方跳下。另一方面，他们又是天然的"破坏者"，喜欢把书架上的书，一本本抽出来，翻翻又扔掉，甚至撕坏；喜欢拆解小玩具、小电器；他们喜欢打开柜门，把里面的东西掏出来，扔得满地都是。我大学同学的儿子，小时候特别淘，他把放苹果的小柜门打开，每个苹果咬一口，又放到里边，算是归自己所有了。

儿童时期的好奇心是广泛的、幼稚的，甚至是可笑的。比如，儿童时期的爱迪生，看到母鸡用体温可以孵出小鸡来，就决定自己去试试。千万不要小看孩子的好奇心，好奇心是孩子认识世界的开始，也是孩子思维活动的起点、获取知识的动力。正是在不断"试错"探索中，孩子了解了哪些东西坚硬，哪些东西柔软，哪些东西是可动的，哪些东西是固定的，知道了周围物体的大小、形状、颜色、软硬、冷暖等这种属性，为进一步学习打下了基础。恰如爱因斯坦所说："思维世界的发展，在某种意义上来说就是对惊奇的不断摆脱。"

每个孩子的成长进步，都是在好奇心驱使下对新事物的探索开始的。好奇心是孩子点燃智慧的火种。但孩子在尝试探索的过程中，常因幼稚而"好心办坏事"，做出一些"破坏性"的举动——新买的玩具或手表、收音机等物品，一转眼就被孩子拆散或弄坏了，这容易使家长产生一种错觉，认为孩子是"捣乱""破坏""不听话"，对孩子进行严厉惩罚，不仅伤害了孩子的身心，而且不自觉地压抑，甚至扼杀了孩子的潜能和创造力萌芽，毁掉一个科技人才。

一个名叫郜军的高中生给《中学生学习》杂志写了一封信。他在信中讲述自己最喜欢物理，但物理成绩最差，而且对机械类的东西会本能地反感，一看到齿轮、轴、传动、力这些字眼，眼睛就会条件反射似的躲开，有时甚至会有恶心想呕吐的感觉；一听到与物理有关的字眼，就会有一种莫名的烦躁和恐惧。原来是幼年的一件事对他的伤害太深了。他在信里写道：

我 3 岁那年，对于眼前的一切都是新鲜的、神奇的。一天，爸爸上班去了，将手表遗忘在客厅的茶几上。那是一块镀金的手表，是妈妈送给爸爸的生日礼物。我好奇地发现里面有一根针在"嘀嘀嗒嗒"地走动着。它为什么会走动呢？我很想知道里面的奥秘，就从柜子里抱出一个小工具箱，里面有锤子、扳手、改锥等工具。我不知道用什么工具才能将这块手表打开，就拿起锤子敲了敲表壳，没想到表壳一下就裂开了，露出了表盘上的针。我很高兴，我想做一个试验：将针拿下来，看它还会不会有那种"嘀嘀嗒嗒"的响声。整个上午，我都陶醉在拆表的快乐里。

中午爸爸下班回家，一眼就看到了摊开在茶几上被我拆得七零八落的手表。他气得脸色煞白，一把将我从沙发上拎起来重重地摔在地上，然后顺手抓起一根皮带，一边骂着"败家子"，一边狠狠地抽打我。我疼得哇哇大叫，抱着头在地上乱滚。他一直到打累了才罢手。

我奄奄一息地趴在地上，背、手、臀部、腿像被按在火里烧一样疼。爸爸扔下皮带声色俱厉地说："记住，以后再敢乱动东西，小心我砍断你的手。"过了一会儿，妈妈回来了，见我遍体鳞伤，她惊呆了。得知我是因为拆表挨了打，她也开始责骂我，她一边给我身上涂紫药水一边告诫说："以后不要乱动家里的东西，再乱动，你爸爸会打死你的。"

那是我受到的最严厉的一次惩罚。从那以后，我对家里的东西不敢碰不敢摸，我不敢有好奇，不敢问"为什么"，我成了一个循规蹈矩、听话的"乖孩子"。我思想的懒惰、想象力的贫乏，我的动手能力差，这些显而易见的缺点，无一不是那次伤痛留下的阴影和后遗症。

一个小"爱迪生"生生给毁了。现实中有很多孩子，都像郜军那样，因为好奇，因为探究，惹了祸，受到了刻骨铭心的惩罚。

家长不分青红皂白地惩罚孩子，是一种十分愚蠢的惩罚方式，不仅会给孩子的身心造成伤害，还会泯灭孩子的好奇心，扼杀孩子的兴趣爱好。这对孩子的成长来说是一大损失，对家庭教育来说也是一种失败。所以，如何正确处理孩子探索中的"试错"，如何惩罚"试错"的孩子，里边大有学问，考验着家长的智慧。处理好了，孩子可能成为一个了不起的科技人才。

　　麦克劳德上小学的时候，好奇心很强。有一天，他忽然想看看狗的内脏是怎样的，便和几个男孩偷偷地套住一只狗宰杀，把狗的内脏一件一件地割离、观察。岂料这只狗是校长家的，而且是校长最喜爱的狗。校长很恼火，心想这真是无法无天了！决定对麦克劳德进行处罚。

　　很快，校长的处罚决定出来了：罚麦克劳德画一幅人体骨骼图和一幅血液循环图。麦克劳德也知道自己错了，接受处罚，决心改正错误。他认认真真地画好了两幅图，交给了老师。校长和老师看后都觉得他画得很好，对错误的认识也比较诚恳，就不再追究杀狗这件事了。

　　麦克劳德后来成了一位有名的解剖学家。他与医学家班廷一起，研究发现了以前人们认为无药可救的糖尿病的胰岛素治疗方法。由于这项成就，1923 年，他与班廷双双荣获诺贝尔生理学或医学奖。麦克劳德小学时被校长"惩罚"的两张图，现藏于英国皮亚丹博物馆中，成为十分引人瞩目的藏画。

　　麦克劳德杀掉了校长家的爱犬，校长却从他的"错误"行为中看到了积极因素，采取了一个巧妙的保护式的惩罚方法，既让麦克劳德感觉到自己犯了错误，也保护了他的好奇心，使他有一个学习生理知识的机会。可以说，麦克劳德后来在医学上的成就，与这位校长的苦心是分不开的。

孩子是在不断尝试、探索"试错"的实践中认识客观世界的，只是由于缺乏生活经验，难免会犯一些尝试性、探索性的"错误"，这是很正常的。作为家长，我们要以宽容的心态，对待孩子好心犯的错误，守护好孩子内心探索创新的灵感。有一个小男孩把家里新买的电脑弄坏了，父亲没有批评，也没有打骂，而是要求孩子弄清楚电脑的构造，孩子爽快答应，不断学习、钻研，经过一次次"试错"，成了小小"电脑通"。

🎧 从"试错"中"识错"

孩子不像大人，他们缺乏社会经验，分不清利害，在他们心中，只有喜欢不喜欢，没有是非对错，认识不到"什么该做，什么不该做"。他们喜欢的事，不该做也要做，不喜欢的事，该做也不做，所以经常犯这样那样的"错误"。家长若能抓住孩子"试错"的机会，将计就计，顺势而为，则可以使孩子从体验感悟中认识到自己的错误。

2022 年 11 月 22 日，黑龙江一位女士分享了一段视频，非常有趣：

3 岁的女儿在 0 摄氏度的低温天气，执意要穿艾莎公主裙出门，妈妈没有强行阻拦，而是放行并送女儿下楼。女儿穿着露背长裙与邻居身着羽绒服形成鲜明对比。妈妈在下楼时，一直询问女儿

"冷不冷"，女儿天真地回答："艾莎公主都是在冷的地方。"

3 岁的小女孩尚分不清童话世界和真实世界。在这个女孩的心目中，艾莎公主是自己的最爱，是自己的偶像，要做"艾莎公主"，当然也要穿上漂亮的裙子，来到冰雪世界，并没有真正体验过室外的寒冷。如果此时妈妈担心孩子冻着，强行干预，孩子就会哭闹反抗。好在这位妈妈没有强行干预，而是尊重孩子的选择，让孩子自己去体验，相信用不了多久，孩子就会体会到"寒冷"的滋味，自觉回到温暖的家。

为什么会这样呢？因为孩子从 2 岁开始，便进入了自我意识构建的关键期，开始以我为中心——形成了自我意识。他们对自己喜欢的事情，常常乐此不疲。3 岁是孩子反抗的爆发期，预示着第一叛逆期的到来。他们喜欢由着自己的性子来，不论对错，喜欢了就一定要做。我们经常看到三四岁的孩子喜欢"漫无目的"地乱跑，喜欢爬高上低，喜欢到处翻东西，喜欢对感兴趣的事物探寻"究竟"，喜欢搞"破坏"；他们总是按照自己的意愿行事，不愿接受家长的教育和帮助，拒绝接受成人的命令和要求，常以抗拒、沉默、退缩等方式与家长对抗。如果大人担心孩子"犯错"，总想阻拦他们，控制他们，他们就会用哭闹的方式固执己见，反抗父母。

这启示我们的家长，与其做阻止的无用功，不如顺势而为，放手让孩子"试错"，不仅可以避开孩子的反抗，还会收到"四两拨千斤"的奇妙效果。两年前朋友发来一个微信，说的是有一对 4 岁的双胞胎男孩，看见外面下雪了非常高兴，要出去玩雪，哥哥听从妈妈的建议，穿上羽绒服出门了，弟弟说什么都不穿羽绒服，只穿一身单衣，就拿着小铲子出门了。出去不到 5 分钟，哥哥玩得正尽兴，弟弟就受不了了，自己跑回家穿上了羽绒服。此后再出门，不用妈妈提醒，他就会自觉地穿上羽绒服，把自己武装整齐。这就是"试错教育"的魔力。孩子在"试错"体验中，意识到了"错误"，获得了经验，也获得了成长。德国的家长很重视孩子的"试错"教育，有一个4岁大的小朋友，看到中国生饺子十分好奇，抓起来就往嘴里塞。妈妈的中国朋友想制止，孩子的妈妈却说："别管他，这样他才知道生饺子是不能吃的。"这对我们的家长很有启发意义。

🎧 从"试错"中"改错"

孩子犯了错误，很多家长常用的方法就是盯着问题，先是批评教育，不行了就打骂，再不行就没有办法了。其实，纠正孩子的"错误"，除了直来直去，还可以采用逆向思维，用"试错教育"法，时常可以收到意想不到的效果。

高级家庭教育指导师刘称莲，介绍了一个非常有意思的"试错"教育实例。她一个朋友的女儿，每次出门回来，总是把鞋子弄得很脏。妈妈说了多次，毫无效果。后来妈妈改变策略，让女儿自己洗一次鞋子。女儿开始以为洗鞋子还不简单，真正洗起来却发现不是那么回事，于是一边洗，一边嘟囔："没有想到鞋子这么难洗。"从此以后，女儿穿鞋十分小心，不像过去那样经常把鞋子弄得很脏了。

家教专家尹建莉在《好妈妈胜过好老师》里，讲了自己纠正女儿不认真写作业的"试错"教育法，不同凡响，很有创意。

女儿圆圆上小学一年级时，有一次作业做得非常不认真。爸爸说她，她嘴里嘟嘟囔囔，不服气。爸爸一生气，把她的作业撕了，要求她重写，圆圆哭了起来，扔了笔，赌气说"不写了"。妈妈看她的态度，拉开爸爸，和颜悦色地说："看来你不想学习，从今天开始，不写作业了。"说着就动手去收女儿的作业本。看着女儿一脸迷惑，妈妈把她的作业本拿在手上，口气坚定地说："我取消你写作业的权利，以后不许你写作业了。"女儿看妈妈是认真的，一下子慌了神，下意识地来抢作业，妈妈把作业举得高高的，不让她够着。女儿急得又要哭，一边试图拿回作业本，一边说："我要好好写，给我。"后来在妈妈的引导下，女儿明白了作业写好写坏，用的是一样的力气，认真写心里更愉快，开始认真写作业了。

这位智慧的妈妈用"试错教育"法，纠正了女儿的错误，改变了女儿不认真写作业的态度，值得我们家长朋友学习借鉴。

我从朋友发的帖子里，看到一位妈妈纠正儿子打游戏上瘾的做法，也别具一格。

她没有像其他家长那样打骂孩子，也没有"断网停电"，而是放任孩子"沿着错误的道路走下去"。她告诉儿子："你打游戏可以，但有一个要求，就是不间断地连续打 10 小时，中间不能喝水，不许吃饭，不许打瞌睡。你能做到的话，就让你玩，你要做不到，就不让你玩了。"儿子觉得这个要求很简单，高兴得手舞足蹈，立马答应了妈妈的"条件"。儿子开始玩得很尽兴，后来越打越累，连续 10 个小时打下来，累得头昏脑涨，直想吐，觉得打游戏没意思，不好玩，慢慢地就戒掉了"网游"。

纠正孩子的错误，需要智慧。家长最头痛的除了孩子的成绩，就是孩子经常犯错，鼓励、说教、训斥、打骂，什么法儿都用了，效果就是不理想。我觉得，出现这些状况的原因是，家长的教育入了孩子的"耳"，并没有入孩子的"心"。孩子缺乏体验，自然不会真正认识到错误，也就不会彻底改正错误。最有效的方法，就是增加孩子的"试错"体验，让孩子从切身感悟中，知错改错。

从"试错"中慢慢"成熟"

国际知名招聘专家安田佳生，在其畅销书《什么样的人能干什么样的人不能干》前言中写道："从小青虫变为大青虫，算不得成长。"只有当青虫蜕化为展翅飞舞的蝴蝶，"这才是成长"。孩子的成熟亦然，只有经过"蜕变"，舍弃幼稚的旧"我"，重塑懂事的新"我"，才算成熟了。

孩子的世界不同于成人的世界。孩子的世界，就是吃饭、睡觉、玩，"两耳不闻窗外事"，无忧无虑。他们对感兴趣的事情、好玩的事情，比如玩手机、玩游戏等，乐此不疲，而有关励志、学习、社会人生、为人处世、社会规则等成人世界的事，他们不懂，也不感兴趣。正因为不懂，所以才显得幼稚、不成熟。

一个在建筑工地打工的父亲，告诉儿子："好好学习，知识可以改变命运。我就是吃了没文化的亏。"可儿子就是不明白其中的道理，依然不好好学习。于是，父亲在一个周末，把儿子带到建筑工地，让儿子和自己一起搬砖、拉砖。一天的强体力劳动，累得儿子筋疲力尽。吃过晚饭，父亲对儿子说："再不努力学习，你一辈子就干这个，和我一样。"这场"建筑工地体验"，让儿子一下子懂得了学习的重要，逐步由一个不爱学习的孩子，变成了爱学习的孩子。

这位父亲用"试错"教育，让孩子明白了"要努力学习"的道理。孩子的成熟需要体验。没有体验，就没有心灵的触动。孩子只有在不断的"试错"体验中，才会慢慢成熟，真正明白"成人世界是怎么回事"。

现在有不少孩子，都是富里生富里养，或穷里生富里养，不明白为啥学习，有的说"为爸妈学习"，有的说"为老师学习"，有的说"为受老师表扬学习"。还有的孩子，认为学习苦、学习累，不愿意学习。家长说再多也没用。问题的根子就出在孩子缺乏体验。在孩子看来，学习哪有睡觉、玩游戏舒服？

孩子的心智之所以不成熟、不开窍，是因为他的内心被"卡"住了，但又不知道卡在哪里。一旦他们经过感悟，弄清楚卡在哪里，就成熟了。比如，当他明白"努力的人生是苦半辈子，不努力的人生是苦一辈子"时，就会努力学习了。反之，如果不明白"卡"在哪里，心结打不开，就不会成熟，年龄再大也不行。我们所熟知的许多"啃老族""巨婴"，就是典型的例证。

德国的家长比我们的家长看得远。他们认为，孩子长大了，早晚要离开父母自闯一片天地，与其让他们面对挫折惶恐无助，不如从小摔摔打打，让其"撞"出直面人生的勇气与本领。所以在幼儿园的孩子，也是自己背着硕大的双肩背书包，精神抖擞地走进幼儿园。德国的许多父母，对孩子的事情既不强迫也不包揽，最多是语言或行动上的鼓励和暗示，让孩子自己去实践、去体验。

我曾在《父亲教育与诺贝尔天才》一书中，看到一个实例，很受启发。

玛丽娅天生体弱，从小就患有原因不明的频发性头痛症。身为德国哥廷根大学儿科教授的父亲，知道爬树训练可以缓解女儿的症状，就让女儿坚持爬树。一次，7 岁的女儿正头疼，不想去爬树了。父亲就严肃地说："你可以选择当一个病人，或是忽视它，做一个正常人。"女儿沉默一会儿，选择当一个"正常人"，从床上爬起来，跟父亲一起出去爬树了。父亲这种"狠心"的锻炼疗法，不仅让女儿锻炼了身体，而且增添了她尝试一切新鲜事物的勇气。终于，玛丽娅面对常人难以忍受的疼痛，达到了事业辉煌的顶点——1963 年获得诺贝尔物理学奖。

反观我们的一些家长，舍不得让孩子受一点委屈，结果孩子变得十分脆弱，经不起一点挫折，常常为一点芝麻粒大的小事，离家出走，甚至轻生。有一个高三女生，家境优越，从小受宠，平时成绩在级段名列前茅，还是"三好学生"。参加高考后，她觉得考砸了，天天坐卧不安。一想到落榜后无脸见人，再也忍受不住，就悬梁自尽了。令人惋惜的是，高考成绩公布，她的分数超过一本大学录取线 7 分。

让孩子成熟的，是经历。孩子真正成熟，是精神的富有；物质的满足，只会延迟孩子的成熟。所以，家长要做的，就是创造条件，通过"试错"诱导，让孩子在切身体验中，慢慢走向成熟。

🎧 把握好孩子"试错"的度

巧妙运用"试错教育"法，可以收到神奇的教育效果。但年幼的孩子都是"初生牛犊不怕虎"，不知道轻重安危，只要自己喜欢，什么事都敢干，如果注意不到或"试错"不当，就会出安全问题。所以，家长要把握好"试错教育"的度，一定要把孩子的"试错"限定在安全可控的范围内，蕴藏潜在危险及不良品行的事，绝不能让孩子干。

我老家一个邻居的女儿，小时候聪明乖巧，喜欢学着妈妈的样子干这干那。一次妈妈拆被子，她也拿个锥子学着拆，由于手劲小拆不开线，就使劲向上用力。突然线断了，锥子尖随着惯性，一下子刺伤了右眼。后来经过精心治疗，虽然保住了眼睛，但视力大受影响，连 0.1 也不到。

孩子，尤其是婴幼儿，由于缺乏生活经验，调节行为技能、控制行为方式的能力比较差，容易发生危险。这就需要家长做有心人、细心人，在实施"试错教育"时，要掌握好分寸，把握好"度"，保护好孩子的安全。儿童教育专家孙瑞雪在《爱和自由》一书中，对孩子的安全教育提出了三条规则：第一，不伤害生命；第二，不伤害健康；第三，不伤害道德。我以为很有道理，应成为对孩子实施"试错教育"遵循的基本原则。

婴幼儿时期的孩子，喜欢翻箱倒柜，因而刀具、锐利器件、热水瓶、药品等对孩子有潜在危险的物品，一定要放到孩子够不着翻不到的地方。做饭、烧水时，要看护好孩子，防止其动炉火或热壶、热锅。曾在网上看到一个 3 岁的小男孩，见熬稀饭的电饭煲排气孔冒着白气，很好奇，便趁妈妈切菜没注意，跑过去用小手摸冒气的地方，造成烫伤。

年幼的孩子，不仅喜欢翻东西、摸东西，还喜欢攀登，喜欢到处乱跑。作为家长，我们要特别注意，不要让孩子爬窗台、桌子，以免跌伤；安装电源插座等电器部件，应高一些，或者采取好保护措施，以免孩子的小手伸进去。带孩子外出，一定要让孩子在大人的视线范围内活动，不要让孩子到马路上、坑塘边、水井及下水道口旁乱跑。有一个妈妈带 2 岁的孩子到邻居家打麻将，因心思全在麻将上，没有看护好孩子，孩子趁大人不注意，跑到门口的池塘边抓小鱼，掉进水里淹死了。妈妈后悔得捶胸顿足，但为时已晚。

小孩子除了爱"探险"，还喜欢乱吃东西，只要心血来潮，会吃下所有的东西，尤其是甜的药片、药丸和药水。有时，就是不好吃的东西，孩子也要品尝一下。我们经常可以从网上看到一些小孩子意外中毒事件，所以家长一定要注意防范。有一个妈妈的做法值得称道。

孩子吃东西前，她先带孩子到洗手池洗手，不买不适合孩子吃的不健康的食品。她把家用的常备药品，注明名称、用途、用量，以免误用或用的剂量不当；把大人吃的药和孩子吃的药分开放，把孩子吃的旧药和新药分开放，及时处理陈药，以免给孩子误服。她还把家里的杀虫剂、洗涤剂、亮光蜡、鞋油等，放到孩子够不着的安全地方。

遗憾的是，现在一些年轻父母，喜欢吃零食，买一堆垃圾食品放在那里，却不准孩子吃。这对孩子来说简直是一种折磨，只要家长不注意，孩子肯定会偷吃。家长如果真的不希望孩子乱吃东西，那么自己一定要以身作则，做好孩子的榜样。

有关品行方面的错误，比如骂人、说谎、没规矩、没礼貌、私拿别人东西等，家长还要搞好教育引导，尽量让孩子少"试"，因为这些行为对孩子的成长没有一点好处，孩子学会了还要费很大劲纠正。

2岁的丁丁随妈妈到餐厅用餐，吃饭时觉得转桌好玩，非要爬到餐桌上去玩。妈妈知道孩子爬到餐桌上影响别人用餐，是不良行为，就阻止丁丁往餐桌上爬。丁丁哭闹着，非要往餐桌上爬。妈妈不管丁丁如何哭闹，反复地制止孩子，并拿出玩具转移孩子的注意力，直到丁丁不再爬餐桌。

丁丁妈妈以坚决的态度，制止了孩子有违公共秩序的行为，用行动告诉孩子"什么事不可以做"。不像有些家长，总是无原则地迁就孩子。一个朋友给我讲过一个实例：他和朋友去饭店吃饭，看到邻桌一个妈妈带的小男孩，故意把菜汤往服务员身上洒，妈妈却像没事人一样不管不问。服务员说了一句"你也不管管孩子"，孩子妈妈就不高兴了："身上洒点菜汤怕啥，下班洗洗不就行了。你那么大人了，怎么跟孩子一般见识？"这位妈妈等于用行动告诉孩子"什么事都可以干"。现在不少家长都有一个错误认知——"保护孩子的天性"，管孩子就是破坏"孩子的天性"，所以对孩子的错误，自己不管，也不让别人管。殊不知，孩子的不良行为不加限制，一旦形成恶习，就难以纠正了。

网瘾戒免法

现代社会进入了信息时代，手机、电脑、iPad 等电子设备，已悄悄进入了孩子的生活。网络在给孩子带来即时快乐，开阔孩子的视野，增长孩子的见识，使孩子的学习更加便利、快捷，学习的方式更加灵活、更加直观，生活更加丰富多彩的同时，也带来了诸多消极影响。网络以其强大的游戏功能、辐射效应，给孩子的身心发展带来不良影响，尤其是孩子痴迷于网络游戏、手机游戏之后，很难摆脱，危害极大：轻则耽误孩子学习，伤害孩子身心，重则可能引发悲剧。难怪有人说："想毁掉一个孩子，给他一部手机就够了！"

网瘾戒免法就是基于这一客观实际提出来的，旨在帮助家长有效指导孩子合理使用手机、网络，预防网络游戏、手机游戏上瘾，帮助染上网瘾的孩子，戒掉网瘾，离开虚拟世界，回归正常生活。

实施网瘾戒免法，需要家长以身作则，搞好引导，既让网络服务孩子的学习，丰富孩子的生活，又要教会孩子合理规避游戏，不至于沉溺其中；孩子不小心染上网瘾，家长也不要惊慌，既要重视，又要多措并举，以孩子乐于接受的方式，帮孩子解脱出来。

把网络变成学习的工具

电脑、手机是一把"双刃剑"，用好了，对孩子学习、成长有利；用不好，对孩子学习、成长有害，关键是搞好教育引导。我觉得，电脑、手机、iPad，说到底是一种工具，家长无须畏之如虎，应秉着"不拒绝，不放纵"的态度，引导孩子合理使用，"触网"而不"迷网"，使之成为帮助孩子学习、丰富孩子生活的"千里眼""顺风耳"。

现在，越来越多的孩子加入了打电脑与玩手机、iPad 的大军。电脑、手机、iPad 是一把"双刃剑"，用好了，对孩子学习、成长有利；用不好，对孩子学习、成长有害，关键是搞好教育引导。在很多家长抱怨孩子玩手机、打电脑、玩 iPad 着迷的时候，一些家长却惊奇地发现，他的孩子变得越来越聪明了。这是何故？

美国一项最新的研究发现，学龄前儿童每周接触三至四次电脑，会促进他们学前能力的准备以及认知能力的发展。使用电脑能促进儿童运动技巧发展，并提高识别数字及字符的能力。同时，电脑也是孩子认识世界的"早期窗口"。

过去我们常说"秀才不出门，便知天下事"。信息时代，智能手机、电脑、iPad 等电子设备，拓展了孩子眼耳功能。网络就像一本百科全书，通过语言、图画、视频和模拟场面，把孩子带入一个神奇的世界，使孩子能够看到神奇的自然现象、人间百态；能够根据自己的兴趣爱好，学到课本上没有的天文、历史、自然、科学、文学、艺术等方方面面的知识。

如今，许多父母对孩子学习成绩的过度关注，让孩子的学业负担越来越重，而家长又忙于工作，没有时间陪伴孩子。孩子学习学累了，可以听听音乐，放松放松。张弛结合有利于孩子缓解疲劳，提高学习效率。适当玩一下电脑游戏，可以释放孩子的心理压力。而且，电脑、智能手机、iPad 的广泛应用，为孩子打开了一条全新的交往通道，使人与人之间的沟通更加便捷，方便孩子随时随地与家人、老师取得联系，孩子之间也可以相互交流。

家庭教育不是站在今天看将来，因为社会发展太快，将来怎么样，谁都说不清楚，很多时候是站在将来看今天。从长远看，孩子迟早要接触网络，禁是禁不住的。家长倒不如抱着趋利避害的态度，搞好教育引导，充分发挥手机、电脑、iPad 的工具作用，针对不同年龄段的孩子进行具体指导。

孩子在 2 岁以前，尽量不要让孩子使用手机、iPad，因为此时孩子视觉发育尚未成熟，容易受到电子产品蓝光的伤害。

2 ~ 6 岁的孩子，每天接触电子产品不超过 30 分钟，最多不要超过 1 小时，因为孩子过度接触手机、iPad 等电子产品，容易产生对电子产品的依赖，沉迷其中。就内容而言，家长可选择内容健康的讲故事、动画片、动物世界、益智类节目等，并和孩子一起探讨动画片里面的场景，通过与家长互动，引导孩子积极思考和畅想。

家长需要注意的是，不能让电子产品成为孩子的"电子保姆"，在孩子看电脑，玩手机、iPad 的时候，家长一定要在旁边陪同，预防孩子漫无目的地乱看。切记，千万不可让这个年龄阶段的孩子看打斗过于激烈的动画片和血腥的画面，以免影响孩子心智的健康发展。

对于小学阶段的孩子，家长重在指导孩子用电脑、电视、iPad，开阔孩子的视野，扩大孩子的知识面，帮助学习。

一方面引导孩子利用电子产品，尤其是学习辅导 APP，进行学业辅导，弥补课内学习缺陷，释疑解惑，辅导作业。如果运用得法，电子产品对搞好学习是有帮助的。我女儿刚上小学一年级时，对汉语拼音的"四声"把握不住，老出错，我和她妈辅导不了，她也很着急。随后，就买了一个汉语拼音 VCD 光碟，女儿放学后，放给她看，效果很好，有效解决了这个问题。

另一方面，根据孩子的兴趣爱好，让孩子借助电子产品，深入学习、了解自己感兴趣的知识，喜欢历史学历史，喜欢地理学地理，喜欢文学学文学，喜欢科技学科技，为孩子的未来发展，做好铺垫。

再一方面，要劳逸结合。孩子学习学累了，看一会儿手机，听听音乐，适当打一下电子游戏，调节一下，也是可以的，但家长一定要把握好一个"度"，跟孩子约定好上网、玩手机时间，搞好监督、落实，不可让孩子沉迷与上瘾。

中学阶段的孩子，学习比较紧张，又处在叛逆期，还像幼儿园、小学阶段那样硬性限制，往往效果不好，搞不好还会引发矛盾冲突。正确的做法，是从孩子实际出发，借助"学生学习辅导"APP，配合教学进度，搞好课内相关学科的学习辅导，帮助孩子提升学习成绩；引导孩子遵守学校不许带手机进校的规定，让孩子明白，学校不让带手机上学是为了学生好。中学阶段正是爬坡过坎的时候，时间极其宝贵，玩手机不仅影响自己，还影响其他同学的学习。回到家写完作业，可以上一会儿网，玩一会儿手机。道理讲清楚了，孩子自然会自觉执行学校的规定。我女儿上初中时，周末做完作业，喜欢在网上看一些原版外国电影，一是放松一下大脑，二是训练英语听力，可谓一举两得。

作为家长，我们要多理解包容孩子。现在的中学生非常辛苦，每天早上 7 点左右到教室里，一直坚持到下午 6 点左右放学，晚上回家写作业要写到 11 点半，甚至更长时间。孩子学习学累了，心里焦虑烦闷了，应允许孩子适当听听音乐，甚至打一会儿游戏，散散心，放松一下，只要不沉溺于网络游戏，就不是问题。

警惕网瘾成为健康杀手

现在，一些家长对孩子百依百顺，什么都依着孩子。从小就给孩子买平板电脑，让孩子玩手机，却不进行引导。他们没有意识到的是，智能手机、电脑、iPad 具有很强的辐射性及强大的游戏功能，会吸引孩子把游戏当成固定的玩伴。孩子一旦陷进去，就会机不离手，很难摆脱。他们在获得即时快乐的同时，也会给身心健康带来不良影响。

现在小孩子上网，看 iPad，手捧手机玩，已经不是什么新鲜事了。孩子倒是高兴了，却不知危害也悄然相伴而至。电脑、手机、iPad 有很强的电子辐射。孩子，尤其是 2 岁以下的孩子，眼睛的屈光等调节系统尚未发育完善，看电脑、手机、iPad 的屏幕，对强光的直接刺激难以调节和适应，时明时暗、不断变化的屏幕画面会使孩子的眼睛疲劳，导致近视；有些孩子坐姿不正，为了看得更清晰，会不由自主歪着头看，引起斜视。

有一个 2 岁多的小男孩，特别调皮，喜欢爬高上低，越是危险的地方，他越是喜欢去，一次看到院内开来一辆新车，马上跑了上去。司机立马急刹车，吓出了一身冷汗。妈妈为了安抚孩子，就把手机给他玩。孩子被手机上精彩的画面所吸引，倒是不乱跑了，就是机不离手。妈妈有急事打电话，他就哭闹不止；妈妈把手机给他，立马破涕为笑，津津有味地玩开了。妈妈开始不觉得，过了一段时间，发现孩子看东西总是眯着眼，到医院一检查，近视 150 度，还有轻度斜视。妈妈后悔不已，想不到孩子玩手机会造成了近视。

研究表明，孩子连续玩 20 分钟 iPad，视力平均下降到 41.7 度近视状态；孩子连续玩 20 分钟手机，视力平均下降到 43.8 度近视状态，即视力下降 50 度。若不及时恢复，就可能发展成真性近视。

不仅如此，孩子玩手机、iPad 时间过长，会导致语言发育迟缓，尤其是 6 个月到两周岁的孩子。孩子长时间低着头、弯着腰玩手机、iPad，脊椎会受到影响，甚至会造成孩子身体机能低下，出现头晕、恶心；电子设备的音响会影响孩子正在发育的听神经，伤及听力，使孩子听力减弱、听力下降，造成孩子将来耳鸣、重听。

家长们都明白这样一个道理，运动能使人健康、强壮。对肌肉如此，对大脑也是如此。美国西雅图儿童研究所儿童行为学家迪米特里·克里斯塔基斯长期研究发现，那些沉迷于电子设备的儿童，其大脑相较于一般儿童，脑细胞活跃的区域比正常的孩子小很多，看起来很像脑部萎缩。

这是因为，孩子们长期沉浸在网络的虚拟世界中，与外界接触减少，缺少日常生活对大脑感官细胞的刺激，会导致孩子的脑细胞发育不足。所以，孩子沉迷于网络而减少了活动及户外锻炼时间，无疑对大脑发育是有害的。英国华威大学的杰勒德·凯都博士警告说，手机辐射会破坏孩子神经系统的正常功能，从而引起记忆力衰退、头痛、睡眠不好等一系列问题。

很多孩子爱玩手机，痴迷电子游戏，经常玩起来几个小时一动不动，没有一点时间观念。有些痴迷网络的孩子，整天想着玩游戏，就连吃饭、睡觉也是能省就省，一天到晚迷迷糊糊，欲罢不能，严重阻碍了孩子对周围事物的兴趣。有人把网络称为"电子海洛因"，一点也不为过。孩子长时间沉溺于网络游戏，不仅对身体发育不利，搞不好还会危及生命。

河北有一对兄妹，因沉迷于《和平精英》游戏而导致跳楼。男孩 11 岁，女孩 9 岁，跳楼原因是以为自己可以跟游戏里一样，有特异功能，从高处跳下去没有事。后来，两个孩子虽然脱离了生命危险，但却留下了一生都无法恢复的伤痕：男孩面部坍塌，双目失明，女孩双腿骨折，肺部严重受损，给本不富裕的家庭造成沉重的打击。

前两年看过一则报道，说的是一个少年，连续 5 天 5 夜泡在网吧，血液未能正常循环，致使双脚麻木浮肿，不能行走。还有一个少年，在网吧玩游戏，游戏中激烈的打斗场面，令他过度激动，导致心脏病突发，骤然死亡，令人扼腕。

作为家长，我们要高度重视网瘾对孩子的伤害，搞好教育引导，警惕网瘾成为孩子健康的隐形杀手。

🎧 网瘾是学习的"滑梯"

智能手机、电脑上内容五花八门，什么都有。既有丰富多彩的学习内容，又有各种各样不适合小孩的内容，以及形形色色的游戏。这些内容及游戏具有虚拟性、隐蔽性的特点，对孩子具有强大的诱惑力。孩子一旦将关注点从学习内容转移到与学习无关的内容上，或者转移到游戏上，就会形成网络依赖，从而影响正常的学习。

对孩子来说，做题、背单词等学习上的延迟满足，远没有玩网络游戏来得痛快。家教专家刘称莲在《陪孩子走过初中三年》里，介绍了自己的两个侄子、一个表侄女，都是因为网络游戏、网上交友给毁了。

二哥的儿子，上初二时，寄宿在大哥家，迷上了电子游戏，每天沉溺在游戏厅不肯回家。大哥发现侄子玩游戏后，每天到游戏厅去找，找到后二话不说就是一耳光，侄子遂乖乖地跟着大哥回家了。第二天侄子依然去游戏厅，大哥依然去找。侄子玩了一年游戏，大哥找了一年，侄子最终在初三毕业时，连初中毕业证都没拿到。

三哥的儿子，是在初三的时候迷上了电脑游戏。我在北京，三哥三嫂向我求助，我给侄子写了一封长信，苦口婆心地劝他不要玩电子游戏，告诉他唯有努力学习才能改变"面朝黄土背朝天"的命运。侄子收到信，果真不去玩电子游戏了，但为时已晚，很快就中考了，结果侄子也没有考上高中。

正上初三的侄女，因为网恋，学业一塌糊涂。一次竟瞒着家人，偷偷到外地会见网友，把表哥、表嫂吓得半死。

　　刘称莲不无遗憾地说，这三个孩子，都是非常优秀的孩子。他们既聪明又懂事，之前学习成绩都特别好，都有希望学有所成，结果就因为网络游戏和网恋，一个一个不得不中断学业，早早地走向社会。

　　受网络之害的，又何止这三个孩子。全国不知有多少孩子，每天在受着网络之害。《国内首份儿童网络安全研究报告（2016年）》提出，我国3～6岁的幼儿中，手机接触率已高达91%；小学中年级生（9～10岁），已和成人使用手机频次相差不多；初中生（13～14岁），不再只是媒介信息的接收者和使用者，还成为传播者、创造者。不仅我国是这样，外国也是如此。

　　2008年，美国一位心理学家启动了一项专门研究手机对孩子影响的科学实验：他从全美不同地区的中下阶层家庭中挑选出100名孩子，将他们分成了两组：第一组50名是对手机痴迷的孩子，第二组50名是接触不到手机的孩子。然后，他对这两组孩子进行了长达10年的跟踪调查。

　　2018年，也就是10年之后，他公布了自己的调查结果：第一组50名痴迷手机的孩子中，仅有2名考上了大学；第二组50名接触不到手机的孩子，几乎全部考入大学，只有其中三个孩子在高中毕业后，自愿选择打工帮家里减轻负担。而那些考入大学的孩子，又有16名获得了学校的全额奖学金。

　　结果一公布，世人震惊！

　　虽然我们不能以考不考上大学来评判孩子的成败，但这启示我们的家长，如果引导不当，手机、网络对孩子的学习会产生不利影响。

　　一项关于对幼儿认知影响的研究表明，幼儿玩手机1个小时，从父母那里听到的词汇就会减少 500 ～ 1000 个。词汇的多少，是导致幼儿认知拉开差距的重要原因。所以，孩子过早地接触电脑、手机、iPad，无助于聪明才智的养成与施展。

对中小学生来说，一旦沉迷于手机游戏、网络游戏、电子游戏，会对学习带来不利影响。小华和小东是同班同学，学习成绩都在班级名列前茅。但小华喜欢玩手机，自从小华迷上"吃鸡"游戏之后，学习成绩一落千丈，父母和老师的劝说都于事无补，由一个"学霸"成为一个"学渣"。小东很少玩手机，学习成绩一直十分优异。

为什么沉溺网络，不利于孩子学习呢？因为孩子学习的效果，很大程度上取决于思考。沉迷网络会限制孩子思考能力的发展，使孩子缺乏探索精神。诺贝尔文学奖获得者，88 岁的英国女作家多丽丝·莱辛，在她获奖感言《关于未获诺贝尔奖》的文章中说："网络给人们思考能力带来极大影响，用其虚无引诱了整整一代人。"

有四个孩子，小时候都是很乖巧、听话、懂事的孩子，学习成绩也不算差，可进入初中后，无一例外迷恋上网络游戏，什么《英雄联盟》《王者荣耀》《穿越火线》等，结果学习成绩直线下滑，成为"学渣"。

孩子在玩电脑或者手机的过程中，只是被屏幕闪亮的色彩和动画吸引，被动地吸收这种屏幕的视觉冲击，而不需要思考。孩子在玩电子设备的时候，其大脑前额叶是静止不动的。也就是说，他并不需要使大脑运动、思考，而只是被动吸收。大脑功能得不到很好的开发，思考能力不仅难以发展，甚至还会不断萎缩倒退。所以，让孩子长时间地打电脑，玩手机、iPad，等于送给孩子一个学习退步的"滑梯"。

🎧 莫让亲子关系毁在网络游戏上

有不少孩子沉迷网络游戏，终日沉浸在充满刺激的虚拟世界中，为了过关冲卡，夜以继日，通宵达旦，废寝忘食，"中毒"成瘾，失去了其他的兴趣爱好，没有了人生的理想与追求，学业荒废，性格孤僻暴躁，与父母关系冰冷。

我认识的一位父亲，带着痛苦的表情，讲述了儿子的网游经历：

儿子读小学时，学会了网络游戏，我没十分在意，只是提醒他少与网络游戏接触。儿子进了初中，尤其到了初二、初三时，完全迷恋上了网络游戏，我的提醒也明显失去了作用。他常常背着家长偷偷进入网吧，玩得不知东西南北是何方。我们不许儿子在家中玩，他就去网吧玩；不许他去网吧，他就和我们"玩失踪"，结果变得与父母家人关系紧张，缺乏感恩之心，不愿与外界沟通交流。

调查发现，孩子沉迷于网络主要有以下几个情况："爸爸妈妈没时间陪我，手机上有很多朋友。""每天两点一线的生活太无趣，手机游戏乐趣多多。""学习太枯燥了，太累，玩手机轻松多了。"于是，许多孩子成了全新一代的"手机儿童"，而且接触手机的年龄越来越小。刚会走路的孩子，就会熟练地解锁，找到各种 APP；五六岁的孩子，就会自拍、修图甚至网上交友。

研究表明，经常玩手机、电脑等电子设备，会使孩子变宅，减少父母和孩子之间的感情交流，妨碍亲子关系的建立。

幼儿，特别是2岁以内的孩子，正是和父母建立亲子关系，培养良好性格的"关键期"。孩子迷上网络，特别是手机、iPad上的游戏，看到父母回家，便不再是扑到父母怀里撒娇，而是扑到父母怀里掏手机。孩子也在无形中，失去了人生中重要的亲子关系建立。如果孩子打电脑、玩手机时间比较长，而家长不加限制的话，孩子就会逐渐地变成"宅宝宝"，难以对户外活动感兴趣，变得沉默寡言、性格内向，甚至害怕与人交流，会严重影响其社交能力。孩子如果痴迷暴力游戏、网络社交，就会分不清虚拟和现实，因虚拟与现实错位而干出一些荒唐的事情。

江苏一个11岁的男孩，朋友很少，不爱与人交流，玩游戏上瘾，喜欢通过打赏主播玩手游。他每次要打赏的时候，支付平台需要人脸验证，他就找奶奶代替刷脸。由于奶奶年纪大，不知道这样做会带来什么后果，就帮孙子一次次支付成功了。老人开始以为这只是一件无足轻重的小事，后来才知道，孙子陆续将家里的40万房款打赏完了，后悔也来不及了。

一些孩子之所以上网成瘾，是因为他们在现实中没有朋友，在学校太孤单了，要是在家也得不到温暖，就会寄情于手机和网络。在不少孩子的内心深处，都隐藏着一个与现实生活完全不同的"我"。也许他们在现实生活中特别害羞，特别听话，特别内向，但到他的网络空间去看一下，没准他就是一个"霸王"、一个"英雄"、一呼百应的"网红""盟主"。

现在，许多孩子对手机的依恋，已远远胜过对家长的依恋。手机在不断升级，孩子和家长的关系却在不断降级。孩子长期连续使用电子产品，尤其是手机，就会形成习惯，甚至上瘾。孩子一旦上瘾，纠正起来十分困难。若家长处理不当，采用高压手段，结果只会适得其反，换来的是孩子更加激烈的抗拒。宁波一位医生晚上接诊了一个孩子：连砍自己6刀，刀刀见骨。这个孩子自残的原因，竟是家长不让玩手机。

网络之所以成为孩子过激言行的触点，是因为对孩子来说，手机是特别好的载体——蕴含着青春期的浓烈情感、对社会交往的强烈需求。有时，孩子甚至会觉得，网络就是他，他就是网络。如果家长、老师阻隔了他与网络的联系，就等于夺走了他的身份，夺走了他的人际关系，夺走了他的自由，当然要跟你势不两立。

以前有句歌词叫"一场游戏一场梦"。如果放纵孩子玩手机、iPad，放纵孩子非学习上网、打游戏，大概率会耽误了孩子的前程，甚至发生悲剧，实在是得不偿失。

据报道，一个13岁男孩毛毛，因为痴迷打《王者荣耀》，和父亲发生口角，一言不合，居然从四楼一跃而下……毛毛醒来的第一句话居然是"把手机拿来，我要登录下游戏账号"。

毛毛真的是中毒太深了。因痴迷网络游戏、手机游戏出现问题的孩子，又何止毛毛一个！2017年7月，北京理工大学附属中学的一名初二学生，因为学习成绩不理想，爸爸把他的手机没收了，索要手机未果后，孩子选择了跳楼自杀。两天后，妈妈也因丧子之痛跳楼自杀。

教训太深刻了，研究发现，20年之后，沉迷于玩手机的孩子，其成功的概率远远低于没有玩手机的孩子，值得家长重视与深思。

🎧 戒掉孩子网瘾从父母做起

现在很多家长都是低头族，离不开手机。他们自己常在孩子面前玩手机，却不允许孩子玩手机。孩子看到父母沉迷于手机，自然会在无意中模仿。如果家长不能以身作则，那孩子是无论如何不能抵御网络与电子游戏诱惑的。所以，要让孩子戒掉网瘾，应从父母自身做起。

现实中，我们经常看到，一些父母除了睡觉，大部分空闲时间会抱着手机玩，就连去厕所都忍不住地刷刷刷，以至于忽略了对孩子的真正陪伴，让孩子生活在一个冰冷、匆忙的环境下。孩子渐渐地变得没有安全感、自闭、不爱说话，也不愿玩耍，慢慢就迷上了网络。

一对年轻父母带着上小学一年级的儿子，到心理咨询所咨询，老师说孩子上课不好好听课，完成不了作业，一心想着打游戏的事。原来是爸爸每天下班回家，吃了饭就玩手机，如果不喊他睡觉，他能玩到凌晨两三点。父亲用自己的"身教"告诉孩子，手机好玩，网络有意思，孩子自然效仿，打游戏上瘾。

现在，越来越多的小孩从 2 岁开始就玩手机，原因很简单，妈妈喜欢玩游戏或者刷抖音，没有时间顾及孩子，最好的办法就是带着孩子一起玩手机。有些三四岁的小孩玩"消消乐"一类的游戏，比大人还厉害；有些学龄前的孩子，独立玩 iPad 很久而不打扰父母；有些玩游戏级别很高的孩子，常被父母在人前炫耀，说孩子聪明、懂事、不黏父母。

　　这等于暗示孩子："会玩网络游戏"是优点，是可以炫耀的。而一旦孩子因玩游戏上瘾，上学后影响了学习，父母的态度就会180度大转弯，将网络看成阻碍孩子成绩提高的绊脚石，看成影响孩子健康成长的罪魁祸首，亲子之间便开始了"网络拉锯战"。其实，网络没有错，它是一个客观存在；孩子更没有错，他是一张白纸；是父母错了，把网络当作他们不良榜样的"替罪羊"。

　　心理学研究表明，孩子在非必要条件下接触网络超过70～100分钟，就会形成网络依赖。现在许多孩子，都是有父母的"网络孤儿"，尽管有父母陪伴在身边，但没有交流、没有认同、没有理解，父母没有把快乐、向上的正能量传递给孩子，而是自己玩手机，难怪孩子迷上网络游戏、手机游戏。

　　中国有句谚语叫："儿子是老子的影子，老子是儿子的镜子。"
　　父母是孩子玩手机游戏的启蒙老师，他们的"言传身教"让孩子对手机游戏产生了浓厚的兴趣。很多家庭中爸爸都是手机游戏迷，孩子出于好奇，常常会挨在父亲身边看他和别人对战，看到激动处还会央求爸爸让他打一局。父亲在儿子的成长过程中扮演着"榜样""导师"的角色，如果你自己都不能控制打游戏的欲望，又凭什么要求孩子不玩游戏，好好学习？

　　这启示我们的家长，身教大于言传，想让孩子戒掉网瘾，家长，尤其是父母，应在孩子面前作出表率，给他树立一个好榜样，带头远离网络、游戏，即便是工作需要，在孩子面前也要把手机调成振动或静音。每天至少拿出30分钟左右的时间，给孩子高质量的陪伴，陪孩子看看书、做做游戏，给孩子讲讲故事，听听孩子的心声。孩子生活丰富了，就不会痴迷电子产品了。为了孩子，请家长自觉和手机保持距离，你希望孩子成为什么样的人，自己就先成为什么样的人。

除此之外，家长还要和孩子一起订立规矩，共同遵守规则。有些家长对孩子的教育比较随意，在执行规则方面常常朝令夕改。一会儿为了控制孩子打游戏，强行没收手机；一会儿又为了让孩子好好学习，答应他写完作业，可以玩几个小时的游戏。孩子缺乏必要的监督，玩着玩着就超出了时间。还有的父母，架不住孩子的撒娇、要赖，常常无原则地退让，或有条件地妥协，只会让孩子在打游戏的道路上越陷越深。

没有规矩不成方圆。外部监督如果把握不好分寸，规矩就形同虚设。同时，家长不能用玩游戏作为奖励孩子好好学习的手段。对于孩子来说，学习容易倦怠，但是游戏不会，游戏只会让他越玩越上瘾，越玩越不想学习，倒不如用其他有意义的活动代替玩游戏。家教专家刘称莲的女儿，上初中以后也玩电脑，但是并不迷恋。这并不是因为女儿不喜欢玩，而是另外一些有趣的事情占去了女儿的时间，把女儿的精力分散了而已。她女儿从小就喜欢读书，每次一放长假，她都会和女儿去书店，买一些书回来。女儿只要捧起一本书，玩电脑的时间自然就少了。所以，她女儿没有迷上电脑游戏。这一经验，值得家长朋友借鉴。

🎧 把孩子从"虚拟世界"拉回现实

在网络广泛普及的今天，孩子查资料、与家人老师联系，都要用到电脑、iPad、手机。但网络是虚拟的，现在手机游戏、网络游戏很多，有很大的隐蔽性和诱惑力，对于缺乏鉴别力、自制力较差的孩子来说，玩游戏很容易入迷。孩子一旦从"触网"发展成"迷网"，家长硬性干预只能适得其反，需要真情感化，方可把孩子从"虚拟世界"拉回现实。

中央电视台《心理访谈》播过一期节目，讲的是洛阳一个爸爸跟玩游戏儿子"斗争"的过程。

爸爸发现儿子学习成绩严重下滑，原来是天天去网吧玩游戏，非常愤怒，便对儿子又打又骂，结果儿子干脆住到了网吧，几天不回家。甚至在一次身体冲突中，儿子竟然还手把爸爸打倒在地。爸爸发现打骂不管用，就断了孩子的经济后路，儿子便变卖家里的东西上网。总之，用各种硬的手段，根本不能把儿子拉回来。

爸爸经过反思，改变了策略，主动给儿子上网的钱，跟儿子约定时间，要求儿子上几个小时以后就要回家。当儿子没有按照约定时间回家的时候，爸爸没有像以前那样发火，而是到网吧给儿子送饭。给了一段时间的钱，送了一段时间的饭以后，儿子上网的时间越来越短。最后儿子主动告诉爸爸，他再也不去上网了。

儿子被爸爸的真情感化了。这位爸爸总结的心得就是，在孩子上网的时候，要从改善亲子关系做起，从关爱孩子做起。当孩子感受到家长是真正爱自己的时候，他的心就开始变软，向好的方向转变，迷途知返。

不得不说，这位爸爸起初也是出于对孩子的爱，才打孩子骂孩子的，但孩子感受到的却是痛苦。

有一些成绩差的孩子在学校里，往往得不到老师的重视，被同学看不起，抬不起头来。回到家里，家长又会因为孩子成绩不好，没有好脸色，轻则训斥，重则打骂。他们的情绪持续悲观、低落，一旦接触到网络，就会发现在那个虚拟的世界里，可以不管学习，只要做一件事情，就可以有所成就。所以，他便到网络里寻找学校里找不到的那种成就感。还有一些原本小学学习特别好的孩子，升入好的初中后，无法再保持原有的位次，便对"努力学习"的目的产生了怀疑。当他失去了原有的"名次""位置"，也就失去了学习的内在动力，开始迷恋网络。

还有一些孩子，父母管得太死，经常受到指责、打骂，这样的孩子在生活里没有自主权，可能迷恋网络游戏。在网络游戏里，他失败的时候不会被批评，反而会得到鼓励；成功了不仅得到称赞并得到奖励，还会升级升官。在网络里，孩子的成就感会大大得到满足。

家教专家卢勤老师，在家教讲座中提到，一个小网迷给报社写信，吐露真言。

真要感谢网络！没有网络，也许我们更多的人会沉沦为罪犯或心理变态者。妈妈，我爱你，而我只能在网络上告诉您，您知道吗？我很孤独。我渴望心灵的交流，在我受伤的时候，在我渴望自由的时候……我丝毫没有感觉到您对我的爱。您是否知道？有时我恨您。我像个没有生命的木偶，我的一切言行都无法摆脱您为我铺设的轨道。作为一个生命，我背负着全家的希望，这个责任已经把我压垮了。

"小网迷"在分析了自己沉迷网络的原因之后说："我坚信随着年龄的增长和心智的成熟，我会逐渐摆脱网络的吸引，请给我一些时间和信任，好吗？我始终认为沉迷网络并不可怕，可怕的是我的心灵的隔阂！"

这封信在报上刊登出来，许多父母读了十分震撼，他们找到了孩子迷恋网络的原因，知道与孩子的沟通、关爱是多么重要！

对于许多迷恋网络的孩子来说，之所以长期钻在游戏里不肯出来，以至于难以自拔，成为一种病态，那是因为游戏外面的世界，让他感到枯燥、不快或自卑。

有一个父母离异的男孩，虽然跟随父亲生活，但父亲把他扔给了年迈的几乎要丧失生活能力的奶奶，妈妈又不能去关爱他。突然有一天，他走进虚拟的网络世界，发现网络游戏能够满足他这些需求，便欲罢不能。

缺少关爱的孩子，青春期可能会迷上网络。这些孩子因为小的时候被迫接受了一个他不喜欢的人际环境，在大脑深处隐藏了许多负面的情绪，比如害怕、担心、恐惧、不安全感等。随着年龄的增长，他的能力增强了，但这些负面情绪并没有从他的脑海中消失，他会从网络里寻找支持、安全、爱等。许多孩子虽然长大了，但在现实生活中依然找不到他一直渴望的那种东西，于是就迷上了网络。

一些孩子之所以迷恋网络游戏，是因为游戏世界可以满足其内心的渴望，可以补偿其生活中缺失的部分。家长要想把孩子从游戏里拉出来，需要用真情付出，用温和的方式，让孩子感受到爱，孩子才会从网络和游戏世界回到现实。

有一个妈妈的做法值得称道，他站在儿子的角度，以平等聊天的方式，让玩手机上瘾的儿子回归正道。

妈妈今天跟你聊玩手机的话题，不是不让你玩手机，也不是要批评你，你可以继续玩。但妈妈呢，不想因为你玩手机的问题，天天担心你。妈妈心里明白，你也不想因为玩手机游戏，天天被爸爸妈妈骂，因为被爸爸妈妈骂，你会不开心，我们也心疼。我觉得吧，学习学累了玩一下，郁闷了玩一下，孤独了玩一下，都是可以的。但是，我们要明白孰重孰轻，在重要的时间，要做该做的事情，千万不要把学业荒废了，有闲暇了才可以玩一会儿手机，缓解一下疲劳。这样玩，既放松了心情，又不耽误学习，就是正确合理地玩了。你觉得呢？

儿子觉得妈妈的话合情合理，便接受了妈妈的建议，只在学习之余适当玩一下手机，逐步回归到正常的学习和生活。其实，家长心平气和地坐下来给孩子聊天，孩子就会明白，家长是真心为他好，而不是诚心打击他、批评他，也不是杜绝他玩手机，而是跟他商量"如何更合理地去玩？""如何更好地使用手机、管控游戏？"家长只要有同理心，能站在孩子的立场上考虑问题，孩子就会自觉自愿地摆脱"虚拟世界"的束缚，回到现实。

🎧 帮孩子摆脱网瘾束缚

网络是个奇怪的东西，如果你能左右它，它就像一头温顺的牛，乖乖为你服务；如果你沉迷它，它就像一个恶魔，毁灭你，吃掉你。一些孩子之所以形成网瘾，就是因为被网络中的游戏控制了，不能自拔。家长来硬的不行，来软的也不行，横竖没有办法。"冰冻三尺非一日之寒。"孩子戒掉网瘾需要一个过程，需要家长有足够的耐心，善于运用教育智慧，帮孩子摆脱网络控制。

相信很多家长都有这样的体会，为了不让孩子玩电子游戏，戒掉孩子的网瘾，采取了很多方法，甚至训斥、打骂孩子，但收效甚微，孩子依然"屡教不改"，令家长苦不堪言。

有一位妈妈比较睿智。眼看要中考了，儿子一方面放不下他的游戏，因为他在游戏里的级别非常高，粉丝一大堆；另一方面，儿子也很想把学习搞好，他知道搞好学习对考高中意味着什么。既想玩游戏，又想把学习搞好，搞得儿子很烦。妈妈看到儿子这样，没有指责他，也没有强迫他丢掉网络游戏，而是以幽默的对话方式，分析儿子的内心世界，巧妙地引导儿子。

妈妈好像是在开玩笑地说："儿子，我能感觉得到你内心有几个小人在打架，对吗？"

儿子问："什么意思？"

妈妈说："有一个要学习的小人跟你说，你要好好学习呀，要不然就考不上好高中了；另一个想玩电脑的小人在说，你可以玩电脑啊，玩电脑比学习快乐；还有一个喜欢打球的小人跟你说，去跟同学们打篮球吧，打篮球可以给你一个好身体的……"

妈妈的话还没有说完，儿子就激动地给了妈妈一拳，说："好妈妈，你怎么那么了解我啊，真的就是这样，好矛盾啊！"

妈妈接着说："我知道你现在心里很矛盾，很烦。不过你是这些小人的领导，要怎么做是你说了算的哦。你何不好好分配一下时间呢？"

儿子频频点头，赞同妈妈的意见，并让妈妈监督他，当他玩得收不住的时候，就去提醒一下他。慢慢地，儿子从网游里走了出来。

对于多数"迷网"的孩子来说，都知道过多玩电脑不好，可往往又深陷其中，难以自拔。每当这个时候，孩子内心的冲突就很强烈，令他非常痛苦，需要家长帮自己"脱离苦海"。此时家长若硬性禁止，只会适得其反。最好的办法，是在尊重孩子、接纳孩子的前提下，运用教育机智，帮孩子摆脱网络控制。

家长可跟孩子商量好，一起制定一个合理的作息时间表，比如，几点起床，几点吃饭，几点下楼锻炼，几点写作业，几点读书，几点睡觉，把每天的生活安排得合理有序。同时规定好，周末或做完作业后，可以看一会电视，或玩一会手机、iPad 或电脑，每天玩游戏时间 30 分钟左右，最长不超过 1 小时，由家长督导执行，时间一到就关机。一般情况下，孩子是能够接受的。

有一个五年级男生，妈妈不让玩手机游戏，他就以跳楼相威胁。后来，妈妈变换策略，采取了迂回的方法。她跟儿子商量：为了不影响学习，也不破坏你玩手机游戏的兴致，从明天开始，你每天玩 1 小时游戏，两下兼顾怎么样？儿子没有反对。过了一段时间，儿子玩游戏的兴趣有所减弱，妈妈又跟儿子商量，每天玩游戏 50 分钟，还有时间的话，看看书，打打球，换换脑子，你愿意吗？儿子答应了。此后，儿子上网的时间逐次递减，逐渐脱敏，改掉了长期困扰儿子的玩手机、打电子游戏的不良习惯。

孩子之所以上网成瘾，喜欢玩手机，是因为他不想学习，他认为学习不快乐。所以呢，家长不要老逼着孩子学习，而应丰富孩子的生活，帮孩子寻找一些"快乐替代品"，引导孩子用别的快乐代替上网、玩手机的快乐。比如，可以和孩子一起看书，一起做一些手工，一起唱歌跳舞、画画，一起做运动，孩子只要生活充实，玩得开心了，就会减少对手机的依赖。此外，家长在带孩子时，也不要丢给孩子一个手机，让他自己玩，而应陪他一起活动。如果孩子喜欢用手机看书，不妨以保护眼睛为由，引导他读纸质书；如果孩子喜欢玩游戏，就教他下跳棋、军棋、象棋、围棋，或参加有益的户外活动。有一个父亲的做法值得借鉴。

上高二的儿子迷上网络，父亲就利用儿子爱打乒乓球的特点，暑假里给他报了个乒乓球提高班。爸爸不光让儿子学，周末还给儿子加油助威，看到儿子球技不断提高，还在比赛中取得了名次，就请儿子吃大餐。渐渐地，儿子就不再迷恋网络了。

有的家长，看到孩子看电视，玩手机、iPad、电脑就生气，斥责、打骂，甚至摔坏手机，这不是明智之举，因为这样做，只能让孩子更加热衷于玩手机、iPad，更加沉迷于网络游戏或手机游戏。实际上，孩子之所以网络上瘾，是因为控制不住自己，看到手机游戏、网络游戏，就忍不住去玩，从中获得短暂的兴奋与快感。

我觉得，帮助读中学、大学的孩子戒掉网瘾的根本办法，是培养孩子的自律能力。从朋友发来的微信里，我看到一个妈妈引导儿子戒掉网瘾的典型案例。

妈妈对上高一的儿子说，我就知道你是一个能管理好自己，特别自律的孩子，以前妈妈还不放心，不让你玩手机，看来是妈妈错了。妈妈相信你能管理好自己的时间，相信你会处理好学习和玩手机游戏的关系。

妈妈这句话的威力特别大，给了孩子很大的面子，让他的自尊心得到了满足。虽然孩子的表现不像妈妈口中的孩子，但慢慢成了妈妈口中的孩子，戒掉了网瘾。这启示我们的家长，帮孩子戒掉网瘾，需要做好以下几点。

一是鼓励孩子下定决心，改掉过度玩网络游戏、玩手机的不良习惯。思想自觉引领行动自觉。只有让孩子明白，过度上网、玩手机会浪费时间、精力，耽误学习，对身体健康不利，孩子才会自愿下定决心，改掉过度玩网络游戏、玩手机的不良习惯。反之，如果孩子的内心没有触动，没有下定决心，那么戒掉网瘾很难。

二是不断强化。改掉孩子过度玩网络游戏、玩手机的不良习惯，关键是鼓励孩子坚持。家长可让孩子不断提醒自己："我有许多学习上的事情要做，不能再玩网络游戏、玩手机了。""玩网络游戏、玩手机，有百害而无一利。""我要坚持下去，坚决纠正玩网络游戏、玩手机的不良习惯。"

三是鼓励孩子采取自我限制措施。孩子玩网络游戏、玩手机的习惯一旦形成，会情不自禁地想玩。所以，家长可鼓励孩子采取自我限制措施很有必要。比如，开始学习前，将手机放到远处，或关掉无关的 APP，或打开飞行模式，或屏蔽游戏功能。为确保改掉玩网络游戏、玩手机不良习惯的成效，可以让家人、同学监督自己。可以相信，通过这些自我限制措施，孩子是会彻底改掉玩网络游戏、玩手机不良习惯的。

亲子共进法

　　家庭是孩子生活的乐园、幸福的港湾。幸福的家庭是和谐和睦，其乐融融的；幸福的孩子是健康快乐、无忧无虑的。而幸福的家庭生活，不是光有钱就行，还要靠全家人一起去努力、一起去经营。这就需要家长与孩子共同参与家庭生活，共同体验劳动的乐趣、生活的乐趣。家庭亲子互动越多，家庭关系越融洽，孩子越优秀。

　　当今社会已进入信息时代，网络普及，人工智能、大数据飞速发展，代际更替加快，知识老化加速，"活到老、学到老"早已不是新鲜事，继续学习、终身学习已成为常态。在此背景下，靠老观念、老经验，已不能很好地完成教育下一代的任务，需要我们的家长更新观念，重新审视自己的人生，把眼光放长远，不断成长，与孩子在共同的平台上，不断学习，与孩子一同进步，共同提高。

　　教育学上有一个重要原则，叫教学相长。意思是教与学互相促进，相辅相成。老师通过教，不仅能使学生有所收获，自己的业务水准也会得到提升。教师教学是这样，家长教育孩子也是这样。做家长的，一定要明白"教学相长"的道理，要有成长思维，在培养教育孩子的过程中，与孩子相互促进，共同成长。

　　此乃亲子共进法的真义所在。

🎧 共创美好生活

孩子小时候对家人，尤其是父母，有很强的依赖性，喜欢黏着大人，和大人说话、做游戏；喜欢见样学样，看见大人干啥，也学着干啥。这就为我们提供了良好的教育契机。家长不妨"将计就计"，把孩子拉进家庭生活里，与孩子一起，共同创造美好生活。

孩子的主人公意识，不是从书本上学来的，而是和家人一起，在参与家庭生活的过程中习得的。家长可从孩子稍稍懂事起，把孩子拉进家庭生活，与家长一起参与家庭管理，共创美好家庭生活。

孩子生活能力的提升，离不开干家务。遗憾的是，现在有不少家长害怕孩子干不好，或耽误学习，生生剥夺了孩子尝试的机会，泯灭了孩子参与的兴趣。更有甚者，有的家长把干家务、劳动作为惩罚孩子的手段，致使孩子不愿做家务，甚至讨厌做家务。据一个小学一个班的调查，全班 50 多个学生，只有十几个同学能够主动做家务，大部分同学都不爱做家务。

殊不知，做家务对孩子来说益处很多：做家务可以强化孩子的责任感，增强孩子的自信心，磨炼孩子的意志，还可以丰富孩子的生活知识，开发孩子的智力。从长远看，孩子学会做家务，可以提高生存能力。

对年幼的孩子来说，和家长一同做家务，就像做游戏一样有趣，也很乐意与家长一起做家务。孩子在参与干家务的过程中，会体谅父母的辛劳，感受到美好的生活需要全家人一起创造。

做家长的，要满足孩子的意愿，主动拉孩子一起做家务：与孩子一起洗袜子、进行衣物分类、整理衣柜、收拾小房间等，提高孩子的生活自理能力，增强孩子的独立意识；与孩子一起擦家具、扫地、拖地，让孩子参与到一道菜的制作中，跟孩子一同做一道菜，激发孩子做家务的兴趣，培养孩子的劳动观念，提高孩子的劳动技能，培养孩子做家务的习惯。

人们常说，吃不穷，喝不穷，打算不到必定穷。创造美好家庭生活离不开家庭计划。孩子上学后，家长让孩子与家长一起，共同制订家庭年度计划。

年度计划包括学习计划、读书计划、旅游计划、财务开支计划等。内容从小的方面说，包括一起读几本书、共同做几道菜、全家到哪里玩。从大的方面说，大人准备做哪些事，在工作和事业上有哪些提升；孩子要学会哪些技能，养成哪些习惯。在家长和孩子共同完成规划的过程中，培养孩子的责任意识，让孩子明白，一年看起来很长，过起来很快。无论生活也好，学习也好，将来工作也好，要取得满意的效果，都离不开合理的计划。

孩子的财商从管理压岁钱开始。孩子小时候，只知道用钱可以买东西，不知道如何挣钱，不知道如何合理花钱，需要家长拉着孩子一起，共同参与家庭财务管理，让孩子了解家庭的收入和开支情况；指导孩子从管理压岁钱开始，明白开源节流的意义，想让生活过得美好，就要好好工作，扩大家庭收入，同时也要量入为出，把钱花在有价值的地方，不乱花钱。在孩子参与家庭财务管理的过程中，家长要注意做好教育引导，增强孩子的保密意识，可告诫孩子："家中财产属于家庭秘密，不可随便让外人知道。"

"没有规矩，不成方圆。"不仅社会稳定需要规矩，家庭幸福、孩子健康成长同样离不开规矩。为了让孩子的日常行为有所遵循，家长可与孩子一起，共同制定一个人人遵守的家规。家规内容要具体，易于做到。比如，对家长：下班回到家不能玩手机、看电视，除了做家务，要多陪孩子，多读书。孩子学习时，坐在旁边看书；孩子写完作业，家长可与孩子共读一本书，一起交流读书体会；等等。对孩子，明确哪些事可以做，哪些事不能做；有问题与家长讨论，有需求和家长商量；等等。

有了家规，家庭会更加民主，孩子的自由度会更大；有了家规，孩子知道了自己的行为界限，也就变得更加自觉了。需要注意的是，制定家规要留有余地，给孩子自由发展的空间，只要品德方面不出问题就行，千万不要事无巨细都进行限制，尤其对孩子兴趣、爱好不要限制。限制太多，对孩子的发展不利。

🎧 共享天伦之乐

曾看到一幅漫画：父子俩一同散步，父亲仰着头，迈着八字步，儿子也仰着头，迈着八字步，煞是有趣。家长只有孩子相伴才开心，孩子只有和家长在一起才快乐。因此，家长不妨利用各种机会，与孩子一起，或交流，或看望家中老人，或度假旅游，共享天伦之乐。

　　良好的亲子交流，有助于家长了解孩子的学习生活，密切亲子关系，增进亲子感情。做家长的，要经常与孩子交流，共享交流的快乐。

　　我当年就是利用送女儿上幼儿园、小学的机会，和女儿在自行车上交流，一起聊有趣的事情，一起聊学校的事情，一路欢声笑语，非常愉快。也是在聊天的过程中，我了解了女儿的所思所想、喜怒哀乐。女儿心中的小疙瘩、小烦恼，在交流的过程中，自然得以化解。

　　我的体会是，做家长的，不要总是高高在上，而应蹲下身子，与孩子平等交流。交流最好是利用送孩子上学、晚上散步、乘车、看电影的空隙进行，这时心平气和，无牵无挂，亲子关系融洽，交流效果最佳。

　　就交流内容而言，只要是孩子感兴趣的、愿意聊的，什么都行。孩子小时候，家长可与孩子一起，聊各自的见闻、趣事，相互讲故事，一起交流学习体会。孩子懂事后，家长可利用双方的空闲，跟孩子说说工作上的事情，孩子谈谈学校里的事情；一起就共同感兴趣的话题，交流各自的感受；孩子有了问题、困难，一起协商解决。家长与孩子交流的过程，也是交心的过程，了解孩子、引导孩子、融洽亲子关系的过程。

　　现在的问题是，有的家长不知道如何跟孩子平等交流，要么对孩子百依百顺，成为孩子的"奴仆"，要么居高临下，一味说教、训斥，与孩子话不投机，形同路人。也有的家长，在与孩子交流时，除了过问学习情况、考试成绩，再没有别的话题。孩子一听就烦，不愿与家长继续交流下去。还有的家长，不善选择时机，总是在孩子考试不好、心烦气躁的时候，直接与孩子交流，孩子要么消极应付，要么置之不理，自然效果不佳。

曾看到一幅很温馨的漫画。画面内容是：爸爸在给奶奶洗脚，儿子在背后给爸爸擦汗，感触颇深。孝敬老人是中华民族的传统美德，有很强的仪式感。老人需要子女、孙辈关心、陪伴，一起吃饭，一起聊天，共享天伦之乐。

作为父母，我们要经常带孩子一起去看望爸爸妈妈（公公婆婆）、岳父岳母，给老人捶捶背、揉揉肩；利用周末、假日和孩子一起，给老人买点衣服、食品，给老人送点零花钱，让孩子亲手送给老人；老人过生日，可与孩子一起带着生日礼物，去给老人祝寿；老人病了，带着孩子去探望、陪护。父母和孩子一起践行孝道，会给孩子带来积极的体验和影响，孩子会在潜移默化中，学会关心老人，孝敬父母。

现在的问题是，有些父母做得很不到位，除了给点钱，生活基本不管；去看望老人，除了吃一顿饭，就是自顾自地玩手机，把老人晾在一边；孩子除了问老人要钱，根本不知道关心爷爷奶奶、姥姥姥爷。这是不利于孩子践行、传承孝道的，也不利于孩子良好德行的养成。

旅游是孩子的最爱，也是开阔孩子眼界，增进亲子互动交流，密切亲子关系的有效途径。亲子旅游可因地制宜，因时制宜。

周末，家长与孩子一起到公园、动物园、植物园、科技馆、博物馆、艺术馆参观游玩，也可与孩子一起到附近的风景名胜区旅游，目的是让孩子换换脑子，散散心，增加与家人，尤其是父母沟通交流的机会，增进亲子感情。

节假日到了，家长可和孩子一起商量，选定一个风景名胜区去旅游，让孩子去了解大自然的多姿多彩，感受历史遗迹的文化韵味，扩大见闻，增长见识。可能的话，还可与孩子一起进行研学旅行，就某一方面的知识、问题进行考察、探究，从实践体验中获得新知。

为了培养孩子的责任感，家长可放手，让孩子参与制订家庭出行方案，参与管理旅游开支，培养孩子管理生活和财富的能力。同时，对于上了学的孩子，为了不虚此行，家长可与孩子约定好，一起写游记、诗歌等，写好后，一起欣赏，还可以修改后在报刊、网上发表，提升写作能力，增强孩子的幸福感。

🎧 陪孩子学习探索

家长陪伴孩子学习，不是孩子一个人在玩积木，家长在追肥皂剧；不是孩子一个人在书房看书、学习，家长在客厅打麻将；不是孩子一个人在做作业，家长坐在孩子身边玩手机、打游戏。真正有效的陪伴，是亲子一起学习，一道探索，共同进步。

说起陪伴孩子学习，有的家长说，那还不简单，坐在孩子旁边，督促孩子学习，孩子不会了，马上进行辅导。还有的家长说，学习是孩子自己的事，用不着家长操心，有老师管就行了。

事实上，家长这样做往往效果不佳，因为家长没有正确理解陪伴学习的真义。有效的陪伴是亲子一起学习，共同进步。具体讲，就是孩子在学习、写作业时，家长在旁边看书、看报，静静地陪伴孩子，营造一个小的学习氛围。孩子看到家长在读书学习，自己也就不好意思偷懒了。

家长在陪伴孩子学习时，重点要关注孩子的学习过程，注意启发孩子开动脑筋，让孩子在自然放松的情景下学习、思考，不要过多地干扰孩子、影响孩子。遇到孩子不会的地方，不要孩子一问，马上告诉答案，应鼓励孩子认真思考、自己查字典；孩子实在不会的，可进行指点，家长自己也不会的，让孩子记下来到学校问老师；孩子考试考砸了，不要抱怨孩子，而应安慰孩子，和孩子一起分析原因，马虎大意的，提醒注意，实在不明白的，给予讲解。孩子学习学累了，可与孩子一起做做游戏，放松一下；孩子作业写完了，允许孩子看一会儿电视，玩一会儿手机，换换脑子，但注意时间不要过长。

家长陪伴孩子学习，除了助力孩子完成学校的学习任务，还是拓展孩子的视野、启迪孩子的智慧、增强孩子学习的效能、提升孩子的能力。

孩子学习的范围很广，不单单是背书、写作业，还有很多有趣的学习项目，家长可利用孩子的闲暇，或是与孩子一起散步的机会，和孩子一同学习。

可以与孩子一起，进行轻松愉快的学习游戏。像成语接龙、智力游戏、脑筋急转弯、讲故事、小制作等游戏，符合孩子好奇心强的特点，轻松愉快，孩子没有心理负担，会乐此不疲，既满足了孩子的求知欲，扩大了知识面，又提升了他的快速反应能力，可谓一举多得。

可以和孩子一起举行学习比赛，比如，背唐诗比赛、下棋比赛、跳绳比赛、跑步比赛等，既满足孩子的争胜心，又使孩子学到了技能，提高了思维能力。还可以与孩子一起，交流学习体会，或就共同感兴趣的话题、一起观看的影视节目，进行讨论，锻炼孩子的思维，提升孩子的语言表达能力。

现在我们的一些家长，只把注意力放在孩子的书本学习和考试成绩上，这是很肤浅的。其实，亲子学习，除了一同学习、共同阅读，还有共同探索，共同实践，共同收获新知，共同体验成长、成功的快乐。

20世纪70年代当红的香港歌手陈美龄，在教育孩子方面也很有一套。她在几年间，相继把三个儿子送进了国际名校斯坦福大学。她的教育秘诀，就是把自己当作孩子的同龄人和朋友，与孩子一起去发现、探索世界的奥秘。她做菜的时候，儿子来问："妈妈，天为什么是蓝的？"她会立刻把火关掉，跟孩子一起去寻找答案。下雨天，她会带着孩子一起思考："为什么会下雨？"

随着孩子年龄的增长，家长和孩子除了读书学习上的交流，还可拓展探讨的范围，像生活的问题、社会的问题、交友的问题、人生的问题等，都可以一起研讨。通过交流研讨，扩大孩子的知识面，开阔孩子的眼界，使孩子提高对生活、社会、人生等问题的认识，深化孩子对社会和人生的了解，促进孩子心智的成熟。

有人说，让孩子上一个3万元的暑期夏令营，还不如每天下班后和孩子做一个科学实验。家长除了陪同孩子学习，与孩子一起读书，还可以和孩子一起进行实践探索。比如，和孩子一起探究炒菜，一起探究种植花草，一起探究饲养小动物，一起做科学小实验，在共同的探索实践中，呵护孩子的好奇心，发展孩子的兴趣，提高孩子的动手能力。孩子童年的实践探索，往往会成为成年成功的先导。有许多科学家的成功，都得益于童年的实践探索。

温馨的陪伴是一棵树摇动另一棵树，一颗灵魂唤醒另一颗灵魂。现在父母比孩子多的是经历而非知识，是经验而非智慧。这就需要家长放下身段，与孩子互帮互学。家长可让孩子当"小先生"，把他在学校学习的内容讲给你听。我听过这样一个故事：

一个工人家庭的孩子，学习成绩很差。父亲苦思一夜，终于想到一个办法：让孩子当自己的"老师"，每天放学后，把老师教的内容重新给自己讲一遍，父亲和孩子一起学习。想不到这个办法效果显著，孩子发觉自己很有成就感，学习成绩不断提高。父亲坚持当"学生"多年，直到孩子考上重点大学。父亲从儿子身上，也学到了很多东西。

世界上没有学不好的孩子，只有不用心的父母。对于知识水平不高的家长来说，辅导孩子的确有困难。如果反过来，让孩子当"老师"，就会满足孩子的成就感，增强孩子的自信心和责任感，孩子的学习也会越来越好。关键是家长要真当"学生"，每天要做笔记、做作业，不会了要问孩子，孩子不会了，可去问老师，然后再告诉自己。

求知有先后，术业有专攻。家长可以和孩子互相学习。在当今的信息时代，家长比孩子多的是人生经历和社会经验，孩子比家长多的是新知识、新信息、新技能，正好可以互补。家长要了解手机的性能，了解新的知识信息，就应多"请教"孩子，及时补上短板，不至于被时代淘汰；孩子由于心智不成熟，缺乏社会经验和社会适应能力，家长可经常提醒孩子、引导孩子，让孩子慢慢成熟起来，不至于偏离人生轨道。

🎧 亲子一起阅读

有人说，家长是原件，孩子是复印件。作为家长，我们要明白这样一个道理：要想让孩子爱读书，自己必须先做读书人；希望孩子成绩好，那就从自身做起，和孩子一道看书，一起交流。如果家长不能要求自己坐下来读书，又如何能要求孩子好好读书呢？

在孩子成长的过程中，书籍是其最好的朋友。

有益的书籍可以开阔孩子的视野，启迪孩子的智慧，净化孩子的心灵。现在，一些家长虽然也知道孩子读书有好处，但在指导孩子读书上存在一个误区，好像读书是孩子自己的事。孩子说买书，家长也给买，可买了以后，有的孩子随便翻翻，印象不深；有的孩子直接放到书架上，让书"睡大觉"。

孩子不读书，精神世界就会变得狭窄和贫乏；没有阅读愿望的孩子，是不会自觉去读书的。对于不爱读书，或自制力差、没有形成良好阅读习惯的孩子来说，让他独自读书往往效果不佳，需要家长的陪伴和引领，需要家长和孩子一起读书，一起成长，一起感受书里多姿多彩的世界，一起从书里感悟人生的哲理、生命的真谛。

真正幸福的家庭，是充满书卷气的香墨园，是能够陶冶情操、创造人文气息的精神乐园。犹太人的一大特点，就是喜爱读书。据说犹太人有这样一个习俗：在孩子小时候，母亲会把《圣经》翻开，在上面滴上蜂蜜，让孩子去舔，意在告诉孩子，书是甜的，读书是一种美好的享受。

亲子共读的最高境界，是建立书香家庭，让阅读成为全家人的生活方式。具体讲，就是不断丰富家庭藏书，创设温馨的家庭阅读环境。家长可在孩子的房间里放上专用书柜，摆上孩子自己的书，或家长希望孩子读的书，给孩子提供自由的阅读空间，也可以利用茶余饭后，一家人手捧自己喜爱的书，遨游书海，让孩子在书香里接受熏陶。节假日，家长可经常带孩子逛书店，把好书作为礼物送给孩子。

哈佛大学前校长艾略特说得好，养成每天用 10 分钟读有益书籍的习惯，20 年后，思想上将大有改进。家长指导孩子读书也是如此，最好能每天拿出 10 分钟左右的时间，与孩子同读一本书，一同讨论回味书中的情节，让孩子讲讲书中最感兴趣的故事，寻找书中人物闪光的地方。家长也可和孩子一起写读书笔记、读书体会，相互交流读书心得，可引导孩子采用摘录、抄录、点评、欣赏、写读后感等多种形式，把读过的、想到的、自己创作的记录下来，提高阅读质量。

孩子的智力，不单单是在死记硬背中提高的，更重要的是在相互讨论、相互辩论、相互启发中发展的。家长在和孩子一起读书的过程中，除了激发孩子的阅读兴趣，培养孩子的阅读习惯，还可与孩子一起研讨、一起总结，在研讨中，启迪思维，发展想象力。一个妈妈的经验值得借鉴。

星期天，我在家陪儿子一起读《龟兔赛跑》的故事。故事的最后一句是这样写的："兔子跑得快乌龟跑得慢，为什么这次比赛乌龟反而赢了呢？"我也向儿子提出了同样的疑问。儿子摸摸小脑袋瓜子，又认真仔细地把故事重新读了一遍，终于在书中找到了答案，兴奋地说："兔子虽然跑得快，但是它中途睡觉偷懒了。乌龟虽然跑得慢，但是它不停地往前爬、爬、爬，最终取得了胜利。"借助这个故事我告诉儿子，在学习上也是一样的。有的同学比你聪明，有的同学没有你聪明。如果你像兔子一样自以为是，偷懒不努力，就会落后。儿子点点头说："嗯，知道了。我要不断地努力学习。"

在学习型的家庭中，家长与孩子是相互影响、共同成长的。家长的成长和孩子的成长一样，是没有止境的。家长的不断学习、不断进步，对孩子的影响是无形而深刻的。家长影响孩子的学习方式很多，如亲子共读、亲子讨论、讲述成长故事等。有一个父亲的做法值得称道，他说由于工作忙，与孩子交流不多，但只要在家，一定要看书、写作，给孩子施加积极的影响。

真正的亲子阅读，不是跟"潮流"，读口袋书作为消遣，也不限于课本、学习辅导、作文指导之类的书，而应有所选择，有所取舍，根据孩子的兴趣爱好，结合学校老师推荐的阅读书目，制订家庭阅读计划，一起阅读有思想内涵的书，以及对身心健康有益的佳作，诸如小说、诗歌、历史、传记等高质量、高水平的精品之作，不断充实自己、丰富自己，提升亲子阅读的境界。有一位妈妈在网上分享了她的体会：

陪读不仅仅是一种责任和义务，还带给我全新的感觉。在和女儿一起读书的过程中，我感觉自己又回到了童年时代，和女儿一起分享着书中人物的快乐、悲伤，一起探讨着各种智力游戏，一起了解着大千世界的奥秘……徜徉在书的海洋里，女儿和我更加亲近，读书的氛围越来越和谐轻松。

为了丰富家人的阅读生活，还可以定期或不定期地举行家庭读书会，或阅读交流活动，全体家庭成员一起，在满庭书卷气的温馨氛围里，一起交流读书心得，分享读书喜悦，增进家庭幸福。

🎧 伴孩子保健身心

做家长的，都知道尽力满足孩子的物质生活，让孩子衣食无忧。但对孩子的健康成长而言，光有物质享受，有吃有穿有玩具，是不够的，还要创造条件，与孩子一起锻炼身体，增强体质；丰富内心，提升人格。

孩子的成长，除了学习，还要锻炼身体。家长与孩子一起锻炼，是亲情互动和感情升华的大好机会，既有助于增强自己的体质，又可以激发孩子锻炼的积极性，让孩子养成锻炼的习惯，可谓一举两得，双方获益。

亲子一同锻炼的最好方式，就是和孩子一起参加同一个体育项目，比如，跑步、游泳、跳绳、乒乓球、羽毛球、篮球等。家长应从孩子童年开始，经常与孩子一起到室外锻炼，养成共同锻炼的习惯。

现在的问题是，一些家长只关心孩子的学习，不重视孩子的身体锻炼，自己也忙于工作、事业，忙于应酬，无暇锻炼。结果搞得孩子不是"豆芽菜"就是小胖墩，除了学习就是玩手机，四肢无力，一个引体向上也做不了，一跑步就气喘吁吁，体质下降得很厉害；家长自己也是肥胖臃肿，大腹便便，不是这儿疼，就是那儿痒，一副亚健康状态。这怎么能行呢？

家长与孩子一同成长，很重要的一点，就是共享精神生活。具体讲来有两点：一是和孩子一起体验读书的乐趣。一个优秀的孩子，一定是能够在阅读的同时进行思考的孩子；一个有内涵的家长，一定是一个爱读书的家长。著名画家李苦禅有一句名言：

"鸟欲高飞先振翅，人求上进先读书。"著名文化学者余秋雨也说："阅读的最大理由是想摆脱平庸，早一天就多一份人生的精彩；迟一天就多一天平庸的困扰。"可见，读书不仅仅是一种娱乐消遣，还有亲子满足精神享受、摆脱平庸、实现人生价值的有效途径。家长要提升孩子的精神境界，成就孩子美好的未来，就应从亲子阅读开始，把阅读作为亲子共同的生活方式，让阅读为孩子的人生奠基，提升家长的精神境界。二是利用周末、节假日，与孩子一起去看看电影、听听音乐会、看看书画展览，让艺术的泉流在内心静静流淌，以润物无声的方式，陶冶亲子情操，净化亲子心灵，共同获得精神上的愉悦与满足。

10 多年前，我读了全国著名特级教师窦桂梅的《我们一起成长：一个老师与 75 个学生的心灵对话》。这是窦桂梅当吉林市第一实验小学班主任时，写给班上 75 名学生的评语式书信及每个学生满含深情的回信集。从中可以感受到，75 名学生在老师的悉心培养教育下，身心得到健康发展，心智得以成长；老师自己的管理水平、写作水准也得到提升。师生双方在心灵对话中，实现了情感和人格的升华。

名师教育学生是如此，家长教育孩子也是如此。要培养教育好孩子，就要拿出真心与诚意，用心灵对话心灵，用情操陶冶情操。家长陪孩子的时光，是幸福时光，不仅仅是生命的延续，更重要的是心灵一同成长。

优秀的家长，既是孩子智慧的启蒙者，也是孩子心灵的净化者。读过诸葛亮《诫子书》、《曾国藩家书》、苏霍姆林斯基《给儿子的信》，以及《傅雷家书》，就会有这样的感受，他们都是在教育启迪孩子成长的过程中，逐渐丰富孩子的修为，不断提升自己的境界。家长可以谈心、书信、微信等多种方式与孩子进行心灵交流。

在孩子面前，家长就像是人生中无处不在的榜样，与孩子相映生辉。如果家长希望孩子爱干净，那家长自己就要随时随地着装整齐，和孩子一起保持美好的形象；如果家长希望孩子举止文明，谦和有礼，那家长就不要为了工作或家庭的琐事乱发脾气，与孩子一起做个谦谦君子；如果家长希望孩子尊敬长辈，孝顺父母，家长在家庭中就一定要带头做到，与孩子一起延续孝道；如果家长希望孩子诚实守信、品德高尚，家长就要严格要求自己，不断提高人格修养，与孩子一起做个好人。

在孩子成长的道路上，家长要注意自己的言行，不断和孩子一起提升人格、净化心灵。一个妈妈的感悟给人启迪：

在超市，我拿了一粒葡萄干，放到儿子嘴里说："尝尝好吃不，好吃等下妈妈给你买点。"儿子说："妈妈，我不想吃。"边说边吐到手里，不停地问："妈妈，丢哪里？丢哪里？"我见地上没垃圾桶，随口说了一句："丢地上。"我马上意识到自己的错误，这时正好来了一个扫地的阿姨，拿着扫把走到儿子的身边说："小朋友，葡萄干丢到地上，又浪费，又不讲究卫生。"我内疚地不敢回头，只听儿子说："是妈妈让我扔到地上的。""妈妈让你扔也不能扔，多浪费啊！以后不能这样了。"阿姨温和地说着。"好的。"儿子小声回答。阿姨离开后，我看着低着头委屈不说话的儿子，急忙蹲下身子说："妈妈今天错了，不应该让你丢到地上，以后我们一起改正，好吗？"孩子点了点头。从此以后，孩子再也不随处乱丢垃圾和浪费东西了。

一粒小小的葡萄干，让妈妈和儿子的内心都受到了警示和震动。父母每时每刻都在影响着孩子，所有的言行举止对孩子都有着言传身教、耳濡目染的作用。家长想要改变孩子，首先要改变自己，和孩子一起成长，一起形成良好的品行、独立的人格、健康的心态。做家长的，要努力保持一颗平常心，既要关心孩子的分数，更要关注孩子的内心。家长只要放下身段，和孩子一起陶冶情操、净化心灵、升华人格，就一定会有意想不到的收获。

🎧 亲子一并成长进步

成功的家庭教育，是家长和孩子共同成长，一起进步。家长自己的成功，还不算最大的成功，只有在自己成功的同时，把孩子教育好了，才是最大的成功。真正智慧的家长，是与孩子一起成为更好的自己，在促进孩子学业优秀的同时，自己的学业、事业也不断有所进步，不断有所提升。

亲子一同成长的最好诠释，是家长，尤其是父母，和孩子一同求学。美籍华人作家刘墉写过一位了不起的母亲。这位母亲就是著名美籍华人赵小兰的母亲朱木兰。她在把 6 个女儿送进常春藤大学的同时，自己也一直在默默努力着、悄悄生长着。51 岁那年，她重新捡起中止的学业，再度走进大学课堂；两年后，以全勤记录拿到了纽约圣约翰大学的硕士学位。近些年来，国内也传出不少母女、母子、父子一同考入大学的佳话。2014 年 6 月 27 日的湖南高考网，就报道了蒋新忠和儿子蒋康一同考上大学的事迹。

2007 年，蒋新忠的儿子蒋康上了寄宿制初中。脱离父母约束的蒋康，渐渐学会了逃课、上网，到初三下学期，他已经上网成瘾，成绩一落千丈。初中毕业时，蒋康没能考上本校的高中部，只得回到家乡的新邵二中读高中，并表示不想考大学了，想去开网吧赚钱。在上海某厂做仓库主管的蒋新忠为了帮儿子戒掉网瘾，也为了儿子的前程，做出一个大胆的决定：辞职和儿子一起读高中，考大学，还和儿子打赌，成绩要超过儿子。于是，他搬来课桌、凳子，坐在教室第一排的最后一个位置，和儿子成了同学，与儿子一样起床、做早操、上早自习、吃早餐、上课，晚上一起自习、就寝，高考时与儿子一同参加高考，最终一起考上了大学。

事实告诉我们，父母和孩子一起追逐梦想，什么时候开始都不晚。据 2021 年 6 月 3 日的光明网报道，57 岁的成都"孃孃"周建，2020 年与儿子一起参加高考，考入四川电影电视学院，成为这所大学有史以来年龄最大的新生；46 岁的吕程洁通过自考考上浙江师范大学，成为儿子的同校"师妹"。

家庭教育的佳境是亲子一同进步。翻开中国历史，有不少经典范例：苏家父子——苏洵、苏轼和苏辙，成就了一门三文豪；明代曾存仁与曾同亨、曾乾亨父子，成就了一门三进士；梁启超不仅把 9 个孩子全部培养成才俊，自己也成为大师；叶圣陶不仅把儿女都培养成了知名编辑，自己也成了大家……在诺贝尔奖获奖名录里，布拉格不仅自己是诺贝尔奖获得者，还把独生儿子培养成诺贝尔奖得主；居里夫人自己两度获得诺贝尔奖，还把女儿培养成诺贝尔奖获得者。

这就启示我们的家长，在孩子成长的道路上，自己和孩子谁都不能掉队。在一档视频节目《少年说》里，妈妈和儿子的对话，给人印象深刻。

四年级的儿子走上舞台，一脸的情绪，吐槽自己的妈妈："我的老妈是做酒店管理的，今年已经 38 岁了，一直准备考研，学习起来比我还疯……原来还陪我打羽毛球，现在再也没有陪我打过羽毛球了。"妈妈来到台上后，对儿子说："儿子，妈妈总跟你说的一句话，你还记得吗？我们是一个团队，是吧？如果是团队就要怎么样？"儿子很自然地接口道："就要一起合作。"妈妈表示肯定："对，就要一起合作，没有一个人可以掉队，是不是？"儿子肯定地点点头，小情绪被妈妈轻松化解。妈妈在儿子下台来的时候，给了儿子一个大大的拥抱。

从这段简短的对话中，真的可以感受到这位妈妈的真诚和智慧。她没有"小孩子懂什么"那种居高临下的不屑，没有"我都是为了你"的说教，没有"职场妈妈都欠孩子一句对不起"的悲苦，她只是尽力去让儿子理解，妈妈跟他是站在一起的，每个人都需要努力学习，不断进步，母子俩谁都不能掉队。还有一位父亲，跟儿子约定："年终，我争取成为'先进工作者'，你努力当个'三好学生'。"父子俩相互激励，共同努力，最后双双如愿。

家长，尤其是父母，陪孩子一起成长，与孩子一起进步，这才是"亲子共进"的应有之义，也是家庭教育的魅力所在。

家长希望孩子优秀，自己就应爱岗敬业，不懈努力，把工作干好，把事业干好。家长只有把个人努力与孩子的努力有机结合、默契配合，与孩子携手共进，才能收到最佳的教育效果。反之，光让孩子上进，家长自己不上进，也不成。

有一个妈妈对小学生儿子说："怎么回事？你每次考试都是七八十分，连一个 90 分都没有？妈妈小时候啊，小学考试从来都是满分。"儿子："别说我，别人的妈妈一个月挣 2 万多，那你为什么连个工作都没有？"儿子一句话把妈妈气得流下了眼泪。

时代不同了，现在的孩子，跟当年不一样了。正如网上有人说："父母能要求孩子考第一名，孩子凭什么不能要求父母年薪百万？"我们的一些家长在要求孩子上进和努力的时候，却忘了"不上进的父母，配不上上进的孩子"；光嫌孩子不争气，不上进，却不知道孩子同样拿自己的父母跟别人的父母比。这就要求我们的家长，尤其是父母，一定要在工作上、事业上当好孩子的表率。父母上进了，孩子才会跟着上进。一个好学上进、充满正能量的家长，自然会给孩子的成长、成才，带来积极的示范性影响。

后　记

多年来，我从接触家庭教育到关注家庭教育，实践家庭教育，思考家庭教育，一直在默默地探索。我将自己思考、实践、探寻的感悟，进行整理、归纳，提炼为 15 个教育方法，至 2023 年 6 月 16 日完成了书稿的写作。

我既是本书的作者，也是一位父亲。回忆过往，感触良多。

教育孩子是一项纷繁复杂而又润物无声的巨大工程。家长，尤其是父母，要切切实实负起责任，关注孩子成长的一点一滴、方方面面，把教育孩子当作一项事业来做。有人说，每个人都有自己的命。其实，孩子的命和父母的命是紧紧联系在一起的，有什么样的父母，就有什么样的孩子，孩子的命运掌握在父母手中。

家庭教育系"百年大计"，关乎孩子的未来，关乎孩子的幸福。家长在教育孩子时，一定要谨慎行事。面对方方面面的教子方法和教子经验，要根据孩子的实际情况，灵活借鉴、采用正确的教育方法。

教育孩子贵在实践，家长要善于把书上学到的理念、方法付诸实践。唯有不断实践，在实践中不断修正、改善、调整自己的教育方式，才会收到理想的教育效果。

本书得以出版，我要衷心感谢教育部家庭教育指导专委会副主任、中国家庭教育学会副会长、中国青少年研究中心二级研究员孙云晓先生，于百忙之中认真审阅书稿，并不吝赐教，亲自为本书作序，热情推荐本书！感谢中国文史出版社的领导及高贝编辑对本书的关心支持、精心策划、编辑加工！感谢我的家人在本书写作过程中给予我的理解支持和帮助，尤其是我夫人为我提供了不少有价值的资料，并作为第一读者认真审读书稿，提出很多有益的意见建议。感谢我的亲朋好友的关心和鼓励，不断激发我写作的动力。

在本书写作过程中，我参考了很多图书、报刊和网络资料，在此一并向所涉及的相关图书、文章的作者表示衷心的感谢！

由于水平所限，书中的不足甚至谬误之处，在所难免，敬请广大读者朋友批评指正！

孙　平

2023年11月26日